全国职业教育规划教材·物流系列

# 现代物流管理

主　编　李　焱
副主编　闫丽丽　金　凤　宋玲玲
参　编　侯宝燕　李　铮

图书在版编目(CIP)数据

现代物流管理/李焱主编. —北京：北京大学出版社，2017.10
（全国职业教育规划教材·物流系列）
ISBN 978-7-301-28890-0

Ⅰ.①现… Ⅱ.①李… Ⅲ.①物流管理—高等职业教育—教材 Ⅳ.①F252

中国版本图书馆 CIP 数据核字（2017）第 249404 号

| | |
|---|---|
| 书　　　名 | 现代物流管理<br>XIANDAI WULIU GUANLI |
| 著作责任者 | 李　焱　主编 |
| 责任编辑 | 姚成龙　巩佳佳 |
| 标准书号 | ISBN 978-7-301-28890-0 |
| 出版发行 | 北京大学出版社 |
| 地　　　址 | 北京市海淀区成府路 205 号　100871 |
| 网　　　址 | http://www.pup.cn　新浪微博：@北京大学出版社 |
| 电子信箱 | zyjy@pup.cn |
| 电　　　话 | 邮购部 62752015　发行部 62750672　编辑部 62754934 |
| 印　刷　者 | 北京溢漾印刷有限公司 |
| 经　销　者 | 新华书店<br>787 毫米×1092 毫米　16 开本　15.25 印张　356 千字<br>2017 年 10 月第 1 版　2017 年 10 月第 1 次印刷 |
| 定　　　价 | 38.00 元 |

未经许可，不得以任何方式复制或抄袭本书之部分或全部内容。
版权所有，侵权必究
举报电话：010-62752024　电子信箱：fd@pup.pku.edu.cn
图书如有印装质量问题，请与出版部联系，电话：010-62756370

# 前　　言

现代物流管理是一门实践性很强的课程,需要将现代物流的理论知识与企业物流、物流企业的实际运作方式和流程相结合,更要切合物流的实际发展和运作情况。

本教材的编写符合高等职业教育特色,突出现代物流管理的实践化教学特色,注重现代物流管理的实践和新技术的运用。参与本教材编写的教师都有在物流企业进行实践调研或挂职锻炼的经历,符合物流管理课程实践性强的特点。

在编写本教材之前,参编教师均深入校企合作单位或其他物流企业进行实践调研或挂职锻炼,详细了解物流企业和企业物流最新的运作方式和运作流程,将实践调研过程中获取的物流实践内容纳入教材的编写中,立足现代物流管理发展的最新理论与实践成果,全面、系统地分析研究现代物流管理的理论、思想、方法和技术,从新的视野重新审视物流的本质,通过及时追踪国际、国内物流管理的发展动向,揭示当代物流管理的发展规律、特点和管理模式,全面剖析现代物流管理的前沿理论和方法,力求理论与实践相结合。同时将调研过程中了解到的企业物流、物流企业的最新运作方式和流程编成案例和实训内容。各学习情境前面都由引导案例导入各情境学习内容;各学习情境中间也穿插了很多小案例,以辅助学生理解相关的知识点;各学习情境后面还设计了案例分析和实训项目,培养学生利用各情境所学知识进行案例分析的能力和独立完成实训项目的实践能力,突出培养学生的实践应用能力。

本教材由李焱担任主编,负责拟定全书的编写框架和目录、分配编写任务、统稿及审稿等工作,闫丽丽、金凤、宋玲玲担任副主编。全书共分为十个学习情境,河北建材职业技术学院的李焱编写了学习情境一和学习情境三,河北建材职业技术学院的闫丽丽编写了学习情境二和学习情境八,河北建材职业技术学院的金凤编写了学习情境四和学习情境五,河北对外经贸职业学院的宋玲玲编写了学习情境六和学习情境九,河北建材职业技术学院的李铮编写了学习情境七,河北对外经贸职业学院的侯宝燕编写了学习情境十。

由于编者水平有限,本教材在编写过程中难免有疏漏及不足之处,敬请各位专家、同行和读者批评指正,以便再版时进行修正。

李　焱

2017 年 9 月

# 目　录

学习情境一　现代物流管理概论 ……………………………………………………（1）
　　第一节　物流概述 ………………………………………………………………（1）
　　第二节　物流管理理论 …………………………………………………………（10）
学习情境二　电子商务与现代物流 …………………………………………………（22）
　　第一节　电子商务 ………………………………………………………………（23）
　　第二节　电子商务与物流 ………………………………………………………（29）
　　第三节　电子商务和现代物流的结合 …………………………………………（33）
　　第四节　电子商务环境下的物流管理 …………………………………………（35）
学习情境三　仓储管理 ………………………………………………………………（43）
　　第一节　仓储管理概述 …………………………………………………………（44）
　　第二节　仓库与仓储设备 ………………………………………………………（48）
　　第三节　库存管理与控制 ………………………………………………………（63）
学习情境四　运输管理 ………………………………………………………………（84）
　　第一节　运输概述 ………………………………………………………………（84）
　　第二节　运输合理化 ……………………………………………………………（89）
学习情境五　配送管理 ………………………………………………………………（97）
　　第一节　配送概述 ………………………………………………………………（98）
　　第二节　配送中心概述 …………………………………………………………（105）
学习情境六　装卸搬运 ………………………………………………………………（112）
　　第一节　装卸搬运概述 …………………………………………………………（112）
　　第二节　装卸搬运设备与系统 …………………………………………………（118）
　　第三节　装卸搬运的目标、基本原则和合理化 ………………………………（128）
学习情境七　流通加工与包装 ………………………………………………………（137）
　　第一节　流通加工 ………………………………………………………………（137）
　　第二节　包装认知 ………………………………………………………………（145）

| 学习情境八 | **物流信息管理** | (152) |
| 第一节 | 信息与物流信息 | (153) |
| 第二节 | 物流信息技术 | (157) |
| 第三节 | 物流管理信息系统 | (175) |
| 学习情境九 | **现代物流运作模式** | (185) |
| 第一节 | 现代物流运作模式 | (186) |
| 第二节 | 电子商务环境下的现代物流运作模式 | (191) |
| 学习情境十 | **国际物流** | (206) |
| 第一节 | 国际物流概述 | (207) |
| 第二节 | 国际贸易与国际物流 | (219) |
| 第三节 | 国际货运代理 | (230) |

# 学习情境一　现代物流管理概论

**【学习目标】** 通过本情境的学习,使学生了解物流的发展历程、物流的作用及现代物流的发展趋势,理解物流的主要理论观点与学说,掌握物流的概念、基本功能、分类及物流管理的目标、内容和特征。

**【关键概念】** 物流(Logistics)　物流管理(Logistics Management)

**【引导案例】**

### 沃尔玛成功的奥秘

沃尔玛是一家美国的零售连锁企业,全球有8 500多家门店,分布于15个国家,多年在美国《财富》杂志世界500强企业中位居榜首。作为全球零售业当之无愧的"老大",沃尔玛成功的秘诀在于其灵活高效的物流配送系统。

物流配送系统是沃尔玛达到最大销售量和低成本存货周转的核心。沃尔玛的配送中心建立在100多家零售卖场的中央位置,可以同时满足100多个销售网点的需求,以此缩短配送时间,降低送货成本。同时,沃尔玛首创交叉配送的独特作业方式,进货与出货几乎同步,没有入库、存储、分拣环节,由此加速货物流通。在竞争对手每5天配送一次商品的情况下,沃尔玛每天送货一次,大大减少了中间过程,降低了物流成本。数据表明,沃尔玛的配送成本仅占销售额的2%,而一般企业配送成本占销售额的比例高达10%。通过物流配送中心的集中配送,沃尔玛不仅大大降低了物流成本,而且还有效减少了库存,加快了流通速度。

(资料来源:http://www.examw.com/wuliu/anli/176741/,有改动)

物流是沃尔玛成功的奥秘,是沃尔玛的核心竞争力。那么,什么是物流?企业应该如何降低物流成本呢?

## 第一节　物流概述

近几十年来,物流作为一门新的学科,在国内外得到了系统的研究和快速的发展。物流是一个复杂的系统,物流系统中包含的活动也很多,因此,物流学科又可以分成很多子学科和分支领域。本节将重点介绍物流的基本概念和基本理论,这是学习其他物流学科的基础知识。

### 一、物流的概念与发展

物流活动的产生远早于物流概念的提出及物流学科的形成。早在人类活动中出现了生产与交换以来,物流活动也就随之产生了。由于生产分工的专业化和局限性,人类为了获得生产与生活所需要的各种物资,就必须进行物的交换,在交换的过程中就产生了物品从生产地到消费地的转移,即"物的流通"。而随着商品的生产规模和流通范围的逐步扩大,物流也经历了从传统到现代、从简单到复杂、从分散到集成的发展过程。

物流概念的提出起源于军事领域,当时被称为"后勤"。第二次世界大战期间,美国军队为了保证全球作战的需要,围绕战略物资的供应,对军粮、军火等军用物资的运输、补给、调配等进行全面管理,以保证战略物资能够以最快的速度、最高的效率、最低的成本,安全及时地供给到作战前线,从而为战争的胜利提供物资保障。要做到这一点,就必须要有一整套科学高效的军队后勤供应管理系统,包括军用物资的订货、生产、购置、储存、运输、分配等一系列活动。各项活动的有效运转与衔接,在很大程度上决定了军用物资的供给保障程度。

第二次世界大战后,军事后勤管理的思想被推广到企业中,在企业的采购、生产、流通等诸多领域得到广泛运用,从而形成了供应物流、生产物流、销售物流等几大物流领域。

1935年,美国市场营销协会最早从销售的角度对物流进行了定义:"物流是销售活动中所伴随的物质资料从生产地到消费地的种种企业活动,包括服务过程。"很显然,这一定义仅仅概括了销售领域的物流活动,并没有囊括所有的物流活动。

1960年,全美实物分配管理协会将物流定义为:"物流是把完成品从生产线的终点有效地移动到消费者手里的广范围的活动,有时也包括从原材料的供给源到生产线的始点的移动。"这一定义的范围有所扩大,不仅包括销售领域中产品从生产线的终端开始,经过批发、零售,最终被传递到消费者手中的物流活动;而且还包括供应领域中,原料从供给源开始,经过运输、中转等,直到被传递到生产线上的物流活动。

1985年,全美实物分配管理协会更名为美国物流管理协会,该协会又将物流定义为:"物流是以满足客户需求为目的的,以高效和经济的手段来组织原料、在制品、制成品以及相关信息从供应到消费的运动和储存的计划、执行和控制的过程。"这一定义中物流的范围又有所扩大,不仅包括原料在供应领域的物流活动和产成品在销售领域的物流活动,而且还包括在制品在生产领域的物流活动,即从原料投入生产线开始,经过一系列的加工,最终加工成生产线终端的产成品这一过程中的物流活动。同时,这一定义还强调了信息在物流管理中的重要性及物流管理的目的和内容。

1998年,美国物流管理协会将物流的定义修改为:"物流是供应链过程中的一部分,是以满足客户需求为目的的,以高效和经济的手段来组织产品、服务以及相关信息从供应到消费的运动和储存的计划、执行和控制的过程。"这一定义将前面的原料、在制品和制成品统一称为产品,并且加了一个"服务",这说明物流不仅可以包括有形的物质实体的移动过程,而且还可以包括无形的服务与信息的流动过程。此外,这一定义还把物流纳入了供应链的范畴,强调企业在物流活动中与其上下游企业之间的合作关系。

2001年,美国物流管理协会又对物流的定义进行了完善,将其修改为:"物流是供应链运作中,以满足客户要求为目的,对货物、服务和相关信息在产出地和销售地之间实现高效率和低成本的流动和储存所进行的计划、执行和控制的过程。"这一定义将前面的"从供应到消费"改为"在产出地和销售地之间",这一修改说明物流不仅可以是物品、服务和相关信息从供应地到消费地的正向的流动过程,而且还可以是物品、服务和相关信息从消费地到供应地的逆向的流动过程,即把逆向物流纳入了物流的范畴。

《物流术语(GB/T 18354—2006)》在 2006 年将物流定义为:"物品从供应地向接收地的实体流动过程。根据实际需要,将运输、仓储、流通加工、包装、装卸搬运、配送和信息处理等基本功能实施有机结合。"这一定义重点强调了物流包括的一系列具体的活动。

结合以上定义,我们可以将物流定义为:"为了把物品高效率、低成本地送达目的地,对货物、服务和相关信息在供应地和接收地之间的流动过程中施加的运输、仓储、流通加工、包装、装卸搬运、配送和信息处理等一系列功能活动。"

**二、物流的基本功能**

物流的基本功能是指物流活动应该具有的基本能力,以及通过对物流活动最佳的有效组合,形成物流的总体功能,具体包括运输、仓储、流通加工、包装、装卸搬运、配送和信息处理七大功能。

(一)运输

运输是物流系统中最为重要的功能要素之一。运输和仓储被称为物流的两大支柱,其中,运输承担改变物流空间状态的任务。运输是在不同地域范围间以改变物品的空间位置为目的的活动,能够实现物品的空间位移,将物品从供应地转移到需求地,从而创造物品的空间效用。

任何产品从生产出来到最终消费,都必须经过一段时间、一段距离,甚至是多环节、多次数的运输活动。因此,我们说运输是物流活动的必要环节之一,是社会物质生产的必要条件之一,是实现"第三利润"的主要源泉之一,在社会物流活动中占据非常重要的地位。

运输可以分为长距离的干线运输和短距离的支线运输。通常情况下,我们把长距离的干线运输称为"运输",而把短距离的支线运输称为"配送"。但实际上,所有物品的移动都是运输,配送只是其中的一种,专指短距离、小批量的运输。

(二)仓储

仓储与运输一样,也是物流系统中最为重要的功能要素之一。作为物流的两大支柱之一,仓储承担改变物品时间状态的任务。仓储可以调节生产与消费在时间上的差别,是商品生产和流通中供求矛盾的集中体现。

马克思曾把储存称为社会再生产这条大河中的"商品流"的"蓄水池"。当大河上游供给的"商品流"远远超过下游的消费需求时,就关闭这一"蓄水池"的闸门,从而避免造成下游的"河流泛滥";反之,当上游供给的"商品流"不能满足下游的消费需求时,就打开这一"蓄水池"的闸门,从而避免造成下游的"河流干涸"。即当供大于求时,将物品储存起来;当供小于

求时,再将储存的物品投放市场,从而起到流通调控的作用。因此,我们说仓储能够创造物品的时间效用。同时,这种对于供需的调控还能起到调整价格的作用,避免由于供过于求或供不应求造成的价格波动。

另外,仓储在物品的流通过程中还能起到集散的作用,即把不同单位生产的产品汇集起来,形成一定规模,然后再根据需要分别发送到消费地。通过一集一散,不仅衔接了产需,而且还能实现产品运输、装卸搬运等物流活动的规模效应,从而降低物流成本。

### (三)流通加工

流通加工是在物品进入流通领域后,按照客户的各种要求对物品进行的加工活动。即在物品从生产领域向消费领域流动的过程中,为了促进销售、维护商品质量和提高物流效率,而对物品进行的加工,诸如包装、分割、计量、分拣、组装、价格贴付、商品检验等活动。通过这些加工活动,可以使物品从形态或理化性质上发生变化,从而满足消费者的各种多样化、个性化的需求。

与生产加工相比,流通加工大多是简单加工,加工的对象主要是进入流通领域的物品,其主要目的在于提高物品的附加价值或为流通创造条件,从而起到方便消费、促进销售的作用。

### (四)包装

包装是流通加工的一种,指在商品的流通过程中,为了保护商品的形状和价值、便于储存和运输、促进销售,采用适当的容器、材料和辅助物,按照一定的技术方法将商品包封并在包装物上做适当的标记和标志的活动。包装是生产的终点,同时又是物流的起点,具有保护商品、方便流通、促进销售、便于消费等功能。

按照功能的不同,包装可以分为销售包装和运输包装两种。销售包装是指生产领域的包装,也称小包装或内包装,其主要作用是保护商品、促进销售、方便消费;运输包装是指流通领域的包装,也称大包装或外包装,其主要作用是保护商品、方便流通。

### (五)装卸搬运

装卸和搬运都是发生在同一地域范围内的活动。其中,装卸是指改变物品的存放、支承状态的活动;而搬运则是指改变物品的空间位置的活动。在实际操作中,装卸和搬运这两种活动是密不可分的,往往伴随在一起发生。

装卸和搬运是随运输和保管等其他物流活动而产生的必要活动。在物流过程中,装卸搬运活动是不断出现和反复进行的,它出现的频率高于其他各项物流活动。而其他各项物流活动在相互过渡时,都是通过装卸搬运来衔接的。因此,装卸搬运是一种衔接性的活动,是物流各项活动之间能否有效衔接的关键因素。

### (六)配送

配送是将货物从物流据点送交给收货人的行为。具体地讲,是指按照客户的订货要求,在物流节点对物品进行拣选、加工、包装、分割、组配等作业,并将配好的货物按时送达指定地点的物流活动。需要强调的是,配送不仅仅是送货,而是分货、配货、送货等多种活动的有机结合体,具体包括集货、分拣、配货、配装、配送运输、送达服务和配送加工等功能要素。其中,配送运输是较短距离、较小批量、较为接近客户的运输形式。因此,一般使用汽车作为运输工具。

(七) 信息处理

信息是物流系统的中枢神经,能够将运输、储存、装卸搬运、流通加工等其他各种活动有机地结合起来,从而在很大程度上提高物流效率,降低物流成本。信息处理就是通过收集及传递与物流活动相关的各种信息,根据信息安排各项物流活动,从而使各项物流活动能够顺利、有效地进行。

### 三、物流的分类

不同领域的物流活动,虽然其功能要素基本相同,但是提供物流服务的主体、物流对象、物流范围、物流性质、物流的作用和功能却因物流活动的具体情况不同而有所不同。以下我们按照几种不同的标准来对物流进行分类。

(一) 按照物流的研究范围分类

按照物流的研究范围分类,物流可以分为宏观物流、中观物流和微观物流。

1. 宏观物流

宏观物流是指社会再生产总体的物流活动,是从社会再生产总体的角度认识和研究的物流活动。这种物流活动的参与者是构成社会再生产总体的产业和集团。因此,宏观物流可以理解为研究产业或集团的物流活动和物流行为。另外,从空间范畴的角度来理解,宏观物流是指在很大空间范畴进行的物流活动,往往带有宏观性;相反,在很小空间范畴的物流活动则往往带有微观性。宏观物流也指物流全体,是从总体上看物流,而不是从一个环节、一个局部来看物流。其主要特点是具有宏观性和全局性,研究的主要内容是物流的总体构成、物流在社会中的地位及其与社会的关系、物流与经济发展的关系、社会物流系统与国际物流系统的建立及运作等。如社会物流、国民经济物流、国际物流等都属于宏观物流。

2. 中观物流

中观物流是指社会再生产过程中的区域性物流活动,是从区域经济社会的角度认识和研究的物流活动。另外,从空间范畴的角度来理解,中观物流一般是指在较大空间范畴进行的物流活动,其主要特点是具有区域性。如一个国家的特定经济区物流、城市物流等都属于中观物流。

3. 微观物流

微观物流是指生产企业、流通企业或消费者所从事的具体的、实际的物流活动;或是针对某一种具体产品所进行的物流活动；或是整个物流活动中的一个局部、一个环节的具体的物流活动，是从局部角度认识和研究的物流活动。另外，从空间范畴的角度来理解，微观物流是指在很小空间范畴进行的物流活动，即在一个小的地域空间发生的具体的物流活动。其主要特点是具有具体性和局部性，是更贴近具体企业的物流。如企业物流、供应物流、生产物流、销售物流、回收物流、废弃物物流、生活物流等都属于微观物流。

（二）按照物流的地域范围分类

按照物流的地域范围分类，物流可以分为国际物流和区域物流。

1. 国际物流

国际物流是指在两个或两个以上不同的国家（或地区）之间开展的物流活动。在现代物流系统中，国际物流的发展速度很快，规模也很大，是伴随和支撑国际经济交往、贸易活动及其他国际交流所发生的物流活动，能够实现各种货物在不同国家（或地区）之间的流动和交换。但由于不同国家（或地区）在物流环境上存在较大的差异性，如适用的法律、人文环境、语言、物流技术与设施等的差异性，以及物流服务范围的广阔性，使得国际物流的难度、复杂性和风险较国内物流更大。

2. 区域物流

区域物流是相对于国际物流而言的，是指发生在一定区域范围内的物流活动。如一个国家范围内的物流活动、一个经济区域的物流活动或一个城市的物流活动都适用于相同的法律和规章制度，都受相同的文化因素和社会因素的影响，都具有相同水平的物流技术和设施设备，都具有独特和区域的特点，因而都属于区域物流。

（三）按照物流活动的范围和性质分类

按照物流活动的范围和性质，物流可以分为供应物流、生产物流、销售物流、回收物流和废弃物物流。

1. 供应物流

供应物流是指提供原材料、零部件或其他物料时所发生的物流活动。具体包括原材料、零部件等一切生产所需物资的采购、进货运输和储存，及相应的库存管理、供应管理和用料管理等。因此，供应物流也被称为原材料采购物流。它是为了保证企业生产的连续运转，而不断组织原材料、零部件、燃料及辅助材料等的采购与供应的物流活动。供应物流的好坏直接决定企业生产能否正常、高效地运转。因此，供应物流不仅要能保证所供应物资的数量和质量，而且还要以最低的成本、最少的消耗、最高的可靠性来组织供应物流活动，从而实现保障供应的目标。一般情况下，保证供应物资的数量和质量比较容易做到，而要做到以最低的成本实现保障供应的目标就成为供应物流的难点所在。

2. 生产物流

生产物流是指企业生产过程中发生的涉及原材料、在制品、半成品、产成品等所进行的物流活动。这种物流活动伴随着整个生产工艺过程,实际上已经构成生产工艺过程的一部分。因此,也可以把生产物流理解为发生在生产工艺过程中的物流活动。通常情况下,生产物流是以原材料、零部件的供应为起点,经过加工制成半成品进入半成品仓库,然后按照生产工艺和流程,将半成品加工成产成品,再经过检验、分类、包装、装卸搬运等作业环节,最后进入产成品仓库的整个过程。过去人们在研究生产活动时,主要关注一个又一个的生产加工过程,而忽视了将每一个生产加工过程连接在一起的、并且又和每一个生产加工过程同时出现的物流活动,结果导致在一个生产周期内,物流活动所占用的时间远远多于实际加工的时间。因此,企业生产物流的研究重点在于如何对生产过程中发生的物流活动进行合理的规划与控制,从而缩短生产周期,提高生产效率。

3. 销售物流

销售物流是指企业在出售商品过程中所发生的物流活动。它是企业为保证自身的经营利益,不断伴随着销售活动,将产品转交到用户手中并提供售后服务的物流活动。具体包括商品销售过程中的仓储、运输、包装、装卸搬运、流通加工、配送和信息处理等。因此,可以说销售物流包括了所有的物流功能要素,需要将这些功能要素有机结合起来。在现代社会中,销售物流已经成为企业营销活动的重要组成部分,而当前的市场环境是以买方市场为主,因而,销售物流活动带有极强的服务性,必须满足消费者的要求,才能实现销售。在这种市场前提下,销售物流不再是单纯地把商品送达用户,还需要为用户提供必要的售后服务,这样才能占领市场,提高企业竞争力,从而实现企业的销售利润。因此,销售物流的空间范围很大,这也是销售物流的难度所在。

4. 回收物流

回收物流是指不合格物品的返修、退货以及周转使用的包装容器从需方返回到供方所形成的物品实体流动。任何企业在采购、生产和销售的过程中都会或多或少地产生一些边角余料和废料,同时也不可避免地产生一些不合格物品,这些废料的回收、不合格物品的返修或退货,以及其他可再利用物资的回收都需要伴随物流活动。回收物流实际上就是企业在采购、生产和销售过程中产生的各种可再利用物资的回收活动,它的应用不仅有助于改善环境,而且更有助于降低企业的生产成本或销售成本,减少浪费现象。

5. 废弃物物流

废弃物物流是指将经济活动或人民生活中失去原有使用价值的物品,根据实际需要进行收集、分类、加工、包装、搬运、储存等,并分送到专门处理场所的物流活动。任何企业在生产和销售的过程中都会不可避免地产生废水、废气等各种废弃物,这些废弃物如果处理不当,就会影响人类的生产环境和生活环境,严重时还会危及人类的身体健康。因此,如何对这些废弃物进行有效处理已经引起了全社会的广泛关注。废弃物物流就是对企业生产和销售过程中产生的各种废弃物进行收集和适当处理的物流活动。

（四）按照物流系统的性质分类

按照物流系统的性质，物流可以分为社会物流、行业物流和企业物流。

1. 社会物流

社会物流是指超越一家一户的以一个社会为范畴的面向社会的物流活动，即企业外部的物流活动的总称。社会物流的研究范畴是社会经济大领域，研究的内容主要有国民经济中发生的物流活动、再生产过程中发生的物流活动、一个社会的物流体系结构及运行模式、服务于社会面向社会且在社会环境中运行的物流活动，等等。这种社会性很强的物流活动往往由专门的物流服务商承担，具有综合性和广泛性，因此，必须进行科学的管理和有效的控制，并采用先进的技术手段，以保证物流活动能够实现高效率、低成本的运行，从而追求经济效益和社会效益的最大化。

2. 行业物流

行业物流是指从一个行业的角度研究的与行业发展相关的物流活动，即在一个行业内部发生的物流活动。通常情况下，同一行业的各个企业往往是市场竞争对手，但为了追求共同的利益，在物流领域中却又常常互相协作，共同促进行业物流系统的统一化和合理化。比如，同一行业的不同企业之间采用统一的商品规格、设备规格、包装规格等，适用统一的法规政策，不仅可以促进行业物流系统的统一化和合理化，有助于提高行业物流效率，而且还能使同一行业的各企业之间实现共赢。

3. 企业物流

企业物流是指生产和流通企业在经营活动中所发生的物流活动，即企业内部的物品实体流动。它是具体的、微观的物流活动的典型领域。具体地讲，按照企业物流活动发生的领域或范围，企业物流可以划分为企业供应物流、企业生产物流、企业销售物流、企业回收物流、企业废弃物物流等几种具体的物流活动。

（五）按照物流的经营模式分类

按照物流的经营模式，物流可以分为自营物流和第三方物流。

1. 自营物流

自营物流是指企业利用自有的物流资源自行组织和经营的物流活动。这种企业通常是一些生产制造型企业或销售型企业，而不是专业的物流企业。自营物流要求企业必须具有较大的规模和雄厚的实力，拥有必要的物流资源和物流人才，并且有能力承担各种物流活动，对企业的要求比较高。

2. 第三方物流

第三方物流是指独立于供需双方，为客户提供专项或全面的物流系统设计或系统运营的物流服务模式。即把企业自身的物流活动，以合同方式委托给专业的物流服务商的一种物流运作模式。这种物流服务商就是我们通常所说的第三方物流企业，是专业的物流公司，它们通常具备丰富的物流资源和物流人才、完善的物流网络及强大的物流运作能力和经验。因此，这种物流模式不仅有助于企业集中精力搞好主业，还能获得比自营物流更加专业、更加快速高效，甚至更低成本的物流服务。

**案例 1-1**

**电商企业的物流选择**

第三方物流好比公共的公路，而自营物流好比独立的高速公路。平时，"高速公路"的优势并不明显，一旦碰上"双十一""双十二"等网购促销的旺季，自营物流就完全避免了"公共交通"的拥挤。

京东将90%的投资用于物流系统、信息系统、财务系统三大系统上。据了解，京东30%的订单采用第三方物流，但第三方物流的投诉量是京东自建物流的12倍。从成本分析上看，如果一个城市每天有2 000个订单，自营物流的成本能与第三方物流的成本打平；而在北京、上海、广州等大城市，订单量已经远远超过了这个数，并且能够做到平均每单5.2元，成本低于第三方，还能够做到服务质量更好。不久的将来，电商自营物流将会成为物流服务的重要力量。

（资料来源：http://www.examw.com/wuliu/anli/176739/，有改动）

**分析提示：**

电商企业应该选择自建物流还是第三方物流？

### 四、物流的作用与价值

随着现代物流的发展，人们越来越认识到物流对于企业生产经营的重要性。可以说，离开了物流，任何企业的生产经营活动都不能正常完成。物流作为企业生产经营活动的必要环节，不仅能保证企业生产经营活动的连续稳定运转，而且还能帮助企业降低成本、增加利润，进而提高企业竞争力。

（一）物流是企业生产经营的前提保证

在现代企业的生产经营活动中，物流贯穿于从原料采购到加工制造，直到把产成品送达客户的全过程。其中，每个环节都必须经过物流活动才能有效完成。比如，采购环节涉及原料的运输、储存、装卸搬运等物流活动，只有按质、按量、按时把原料送到生产线上，才能保证生产线的稳定运行；生产环节涉及上下工序之间零部件、半成品的搬运等物流活动，只有做到上下工序之间有效的衔接，才能保证生产线连续不断地运转；销售环节涉及产成品的运输、储存、装卸搬运、包装、流通加工等物流活动，只有保证了销售物流的顺畅，才能顺利地把产品销售出去。另外，各环节之间也需要通过物流活动才能有效衔接起来。因此，物流是企业生产经营活动连续稳定运转的前提保证，企业生产经营的任何一个环节都需要伴随物流活动而运行。

**(二) 物流是企业的"第三利润源"**

目前,高昂的成本已经成为很多企业发展的困境之一,特别是物流成本居高不下,成为困扰我国很多企业的难题。继挖掘原材料成本和劳动力成本之后,人们发现物流领域还有很大的降低成本的空间,于是,很多企业便把物流作为能够为企业创造利润的"第三利润源"。物流活动的合理化不仅能消除企业生产经营中不必要的物流环节,提高企业生产经营的效率;同时还能帮助企业降低生产经营成本,从而为企业创造更多的利润。

**(三) 物流是提升企业竞争力的法宝**

在当前的经济环境下,企业之间的竞争越来越激烈。合理的物流活动能够帮助企业降低成本,进而让利于客户,通过价格竞争吸引更多的客户;另外,快速有效的物流活动还能保证企业将产品及时准确地送到客户的手中,更好地满足客户的需求,进而提升企业形象,增强企业竞争力。

## 第二节　物流管理理论

物流管理是指为了以最低的物流成本为客户提供满意的物流服务,对物流活动所进行的计划、组织、协调与控制。近年来,社会经济和信息技术的高速发展赋予物流管理很多新的知识、新的技术、新的管理思想和新的管理方法,使传统物流迅速发展成为现代物流,随之产生了现代物流管理理论。本节将重点介绍现代物流管理的相关理论知识和发展趋势。

### 一、主要的物流理论观点与学说

物流这一概念的形成和物流管理学科的建立只有几十年的历史。因此,物流这门新兴学科在理论上尚不成熟,相关理论还在不断地修正和完善。下面介绍几种国内外主要的物流理论观点与学说。

**(一)"黑大陆"学说**

1962年,美国著名管理学专家彼得·德鲁克在美国《财富》杂志上发表的《经济的黑暗大陆》一文对现代物流理论的发展起到了奠基作用。在这篇文章中,他第一次提出了"流通是经济领域的黑暗大陆"。而在流通领域中,物流活动的模糊性尤为突出,是一块人类目前尚未了解和认识清楚的"黑大陆"。

所谓"黑大陆",就是指人们尚未了解和认识清楚的事物。而在物流领域中,未知的东西还很多,物流理论与实践都不成熟。因此,"黑大陆"学说形象地说明了物流的现状,是对物流准确而真实的评价。

## （二）"物流冰山"说

"物流冰山"说是日本早稻田大学的西泽修教授提出来的。他在研究物流成本时发现，利用现行的财务会计制度和会计核算方法核算出来的只是企业向外支付的物流成本，而企业内部消耗的物流成本却很难核算出来，这使得企业不能掌握物流费用的真实情况。因此，人们对物流费用的了解还是一片空白，甚至有很大的虚假性。于是他把物流成本比作一座"冰山"，企业内部发生的物流费用如同"冰山"的大部分沉在水平面以下，是我们看不到的黑色区域，我们所能看到的仅仅是露出水面的"冰山"的一角，即企业支付给外部企业的物流费用。

西泽修教授通过对物流成本的具体分析论证了彼得·德鲁克的"黑大陆"学说，黑大陆和"冰山"的水下部分对我们而言尚未了解和认识清楚，是物流尚待开发的领域，同时也是物流的潜力所在。

## （三）"第三利润源"学说

"第三利润源"学说也是由西泽修教授提出来的。企业挖掘利润的最直接的方式就是降低成本，而产品成本中最明显的成本构成就是原材料成本和劳动加工成本。因此，人们把"物质资源"和"劳动力资源"分别视为"第一利润源"和"第二利润源"，通过节约物质资源和降低劳动力的消耗在生产领域中挖掘利润。当这两个利润源的潜力越来越小的时候，这两个领域所能开发的利润也到达了一定的极限。这时，人们又发现了物流的潜力，于是把目光转向物流领域，从物流活动中挖掘利润，使其成为继节约物质资源和降低劳动消耗之后企业创造利润的第三条途径，将物流称为"第三利润源"。

这三个利润源分别对应生产力的三个要素。"第一利润源"对应的是劳动对象，"第二利润源"对应的是劳动者，"第三利润源"对应的是劳动工具。把物流作为"第三利润源"，实际上就是通过物流合理化来降低物流成本，进而为企业创造更多的利润。

## （四）"效益背反"说

"效益背反"指的是物流系统的各功能要素之间存在损益的矛盾，即在某一个功能要素发生优化和利益的同时，必然会使另一个或另几个功能要素的利益遭受损失，这种此消彼长、此盈彼亏的现象是物流领域中经常出现的普遍现象，是这一领域中内部矛盾的反映和表现。

物流系统的"效益背反"包括客户服务成本与物流成本的效益背反及物流各功能要素之间的效益背反。以客户服务成本与物流成本为例，客户服务成本是指由于物流服务水平不能达到客户的满意指数时所产生的隐性销售损失，即失销的成本。物流成本越高，物流服务水平就越高，客户满意度也越高，失去客户的可能性越小，由此带来的失销成本，即客户服务成本也就越小。又如，运输成本和仓储成本之间也具有效益背反性，仓储的设立往往会增加仓库建设费、仓储保管费等仓储成本，但通过仓储可以将不同的产品汇集起来进行统一运输，从而极大地提高了运输效率，降低了运输成本。

在认识到物流系统存在"效益背反"的规律之后,物流科学也就迈出了认识各物流功能要素、寻求解决和克服物流各功能要素之间的效益背反现象这一步。人们把物流系统细分为运输、储存、包装、装卸搬运、流通加工、配送、信息处理等几大功能要素,通过协调具有效益背反性的功能要素的投入量,可以追求物流系统整体效益的最优化。

### (五)成本中心说

在企业经营中,物流活动会对企业营销活动的成本产生影响,使得物流成本成为企业成本的重要组成部分。因而,物流的作用不只在于支持保障其他活动,更为重要的是要通过物流活动的合理化和物流管理的有效化来帮助企业降低成本。因此,成本中心说既是指物流是主要成本的产生点,又是指物流是降低成本的关注点。物流是"降低成本的宝库"等说法正是成本中心说的形象表述。

### (六)服务中心说

服务中心说代表了欧美国家的一些学者(如鲍尔索克斯)对于物流的认识。这些学者认为,物流活动最大的作用,并不在于为企业减少了消耗、降低了成本或增加了利润,而在于提高了企业对客户的服务水平,进而增强了企业的竞争能力。服务中心说特别强调了物流的服务保障功能,借助于物流的服务保障功能,企业可以通过提高整体能力来压缩成本、增加利润。

目前,在国内有关物流的服务性功能的研究也是一个比较热的话题。有的从客户满意度的角度,探讨物流服务的功能和作用及其衡量指标体系;也有的从客户关系的角度,研究客户关系管理在物流企业中的应用价值和方法。

### (七)物流战略说

物流战略说是当前非常流行的一种说法。学术界和产业界有越来越多的人已经逐渐认识到,物流更具有战略性,是企业发展的战略,而不只是一项具体的操作性任务。比如,马士华就从供应链管理的角度,提出了物流管理战略全局化的观念;还有学者从供应链的角度提出了"即时物流战略""一体化物流战略""网络化物流战略"和"物流战略联盟",等等。

物流战略说把物流放到了更高的位置上,认为物流会影响企业的生存和发展,决定企业的兴衰成败和生死存亡,而不只是在某个环节搞得合理一些、省了几个钱这么简单。因此,企业应站在战略的高度看待物流对企业长期发展所带来的深远影响,将物流与企业的生存和发展紧密联系在一起,这对促进物流的发展具有重要意义。

## 二、物流管理的目标和内容

物流管理的目标在于通过对物流活动的有效管理,发挥物流的"第三利润源"作用,帮助企业创造利润。因此,物流管理的内容实际上就是对运输、仓储等各项物流活动的管理,以及为实现物流管理的目标而对各项物流活动所进行的有效整合。

（一）物流管理的目标

在企业运作中，物流是将企业的原料采购、生产、销售等各环节有效衔接的桥梁与纽带。企业物流管理的目标就在于帮助企业实现以最低的总成本创造最高的客户价值，具体体现在以下几个方面。

1. 服务最优

企业实施物流管理的首要目标之一，就是实现企业各部门之间及上下游企业之间协调一致的运作，从而达到满意的客户服务水平，保留现有客户，吸引潜在客户，并不断提高客户对企业的忠诚度，最终实现企业价值的最大化。

那么，企业需要为客户提供怎样的服务，才能不断增强客户满意度呢？最重要的就是要合理规划物流流程，尽量做到物流合理化，从而为客户提供更加快捷、便利、准确的产品递送服务，避免因物流管理不当而造成的送货延迟、货物损坏、货物投递错误等现象。例如，准时制物流就体现了这种服务最优的目标。

2. 快速反应

快速反应是指按照客户的要求，把客户需要的产品快速送达指定的地点。这一目标体现着企业能否及时满足客户需求的能力，是服务性目标的延伸。现代企业之间的竞争实质上是时间的竞争。这就要求企业要尽可能地缩减不必要的物流环节，努力在最短的时间内完成物流作业，最大限度地缩短从客户发出订单到获得满意交货的时间周期，从而实现快速有效的客户反应，更快更好地满足客户需求。例如，直达物流、准时制物流就是这一目标的具体体现。

3. 总成本最低

企业提供良好的服务，不仅体现在要快速响应客户需求，让客户快捷方便地获得所需要的正确的产品，而且同时还要考虑让客户获得更多的实惠，也就是说要通过良好的物流管理或物流运作降低产品的成本和价格，最终让利于消费者。例如，沃尔玛连锁超市就是通过强大的物流配送系统的支撑，做到了"天天平价"。

需要强调的是，总成本最低化目标并不是单纯地追求运输费用最低化或库存成本最低化，而是要实现产品总成本的最低，其中包括物流成本，这就对企业的物流运作提出了更高的要求。

4. 库存合理化

库存是指为了使生产正常而不间断地进行或为了及时满足客户的订货需求而设置的必要的物品储备。按照准时制物流的管理思想，库存是闲置的资源，是不确定性的产物，不能立即为企业创造效益。然而，没有库存又会造成缺货，从而使企业失去客户。因此，为了及时满足客户的需求，同时又不至于造成货物的积压，企业必须设立合理的库存，即在保障供给的前提下，保持最低的库存水平。

库存合理化目标实质上就是把存货减少到与客户服务目标相一致的最低水平。这样既能满足客户需求,避免缺货;同时又能加快库存资金的周转率,使企业分摊在存货上的资金得到最充分的利用。

5. 物流质量最优

商品从生产领域进入消费领域,中间要经过多次不同情况、不同条件的运输、储存、装卸、搬运、堆码等各种物流作业,不正确、不规范的物流作业往往会导致商品发生不同程度的损坏,最终使企业花费更多的费用来完成货物的交付。因此,物流是发展和维持全面质量管理不断改善的主要组成部分。达到与保持物流质量最优的水平,也是物流管理的重要目标之一。这一目标的实现,必须从原材料、零部件供应的零缺陷开始,直至物流管理全过程、全方位质量的最优化。

(二) 物流管理的内容

在《物流术语(GB/T 18354—2006)》(2001)中,物流管理是指为了以最低的物流成本为用户提供满意的物流服务,对物流活动所进行的计划、组织、协调与控制。按照这一解释,物流管理应当包括需求预测、采购与供应商管理、运输管理、仓储管理、客户服务等具体内容。

1. 需求预测

需求预测是指采用一定的方法和技术估计出消费者在未来一段时间里对某种产品的需求期望水平,从而为企业的生产计划和控制决策提供依据。企业生产经营的目的是向社会提供产品或服务,其生产决策正确与否在很大程度上取决于需求预测的准确性。同样,企业对生产经营过程中物流活动的有效计划和控制也依赖于准确的需求预测。只有对客户的未来需求做出准确的判断,企业才能制订出合理的库存计划或运输方案。

2. 采购与供应商管理

采购与供应是指保证原材料及时供给的各项活动。采购管理则是对从供货商到生产企业的物料流动过程进行的管理,包括采购员的选择、采购品种和数量的确定、供应商的选择、采购价格的谈判、采购时间的确定、采购方式的选择、采购合同的签订等。

供应商能否按时按量地提供高质量的原材料和零部件,直接关系企业能否按时完成生产计划,能否以优质的产品及时满足客户的需求。由此可见,供应商管理是采购管理中非常重要的一个环节。企业不仅要根据产品特征和生产计划制定科学、严格的供应商选择标准,按标准选择合适的供应商,而且还要在合作的过程中持续不断地对供应商进行评估,对评估不合格的供应商可要求其改进或进行替换。

3. 运输管理

运输是指用设备和工具,将物品从一个地点向另一个地点运送的物流活动,其中包括集货、分配、搬运、中转、装入、卸下、分散等一系列操作。运输管理就是对物品从供给方向需求方运送过程中的这些作业进行的管理,具体包括运输方式的选择、运输车辆与人员的确定、运输路线的安排等。

据统计,运输成本是占物流总成本比例最大的一项物流费用,特别是在发展中国家,运输成本约占物流总成本的50%左右。而运输成本高昂与很多不合理的运输行为有着直接关系,如无货空驶现象、迂回运输、运输工具选择不当等。这就要求企业在运输管理中,要合理选择运输方式,选择合适的运输车辆和人员,合理安排运输路线,尽量做到运输合理化,从而降低物流成本,为企业创造更多的利润。

4. 仓储管理

仓储管理是指对仓库及仓库内的物资所进行的管理,是仓储企业为了充分利用所拥有的仓储资源(包括仓库、仓储机械设备、仓储保管人员、仓储资金和技术等),提供高效的仓储服务,而对仓储活动进行的计划、组织、协调和控制的过程。仓储管理具体包括仓储资源的获得、仓库管理、仓储经营决策、仓储作业管理、仓储安全管理、仓储人员管理和财务管理等一系列管理工作。仓储管理就是要通过对这一系列工作的系统化、规范化管理,提高仓储作业的效率,降低仓储成本,实现仓储资源效用的最大化;且能根据市场的发展变化不断创新仓储服务的理念和内容,提供适合经济发展的仓储服务,从而更好地满足客户需求。

仓储成本在物流总成本中所占的比重仅次于运输成本,是物流总成本的重要组成部分。反过来,物流总成本的高低又常常取决于仓储成本的大小。这是因为,在物流成本中,仓储成本与运输成本具有效益背反性,企业库存的持有虽然会增加仓储成本,但却能通过规模化的生产和运输降低生产成本和运输成本,从而降低总物流成本。由此可见,有效的仓储管理不仅能降低仓储成本,而且还有助于降低生产成本和运输成本,对企业生产成本和物流成本的控制具有很大的作用。

5. 客户服务

客户服务是一种以客户为导向的价值观和经营理念,所有能提高客户满意度的行为和信息都属于客户服务的内容。从物流管理的角度来讲,客户服务就是企业为客户提供的物流方面的服务,即物流客户服务。它要求企业整合物流系统并进行统一管理,从而为客户提供最优质的物流服务,这是一切物流活动的终极目标。

在如今竞争异常激烈的市场环境下,企业都在想方设法地保留现有客户,并争取潜在客户,客户服务由此成为企业之间强有力的竞争武器。满意的客户服务会不断增强客户对企业的信任感和忠诚度,进而留住客户。相反,当企业提供的物流服务水平不能达到客户的满意指数时,或者当客户获知了其他客户对该企业物流服务的负面评价时,都会使企业遭受一定的销售损失,这种损失不仅包括失去现有客户带来的销售损失,而且还包括失去潜在客户所带来的销售损失,是很难估计和衡量的。因此,物流客户服务也是物流管理的一项重要内容。如何确定企业的物流服务水平,从而以最低的服务成本为企业保留住最有价值的客户,就成为企业物流管理的一项重要任务。

**6. 其他物流活动的管理**

除以上内容以外,物流管理还包括配送管理、包装管理、装卸搬运管理、流通加工管理、信息管理等内容。对每一项活动进行管理都是为了使物流活动合理化,进而提高物流效率,降低物流成本。

### 三、现代物流管理的特征和发展趋势

近年来,应用高新技术改造和整合传统产业所形成的"物流"这一新兴产业,正在全球范围内迅速发展,其特征和发展趋势也越来越受到广泛重视。

#### (一)现代物流管理的特征

现代物流是在传统物流的基础上,引入高科技手段,将运输、仓储、流通加工、包装、装卸搬运、配送和信息处理等物流活动综合起来的一种新型的集成式管理。与传统物流相区别的是,现代物流能够为客户提供多功能、综合性的服务,其具体特征主要体现在以下几个方面。

**1. 物流目标系统化**

现代物流强调从系统的角度统筹规划一个企业的各项物流活动,追求物流整体目标的最优化,而不是运输、仓储等单项物流活动的最优化。这就要求企业要从整体利益出发,处理好各项物流活动之间,以及各项物流活动与企业整体目标之间的关系。

**2. 物流反应快速化**

现代物流强调对客户服务的快速反应,即要求企业按照客户的需求,将正确的产品快速送达指定的地点。为了实现这一目标,现代物流服务的提供者对上下游企业或客户的物流需求的反应速度越来越快,前置时间越来越短,配送间隔期越来越短,配送速度越来越快,商品周转率也越来越高。

**3. 物流作业规范化**

现代物流强调物流作业的规范化、标准化与程序化。这就要求各物流环节尽量采用标准化的物流包装、标志和设备,各项物流作业尽量执行标准化的作业流程和规范,尽可能地把复杂的物流作业简化成易于推广和考核的物流作业。

**4. 物流服务系列化**

现代物流强调物流服务功能的恰当定位与完善化、系列化。除了传统的运输、仓储、流通加工、包装、装卸搬运、配送和信息处理等服务功能以外,现代物流还包括市场调查与预测、采购及订单处理、物流咨询、物流方案的选择与规划、物流教育培训、库存控制策略与建议、货款回收与结算等增值服务,同时还提高了这些服务对决策的支持作用。

**5. 物流功能集成化**

现代物流强调将物流与供应链的各个环节进行集成。例如,仓储与流通加工等物流功

能的集成、物流渠道之间的集成、物流环节与生产加工环节的集成等。

6. 物流手段现代化

现代物流强调采用先进的物流技术、物流设备与物流管理理念为客户提供优质的物流服务。通常,企业规模越大,业务范围越广,对物流技术、物流设备及物流管理理念现代化的要求也就越高。随着现代物流的发展,物流技术和物流设备正在向自动化、标准化、专用化的方向发展,如自动化包装设备与技术、自动化分拣设备与技术的应用;而物流管理理念正在向系统化、集成化的方向发展,如共同配送。

7. 物流组织网络化

现代物流强调为客户提供快速、准确的产品递送服务和全方位的物流客户服务。这就要求企业建立健全、完善的物流网络体系,并且各网点之间的物流活动要保持系统性和统一性。这种网络体系可以使企业以最优的总库存水平,为客户提供快捷、方便的物流服务,即以最低的物流成本实现对客户需求的快速反应。

8. 物流过程透明化

现代物流强调物流过程的透明化。随着信息技术的不断推广和应用,现代物流过程逐渐呈现透明化。比如,沃尔玛连锁店铺的员工在POS机终端系统上可以清楚地看到每种商品每天的销售记录和库存余额,其配送中心则会根据这两项数据自动对各店铺进行补货。这就使得物流过程中的库存积压、送货不及时、延期交货、运输与库存不可控等风险得以大大降低,从而大大加强了供应商、制造商、销售商等供应链上下游企业在组织物流过程中的协调性和配合度,以及对物流过程的控制力。

(二) 现代物流管理的发展趋势

随着经济全球化和信息技术的快速发展,现代物流的发展趋势也逐渐呈现出信息化、国际化、专业化、协同化和可持续化的特征。

1. 信息化

物流信息化是指物流企业为了有效控制货物的流动过程,运用现代信息技术[如条形码技术、电子数据交换技术(Electronic Data Interchange,EDI)等],对物流过程中产生的全部或部分信息进行采集、分类、传递、汇总、识别、跟踪和查询等一系列处理活动。信息技术、网络技术在物流领域的广泛应用,使得企业与企业之间可以共享信息,实现更加方便、快捷、准确的信息传递。这样,销售商就可以根据消费者的需求情况制订订货计划,生产企业也可以根据销售商的销售情况制订合理的生产计划,供应商则可以根据生产企业的生产计划进行供货,从而有效衔接供应链上的各个节点,且能实现按需生产、按需供货,使整条供应链上的库存大大降低,最终帮助企业降低成本、提高效益。比如,电子数据交换技术在物流领域的应用就大大简化了订单处理流程,使得供需方之间可以快速传递物流信息,从而有效衔接物流过程的各个环节,极大地提高了物流效率。因此,信息化是现代物流的核心,也是现代物流发展的必然要求。

2. 国际化

随着全球贸易的发展及世界各国之间的经济渗透,越来越多的企业将其生产经营活动向世界范围延伸,这就为物流的国际化发展奠定了重要的基础。很多大型企业,特别是跨国公司开始在全球范围内组建生产网络和营销网络,在全球范围内采购原材料和零部件,并将产品销往世界各地,企业的国际化推动了企业物流的国际化。与此同时,越来越多的物流企业都在进行兼并与联盟,这种联盟可以扩大企业的规模与业务范围,实现物流运作的规模化效应,从而为物流企业拓展国际业务和组织国际货物运输提供了条件,最终形成了物流企业的国际化发展趋势。特别是在以国际互联网为基础的电子商务的推动下,物流业更加呈现出了国际化的特点。在经济全球化的推动下,物流业的国际化发展具有广阔前景。

3. 专业化

随着市场竞争的日趋激化和社会分工的日益细化,越来越多的企业开始选择第三方物流服务,将物流业务外包给专业的物流公司。任何企业的资源和资金都是有限的,自营物流需要投入大量的资金建设和购置物流资源,而第三方物流服务商往往具备丰富的物流资源、健全的物流网络、专业的物流人才和大量的物流业务。因此,选择第三方物流不仅可以使企业集中精力于自己的主营业务,减少物流资源的投入,加快资金周转;而且还可以发挥物流业务的规模效应,提供比企业自营物流更高效率、更低成本、更加专业的物流服务。目前,我国有很多大型的物流企业都在大力建设物流设施和物流信息网络,加快向综合化、专业化的第三方物流企业转轨。由此可以看出,第三方物流具有巨大的市场空间,将成为未来物流服务的主导方式。换句话说,现代物流服务正在向综合化、专业化的方向发展。

4. 协同化

为了扩大物流规模和物流业务范围,越来越多的物流企业开始走集约化、协同化的道路。在行业竞争异常激烈的市场环境下,很多实力雄厚的大型物流企业开始兼并中小企业;实力相当的物流企业也加强了相互间的合作。通过合并、合作与联盟,不仅扩大了企业的物流规模,完善了物流服务网络,拓宽了物流业务范围,而且还极大地提高了企业自身的竞争力和实力,从而有利于物流企业实现低成本、快速扩张。由此可见,现代物流业正在全球范围内加速集中,呈现出集约化、协同化的发展趋势。共同配送就是物流协同化发展趋势的典型代表。作为一种协同化的配送模式,共同配送通过对不同配送企业的物流资源和物流业务进行合并与联盟,不仅可以减少配送资源的投入,而且还能缩短配送路径,从而提高配送效率,降低配送成本。

5. 可持续化

物流虽然促进了经济的发展,但物流发展的同时也给城市环境带来了很多负面的影响。比如,运输车辆排放的废气、不合理的废弃物处理等都给城市环境造成了极大的污染。另

外,废旧物品的不规范处理也很容易造成可再生资源的浪费。因此,为了保持物流业健康、持续地发展,企业物流服务就必须建立在符合社会利益和经济可持续发展的基础之上。绿色物流、回收物流、废弃物物流都是符合物流可持续化发展趋势的新的物流理念,它们倡导的就是保护环境、节约资源的可持续发展理念。

## 本学习情境小结

本学习情境主要介绍了物流的发展历程、物流的作用与价值及现代物流的发展趋势,讲述了物流的主要理论观点与学说,并重点介绍物流的概念、基本功能、分类及物流管理的目标、内容和特征。

**练习题**

1. 你是如何理解物流的？它包括哪些具体的功能要素？
2. 为什么说物流是"第三利润源"？如何发挥物流的"第三利润源"作用？试举例说明。
3. 物流管理的目标是什么？包括哪些具体内容？
4. 与传统物流相比,现代物流管理具有什么样的特征？
5. 举例说明现代物流管理的发展趋势。

**案例分析**

### 苏宁——打造"中国的沃尔玛"

一定要成为"中国的沃尔玛"——这是苏宁电器董事长张近东多年来的梦。

"13亿人的中国市场一定能够培育出世界500强的现代零售企业。"张近东说。窗外的一缕阳光照在他脸上,更添坚毅之色。

从20世纪90年代初南京宁海路上的一个小门面到今天的国内家电连锁业"航母",苏宁电器用了不到20年。用张近东的话来说,"苏宁正值青春期,未来不可限量。"

打造"中国的沃尔玛"并不是嘴上说说那么简单。店面直接与消费者接触,显示的是一个"看得见的苏宁"。家电连锁发展模式如何创新？

据苏宁电器的总裁孙为民介绍,苏宁电器已经历经了空调专营店、综合电器店、3C旗舰店和3C+旗舰店四代店面经营模式,其中前三代主要着眼于产品结构的调整和扩充,第四代3C+模式,则开始将重心集中到消费者体验上来。然而,苏宁电器850多家连锁店基本以租赁为主。这在发展初期能够保证连锁企业快速做大规模,完成连锁布局,但同时也带来了一些弊端,主要在于店面软硬件条件千差万别,不利于统一形象、统一标准和统一服务。而第五代自建店模式,最大的特点在于完全以顾客为导向,并且在经营标准以外加入了更加适合家电连锁经营的建筑设计标准。

如果说店面的改变是看得见的,那么,60个物流基地则在建设一个"看不见的苏宁"。孙为民说,苏宁将投资数十亿元,同步在沈阳、天津、北京、无锡、成都、重庆、徐州、苏州、上海等地建9个物流基地,共40万平方米。同时,计划开发签约16个物流基地。按照规划,最终苏宁电器在全国的大型现代化物流基地将达60个左右。

苏宁电器的国际化战略也已初显迹象。依托13亿人的中国内需市场、日益规范的市场环境以及已经逐渐建立的国际化管理平台,苏宁电器有信心也有能力打造出"中国的沃尔玛",并为志在全球化的"中国制造"提供全球化的"中国渠道"。

(资料来源:http://www.examw.com/wuliu/anli/193902/,有改动)

**问题:**

1. 苏宁电器能否成为"中国的沃尔玛"?
2. 物流基地的建设能给苏宁电器带来哪些好处?能否使物流成为苏宁电器的核心竞争力?
3. 苏宁电器对连锁店铺和物流基地的扩张速度如此之快,有无风险?能否有效发挥物流的规模效应?

## 实训项目

### 分析网上购物的物流流程

**【实训目标】**

(1) 加强学生对物流相关概念的理解。
(2) 提高学生对物流基础知识的实际应用能力。
(3) 培养学生独立思考问题、分析问题和解决问题的能力。

**【实训内容与要求】**

实训内容:

学生分组在网上购买某种物品,并分析总结出这次网上购物的物流流程。

实训要求:

(1) 说一说在这个流程中,要进行哪些物流活动?
(2) 试分析这些物流活动都会使用到哪些物流工具?
(3) 试分析这些物流活动该由谁去完成比较合适,是电子商务企业,还是别的企业?
(4) 你对于接收到这件物品的时间、地点等有什么要求没有?
(5) 你愿意支付物流费用吗?你认为多少合适呢?

**【成果与检验】**

该实训设计可分小组进行,教师通过检阅实训报告对每个小组分析总结出的物流流程进行评阅,并选择一两个小组把实训项目制作成PPT,在课堂上进行展示。

## 参考文献

[1] 杨广君.物流管理[M].北京:对外经济贸易大学出版社,2004.

[2] 张晓青.现代物流概论[M].武汉:武汉理工大学出版社,2005.

[3] 黄福华.现代物流基础[M].北京:电子工业出版社,2007.

[4] 郑承志,刘宝.物流管理概论[M].北京:电子工业出版社,2007.

[5] 刘伟.物流管理概论[M].北京:电子工业出版社,2007.

[6] 肖旭.物流管理基础[M].北京:机械工业出版社,2008.

[7] 黄静.物流成本管理[M].上海:上海财经大学出版社,2008.

[8] 张惠良.欧洲物流的"绿色变革"[J].物流,2008(6):27—28.

[9] 中国物流与采购网 http://www.chinawuliu.com.cn.

# 学习情境二　电子商务与现代物流

**【学习目标】** 通过本情境的学习,使学生认识电子商务与现代物流的关系和相互的影响,掌握电子商务与现代物流的关系及其结合模式、电子商务的基本概念、电子商务与现代物流结合中出现的问题及解决方式。

**【关键概念】** 电子商务(Electronic Commerce)　　现代物流(Modern Logistics)　关系(Relationship)

**【引导案例】**

京东物流案例分析

近年来,网购的盛行使得我国电子商务领域发展尤为迅速,电商行业成为我国最火热的行业之一,而且多数电商企业选择把较多的资金投放到自营物流建设中,想以此来提高自身的竞争力,得到更多客户的认可。

以京东为例,该集团首席执行官刘强东认为:在如今电商的竞争中,用户体验逐渐成为大家关注的焦点,配送的速度是用户体验的关键点之一,只有自主配送才能更准确掌握用户体验;只有自建物流才能优化客户体验,提高用户的满意程度。

说到京东自建物流体系,问题不得不从其每年高速增长的业绩开始说起。京东的迅速崛起使得与其合作的外包物流公司的快递业务和服务能力远不能满足其自身发展的需要。2007年,京东开始着手建立自己的配套物流体系。2009年,京东投资2 000万元在上海成立了自己的快递公司,并逐渐在全国范围内建立了自己的配送网络。

痴迷于物流建设的刘强东甚至将自己的公司比作网络版的沃尔玛,他指出,B2C公司发展下去实际就是个物流公司。

京东自建物流的优势主要体现在四个方面。

一是保证了物流服务的及时性和安全性。由于近些年来电子商务领域井喷似的增长速度,使得我国大多数的民营快递为了与这种速度接轨都不约而同地采取了加盟商合作的经营模式,这种模式造成了管理混乱、执行力差等诸多弊端,不能有效地保证网购快件的及时性和安全性。而京东自建物流则可以较好地解决此类问题,物流直接由电商企业监管、实施,较好地保证了服务的质量和快递的速度。京东从2010年开始推行的"211限时达"服务,就充分体现了其自建物流服务的及时性与高效性。京东所提供的货到付款方式也保证了网络购物更高的安全性,同时也降低了企业的风险。

二是保证了特殊时期业务的稳定。几年前,每到国定假期,特别是春节时期,大部分快递公司都会提前放假,但假期恰恰是顾客在网上购物的高峰期,自建物流可以很好地弥补节假日期间运力不足的状况。而近几年来由于电商在法定假日及特殊节日(如11月11日)的促销活动,使得很多快递公司频频出现爆仓现象。快件丢损、快递成"慢递"、快件"春节回家难"成为了人们的热议问题。单单依靠第三方物流根本不能做到快速反应、及时应对,京东商城自建物流体系能有效地缓解快件急剧暴增时带给仓储、运输等方面的压力,使消费者在享受到优惠价格的同时也能享受到高效优质的物流服务。

三是增加了消费者的认可度。首先,京东的自建物流使得它与消费者交流零距离,能很好地了解消费者的需求,从而改进自身产品和物流服务存在的问题,提高消费者满意度。其次,京东可以通过自有的物流进行新业务的推广和品牌的宣传,对已购用户进行再次营销,提升再次购买的可能性及用户粘性,如果营销得当,不仅可以增加企业的效益,而且可以使消费者产生好感。再次,可以在运输车辆中存有一定的备货,一旦现场交易环节出现货损或者顾客不满意等情况,能够当场退换,这样就省去了雇佣第三方物流中的逆向物流环节,保证了质量的同时也降低了成本。

四是仓库、运输车辆具有不错的广告效应。仓库、运输车辆产生的实体广告效应比电视广告、网络广告更能使消费者产生认同感。京东在物流链条上已经囊括了仓储、分拨中心、最后一公里配送和干支线运输的全部环节。多辆统一标准的京东货运卡车穿梭于城市中,在吸引大众眼球的同时也宣传了企业的品牌。

京东自建物流也存在弊端。一是投资过大,风险增加。自建物流系统的成本高,这种情况下,企业过大的投资也就意味着伴随着更大的风险。二是员工队伍的管理问题。随着电商自建物流体系的逐步发展与完善,与之相配的员工队伍也在不断壮大,能否有效地管理如此庞大的员工队伍,实现电子商务和自身物流体系的高效运行,对京东来说也是一个不小挑战。三是可能会使企业不能专注于自身的核心业务。

(资料来源:任博华,董行.中国电商企业自建物流问题研究——以京东商城为例[J].物流科技,2013(1),有改动)

# 第一节 电 子 商 务

## 一、电子商务的定义

电子商务(Electronic Commerce,EC)是利用微电脑技术和网络通信技术进行的商务活动,其关键是依靠电子设备和网络技术进行的商业模式,但是,电子商务不等同于商务电子化。

随着电子商务的高速发展,它已不仅仅包括其购物的主要内涵,而且还应包括物流配送等附带服务。

电子商务可以划分为狭义的电子商务和广义的电子商务。

从狭义上讲,电子商务是指通过使用互联网等电子工具(包括电报、电话、广播、电视、传真、计算机、计算机网络、移动通信等)在全球范围内进行的商务贸易活动。是以计算机网络为基础所进行的各种商务活动,包括商品和服务的提供者、广告商、消费者、中介商等有关各方行为的总和。人们一般理解的电子商务是指狭义的电子商务。

从广义上讲,电子商务一词源自于 Electronic Business,就是通过电子手段进行的商业事务活动。通过使用互联网等工具,使企业内部、供应商、客户和合作伙伴之间,利用电子业务共享信息,实现企业间业务流程的电子化,配合企业内部的电子化生产管理系统,提高企业的生产、库存、流通和资金等各个环节的效率。

联合国国际贸易程序简化工作组对电子商务的定义是:采用电子形式开展商务活动,它包括在供应商、客户、政府及其他参与方之间通过任何电子工具(如 EDI、Web 技术、电子邮件等)共享非结构化商务信息,并管理和完成在商务活动、管理活动和消费活动中的各种交易。

总结各处电子商务的定义,电子商务定义一般可概括为以下三种:

电子商务是利用计算机技术、网络技术和远程通信技术,实现电子化、数字化和网络化、商务化的整个商务过程。

电子商务是以商务活动为主体,以计算机网络为基础,以电子化方式为手段,在法律许可范围内所进行的商务活动交易过程。

电子商务是运用数字信息技术,对企业的各项活动进行持续优化的过程。

## 二、电子商务的基本组成

电子商务的基本组成要素包括网络、用户、认证中心、物流配送、银行、商家等(如图2-1所示)。

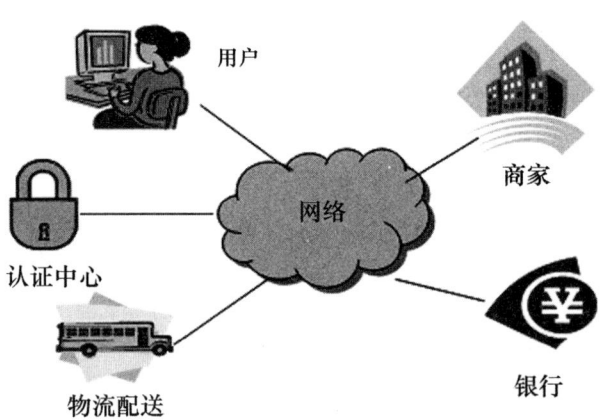

图 2-1 电子商务的基本组成

(1)网络。网络包括 Internet、Intranet、Extranet。Internet 是电子商务的基础,是商务、业务信息传送的载体;Intranet 是企业内部商务活动的场所;Extranet 是企业与企业以及企业与个人进行商务活动的纽带。

(2) 用户。用户包括个人用户和企业用户。

(3) 认证中心。认证中心是受法律承认的权威机构,负责发放和管理数字证书。

(4) 物流配送。商家按照用户的订货要求,在物流基地进行理货工作,并将配好的货物送交收货人的一种物流方式。

(5) 银行。各银行在互联网中设立虚拟柜台,通过互联网向客户提供各种银行业务。

(6) 商家。从事商业活动(生产、经营相关物品)的个人和各种组织统称为商家。

### 三、电子商务的发展

(一) 电子商务的发展阶段

1. 第一阶段

电子商务发展的第一阶段是电子邮件阶段。这个阶段可以认为是从20世纪70年代开始,平均的通信量以每年几倍的速度增长。

2. 第二阶段

电子商务发展的第二阶段是信息发布阶段。从1995年起,以Web技术为代表的信息发布系统爆炸式地成长起来,成为Internet的主要应用。此阶段也是中小企业如何把握好从"粗放型"到"精准型"营销时代的电子商务阶段。

3. 第三阶段

电子商务发展的第三阶段是EC阶段,即电子商务阶段。EC在美国也才刚刚开始,之所以把EC列为一个划时代的东西,是因为Internet的最终主要商业用途,就是电子商务。反过来也可以说,若干年后的商业信息,主要是通过Internet传递的。Internet即将成为我们这个商业信息社会的神经系统。1997年年底,在加拿大温哥华举行的第五次亚太经合组织非正式首脑会议(APEC)上,美国总统克林顿提出敦促各国共同促进电子商务发展的议案,引起了全球首脑的关注,IBM、HP和Sun等国际著名的信息技术厂商已经宣布1998年为电子商务年。

4. 第四阶段

电子商务发展的第四阶段是全程电子商务阶段。随着SaaS(Software as a Service)软件服务模式的出现,软件纷纷登录互联网,延长了电子商务链条,形成了当下最新的"全程电子商务"概念模式。

5. 第五阶段

电子商务发展的第五阶段是智慧阶段。2011年,互联网信息碎片化以及云计算技术愈发成熟,主动互联网营销模式出现,电子商务摆脱传统销售模式生搬上互联网的现状,以主动、互动、用户关怀等多角度与用户进行深层次沟通。

(二)电子商务的发展趋势

1. 更广阔的环境

人们不受时间和空间的限制,不受传统购物的诸多限制,可以随时随地在网上进行交易。

2. 更广阔的市场

在网上,这个世界将会变得很小,商家可以面对全球的消费者,消费者可以在全球的任何一家商家购物。

3. 更快速的流通和更低廉的价格

电子商务减少了商品流通的中间环节,节省了大量的开支,从而也大大降低了商品流通和交易的成本。

4. 更符合时代的要求

如今,人们越来越追求时尚,讲究个性,注重购物的环境。网上购物更能体现个性化的购物过程。

案例 2-1

### 揭阳式农村电子商务

广东揭阳市锡场镇军埔村一群"85后"的年轻人,接过父辈们创业的"枪",在一个传统的食品专业村,将淘宝店开得风生水起。而随着揭阳市委、市政府一系列政策的扶持,未来的军埔村将不仅是一个淘宝村——它将被打造为"电子商务第一村"。军埔村的特别之处在于,几乎每个食品厂旁边都有一家淘宝店。206国道军埔路口50米外,是广东揭阳揭东区锡场镇军埔村的村口。往里看,一条街到底,满满挂着各色"淘宝店"的招牌,形成了一条电商街。到2013年,全村490多户村民已开1 350多家网店,经营的商品主要依托揭阳金属不锈钢制品、食品、服装、玉器等传统优势产业。

(资料来源:http://xzfw.bjtzh.gov.cn/n4182645/n4183046/c14556792/content.html)

**分析提示:**

电子商务让商务更加方便、快捷、简单,越来越多的企业投入到了电子商务的大市场中。

### 四、电子商务的分类

按照不同的分类标准,电子商务可以分为不同的种类。

(1)按照商业活动的运行方式,电子商务可以分为完全电子商务和非完全电子商务。

(2)按照商务活动的内容,电子商务可以分为间接电子商务(有形货物的电子订货和付款,仍然需要利用传统渠道,如邮政服务和商业快递车送货)和直接电子商务(无形货物和服务,如某些计算机软件、娱乐产品的联机订购、付款和交付,以及全球规模的信息服务)。

(3) 按照开展电子交易的范围,电子商务可以分为区域化电子商务、远程国内电子商务和全球电子商务。

(4) 按照使用网络的类型,电子商务可以分为基于专门增值网络的电子商务、基于互联网的电子商务和基于 Intranet 的电子商务。

(5) 按照交易对象,电子商务可以分为企业对企业的电子商务(Business to Business,B2B)、企业对消费者的电子商务(Business to Customer,B2C)、企业对政府的电子商务(Business to Government,B2G)、消费者对政府的电子商务(Customer to Government,C2G)、消费者对消费者的电子商务(Customer to Customer,C2C)、企业、消费者、代理商三者相互转化的电子商务(ABC)、以消费者为中心的全新商业模式(Customer to Business-Share,C2B2S)和以供需方为目标的新型电子商务(Provide to Demand,P2D)。

### 五、电子商务的基本特征

从电子商务的含义及发展历程可以看出电子商务具有如下基本特征。

**(一) 普遍性**

电子商务作为一种新型的交易方式,将生产企业、流通企业以及消费者和政府带入了一个网络经济、数字化生存的新天地。

**(二) 方便性**

在电子商务环境中,人们不再受地域的限制,客户能以非常简捷的方式完成过去较为繁杂的商业活动。如通过网络银行储户能够全天候地存取账户资金、查询信息等,同时使银行对储户的服务质量得以大大提高。在电子商务活动中,有大量的人脉资源开发和沟通,公司从业时间灵活,有钱有闲。

**(三) 整体性**

电子商务能够规范事务处理的工作流程,将人工操作和电子信息处理集成为一个不可分割的整体,这样不仅能提高人力和物力的利用率,而且也可以提高系统运行的严密性。

**(四) 安全性**

在电子商务中,安全性是一个至关重要的核心问题,它要求网络能提供一种端到端的安全解决方案,如加密机制、签名机制、安全管理、存取控制、防火墙、防病毒保护,等等,这与传统的商务活动有着很大的不同。

**(五) 协调性**

商业活动本身是一种协调过程,它需要客户与企业内部、生产商、批发商、零售商间的协调。在电子商务环境中,它更要求银行、配送中心、通信部门、技术服务等多个部门的通力协作,电子商务的全过程往往是一气呵成的。

### 六、电子商务的功能

电子商务可提供网上交易和管理等全过程的服务。因此,它具有广告宣传、咨询洽谈、网上订购、网上支付、电子账户、服务传递、意见征询和交易管理等各项功能。

#### (一)广告宣传

电子商务可凭借企业的 Web 服务器和客户的浏览,在 Internet 上发布各类商业信息。客户可借助网上的检索工具迅速地找到所需商品信息;而商家可利用网上主页和电子邮件在全球范围内做广告宣传。与以往的各类广告相比,网上的广告成本最为低廉,而给顾客的信息量却最为丰富。

#### (二)咨询洽谈

电子商务可借助非实时的电子邮件、新闻组和实时的讨论组来帮助用户了解市场和商品信息,洽谈交易事务,如有进一步的需求,还可用智能会议白板来交流即时的图形信息。网上的咨询和洽谈能超越人们面对面洽谈的限制,提供多种方便的异地交谈形式。

#### (三)网上订购

电子商务可帮助用户借助 Web 中的邮件交互传送实现网上订购。网上订购通常都是企业在产品介绍的页面上提供十分友好的订购提示信息和订购交互格式框。当客户填完订购单后,通常系统会回复确认信息单来保证订购信息的收悉。订购信息也可采用加密的方式使客户和企业的商业信息不会泄漏。

#### (四)网上支付

电子商务要成为一个完整的过程,网上支付是重要的环节。客户和企业之间可采用电子银行、手机银行及第三方支付平台(如支付宝、微信)等在线支付方式进行支付。在网上直接采用电子支付手段可省略交易中很多人员的开销。但是,网上支付将需要更为可靠的信息传输安全性控制,以防止欺骗、窃听、冒用等非法行为。

#### (五)电子账户

网上支付必须要有电子金融来支持,即银行或信用卡公司及保险公司等金融单位要为金融服务提供网上操作的服务。而电子账户管理是其基本的组成部分。信用卡号或银行账号都是电子账户的一种标志。而其可信度须配以必要技术措施来保证,如数字凭证、数字签名、加密等,这些手段的应用提供了电子账户操作的安全性。

#### (六)服务传递

对于已付款的客户,企业应将其订购的货物尽快地传递到他们的手中。有些货物在本地,有些货物在异地,电子邮件将能在网络中进行物流的调配。最适合在网上直接传递的货物是信息产品,如软件、电子读物、信息服务等。它能直接从电子仓库中将货物发到用户端。

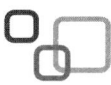

### （七）意见征询

电子商务能十分方便地采用网页上的"选择""填空"等格式文件来收集客户对销售服务的反馈意见。这样能使企业的市场运营形成一个封闭的回路。客户的反馈意见不仅能提高售后服务的水平，更能使企业获得改进产品、发现市场的商业机会。

### （八）交易管理

整个交易的管理将涉及人、财、物多个方面，如企业和企业、企业和客户及企业内部各方面的协调和管理等。因此，交易管理是涉及商务活动全过程的管理。电子商务的发展将会为企业提供一个良好的交易管理的网络环境及多种多样的应用服务系统。这样，能保障电子商务获得更广泛的应用。

## 第二节　电子商务与物流

电子商务是一场商业领域的根本性革命。它的本质是商务，商务的核心内容是商品的交易，而商品交易会涉及四个方面：有关信息的获取与应用、商品所有权的转移、货币的支付、商品本身的转交，即信息流、商流、资金流和物流。在电子商务环境下，这四个部分都与传统情况有所不同。商流、资金流和信息流的处理都可以通过计算机和网络通信设备实现。物流，是上述四流中最特殊的一种，指物质实体的流动过程，具体指运输、储存、配送、装卸、保管等各种活动。对于少数商品和服务来说，可以直接通过网络传输的方式进行配送，如电子出版物、信息咨询服务等。而对于大多数商品和服务来说，仍要经由物理方式传输。

### 一、电子商务与物流的关系

随着电子商务的进一步推广与应用，物流能力的滞后对其发展的制约越来越明显，物流的重要性及其对电子商务活动的影响受到越来越多的人的关注。物流与电子商务的关系是极为密切的。物流对电子商务的实现很重要，电子商务对物流的影响也极为巨大。物流的发展与电子商务对其的影响是密不可分的。物流本身的矛盾促使其发展，而电子商务恰恰提供了解决这种矛盾的手段；反过来，电子商务本身矛盾的解决，也需要物流来提供手段，新经济模式要求新物流模式。现代物流与电子商务的关系，突出表现在以下四个方面。

#### （一）现代物流是电子商务运作的重要组成部分

电子商务＝网上信息传递＋网上交易＋网上结算＋物流配送＝鼠标＋车轮。电子商务的整个运作过程是信息流、商流、资金流和物流的统一，其优势体现在信息资源的共享和运作方式的高效快捷上。电子商务的网上交易，毕竟是"虚拟"经济过程，最终的资源配置还需要通过商品的实体转移来实现。物流实际上是以商流的后续者和服务者的姿态出现，物流配送效率也就成为客户评价电子商务满意度的重要指标。

（二）现代物流是电子商务实现"以顾客为中心"理念的最终保证，是增强企业竞争力的有效途径

电子商务使消费者只要坐在家里，在 Internet 上搜索、查看、挑选、订购、支付等，就可以完成整个购物过程。缺少了现代物流，电子商务给消费者带来的购物便捷就等于零，消费者必然会转向其他购物方式。因此，现代物流的好坏，直接决定企业在价格、交货期、服务质量等各方面的竞争力。

（三）电子商务推进了现代物流的发展

作为最早提出电子商务概念的美国，其物流管理技术已相当完善，EDI 的运行过程简化了烦琐、耗时的订单处理作业，加快了物流的速度，提高了物流资源的利用率。电子商务的出现，不仅提高了信息流和资金流的流通速度，而且也提高了现代物流的流通速度。

（四）电子商务的发展保证了物流企业的利润

以网络为平台的信息流，极大地加快了现代物流信息的传递速度，为客户赢得了宝贵的时间，使货物运输环节和运输方式更加科学。以快节奏的商流和信息流为基础的现代物流，能够有效地减少流动资金的占压，加速了资金的周转，充分发挥了资本的增值功能，是继企业节约原材料、降低物耗、提高劳动生产率之后的又一利润增长点，是物流企业利润增长的基础。

**案例 2-2**

### 电子商务物流的改变

火爆的电商"6·18"年中大促落下帷幕，网购消费者便看出了端倪。比起消费者不再感冒的、以往商家为比拼销量而发动的价格战，如今的电商更加注重物流和售后服务，这已逐渐成为竞争的一个关键因素。电商物流日渐显现时效性、多元化、信息化等新的发展趋势。

6月22日，家住太原市双塔寺街社区的刘元，对记者道出亲身经历的网购物流变化。"四年前，家里通过互联网买了一台跑步机，由于大体积物品需要走物流渠道，货到之后，自己借了辆面包车驱车十几千米到位于太原市小店区的物流仓库取货。取回货物后，又花了100元请人帮忙抬上楼，劳民伤财。可就在上周，网上从广东购买了一套真皮沙发，物流公司四天后就送货到家，还附赠专人免费安装服务。从时效性和服务性来看，电商物流真是今非昔比！"

回顾2015年，以电子商务为代表的新经济正加速发展。数据显示，2015年，我国电子商务交易额为20.8万亿元，同比增长约27%。全国网络零售交易额为3.88万亿元，同比增长33.3%，其中实物商品网上零售额为3.2424万亿元，同比增长31.6%。2015年，全国快递服务企业业务量累计完成206.7亿件，同比增长48%，其中约有70%是由国内电子商务产生的快递量。

（资料来源：http://www.sxrb.com/sxrb/10/2016/06/27/6193153.shtml）

**分析提示：**

随着电子商务的日益发展，物流也随之发展，二者有着非常密切的关系。

## 二、电子商务对物流的影响

（一）电子商务对物流业的影响

1. 电子商务是一次高科技和信息化的革命，使物流业的地位大大提高

电子商务把商务、广告、订货、购买、支付、认证等实物和事务处理虚拟化、信息化，使它们变成脱离实体而能在计算机网络上处理的信息，又将信息处理电子化，强化了信息处理，弱化了实体处理。这必然导致产业大重组。产业重组的结果使得社会上的产业只剩下两类：一类是实业，包括制造业和物流业；一类是信息业，包括服务业、金融业、信息处理业等。在实业中，物流企业会逐渐强化，主要是因为在电子商务环境中其必须要承担更重要的任务。它既是生产企业的仓库，又是用户的实物供应者，它成为代表所有生产企业及供应商对用户的唯一最集中、最广泛的实物供应者。物流业成为社会生产链条的领导者和协调者，为社会提供全方位的物流服务。由此可见，电子商务把物流业提升到了前所未有的高度，为其提供了空前发展的机遇。

2. 供应链管理的变化——电子商务缩短了生产企业与最终用户之间供应链上的距离，改变了传统市场的结构

企业可以通过自己的网站与客户直接沟通，这样降低了流通成本，缩短了流通时间，使物流径路短路化。在电子商务环境下，供应链实现了一体化，供应商与零售商、消费者通过 Internet 连在了一起，供应商可以及时准确地掌握产品的销售信息与顾客信息。此时，存货管理采用反应方法，按所获信息组织产品生产和对零售商供货，存货的流动变成"拉动式"，实现销售方面的"零库存"。

3. 第三方物流成为物流业的主要组织形式

第三方物流是指由物流劳务的供方、需方之外的第三方去完成物流服务的物流运作方式。第三方物流在电子商务环境下得到了极大发展，因为电子商务的跨时域性与跨区域性，要求物流活动也具有跨区域或国际化特征。网上商店一般都是新建的企业，不可能投资建设自己的全球配送网络，甚至全国配送网站都无法建成，所以它们对第三方物流有迫切的需求。同时，在电子商务时代，物流业的地位将大大提高，而未来物流企业的形式将是以现在的第三方物流企业为雏形，第三方物流将发展成为整个社会生产企业和消费者的"第三方"。

（二）电子商务对物流各作业环节的影响

1. 采购

传统的采购极其复杂，而在电子商务环境下，企业的采购过程会变得简单、顺畅，还可以进一步降低采购成本。大型企业能从互联网的更低传输成本中获得更多收益。通过互联网

采购,企业可以接触到更大范围的供应厂商,因而也就产生了更为激烈的竞争,又从另一方面降低了采购成本。

2. 配送

配送在其发展初期,主要是以促销手段的职能来发挥作用。而在电子商务时代,没有配送,电子商务物流就无法实现,电子商务也就无法实现,电子商务的命运与配送业联系在了一起。同时,电子商务使制造业与零售业实现"零库存"实际上是把库存转移给了配送中心,因此,配送中心成为整个社会的仓库,配送业的地位也因此大大提高了。从某种程度上说,电子商务时代的物流方式就是配送方式。

(三) 电子商务对物流各功能环节的影响

1. 物流网络的变化

(1) 物流网络信息化。

这是物流信息化的必然,是电子商务环境下物流活动的主要特征之一。物流网络信息化主要包括两种情况:一种是物流配送系统的计算机通信网络,包括配送中心与供应商或制造商的联系要通过计算机网络,与下游客户之间的联系也要通过计算机网络通信;另一种是组织的网络,当然,物流网络的基础是信息和计算机网络。

(2) 实体物流网络的变化。

第一,仓库的数量将减少,库存集中化,配送中心的库存将取代社会上千家万户的零散库存。第二,将来的物流节点的主要形式是配送中心,在电子商务环境下,物流管理以时间为基础,货物流转更快,制造业都实现"零库存",仓库又为第三方物流企业所经营,这些决定了"保管仓库"将减少,"流通仓库"将发展为配送中心。第三,综合物流中心将与大型配送中心合二为一。目前,在实践中,城市综合物流中心的筹建已经开始,它是上述变化的一个具体体现。

2. 运输的变化

(1) 运输分为一次运输与二次运输。

在电子商务环境下,库存集中起来,而库存集中必然导致运输集中。随着城市综合物流中心的建成,公路货站、铁路货站、铁路编组站被集约在一起,物流中心的物流量达到足够大,可以实现大规模的城市之间的铁路直达运输,运输也就被划分为一次运输与二次运输。一次运输是指综合物流中心之间的运输,主要运用铁路运输,运输费率低,其直达方式又使速度大大提高了;二次运输是指物流中心辐射范围内的运输,用来完成配送任务,由当地的运输组织来完成。

(2) 多式联运大发展。

因为电子商务的本质特征之一就是简化交易过程,提高交易效率。所以,在电子商务环境下,多式联运与其说是一种运输方式,不如说是一种组织方式或服务方式。它很可能成为运输所提供的首选服务方式。

3. 信息的变化

(1) 信息流由闭环变为开环。

现在和未来的物流企业更加注重供应链管理。以客户服务为中心,它通过加强企业间合作,把产品生产、采购、库存、运输配送、产品销售等环节集成起来,将生产企业、配送中心(物流中心)、分销商网络等经营过程的各方面纳入一个紧密的供应链中。此时,信息就不是只在物流企业内闭环流动,信息的快速流动、交换和共享成为信息管理的新特征。

(2) 信息诸模块功能的变化。

电子商务环境下的现代物流技术的应用,使得传统物流管理信息系统的某些模块的功能发生了变化。例如,在电子商务环境下,采购的范围扩大到全世界,人们可以利用网上产品目录和供应商供货清单生成需求和购货需求文档。同时采用 GPS(Global Positioning Sytem)等技术,运输也更合理,路线更短,载货更多,交易过程无纸化,等等。总之,电子商务这一新生事物作为划时代的产物在各行各业展现出了强大的生命力,对传统物流组织也产生了极大的影响,并为其发展提供了极大的机遇。相信随着网络技术的不断发展和改进,电子商务所带来的效益将全面展现出来。

## 第三节 电子商务和现代物流的结合

### 一、电子商务和现代物流结合的特点

电子商务与现代物流结合的特点主要表现在以下几方面。

(一) 物流信息化

物流信息化表现为物流信息的商品化、物流信息收集的数据库化、信息处理的电子化和信息传递的实时化等。

(二) 设备自动化

设备自动化不仅省时省力,而且可以扩大物流作业能力,提高劳动生产率,减少物流作业环节。物流自动化包括条码(语音、射频)自动识别系统、自动分拣系统、自动跟踪系统等。

(三) 决策智能化

这是物流自动化、信息化的高层次应用。物流作业智能化包括库存水平的确定、最佳运输路径的选择、自动导向车的运行轨迹和作业控制、自动分拣机的运行、配送中心经营管理决策支持系统等。在物流自动化进程中,物流决策智能化是核心。当前,物流决策智能化已成为电子商务环境下物流发展的新趋势。

(四) 作业柔性化

作业柔性化是指企业"以客户为中心",根据消费者的需求变化,灵活调节生产工艺的一

种生产方式。企业要真正做到柔性化制造,没有配套的柔性化物流系统是不可想象的。20世纪90年代以来,国际生产领域纷纷推出柔性制造系统、计算机集成制造系统、企业资源计划以及供应链管理,这些技术的应用,要求物流企业也实现柔性化改造。

## 二、电子商务和现代物流的结合模式

电子商务与现代物流的结合,降低了物流成本,提高了运行效率,同时实现了系统之间、企业之间以及信息流、资金流和物流的无缝衔接,可帮助物流企业最大限度地控制和管理库存。

### (一)物流电子商务的构成

物流电子商务是站在物流企业来分析电子商务。如同传统商务过程一样,电子商务中的任何一笔交易,都包含信息流、商流、资金流和物流。前三种流的处理都可以通过计算机和网络通信设备实现。物流,作为四流中最特殊的一种,除数字化产品可直接通过网络传输以外,其他商品和服务仍要经物理方式传输。由于一系列机械化、自动化工具的应用,准确、及时的物流信息对物流过程的监控,提高了物流的速度和准确率,有效地减少了库存,缩短了物流周期。

无论是在传统的贸易方式下,还是在电子商务环境下,要想使生产顺利进行,都需要各类物流活动的支持。从原材料的采购,到生产工艺流程之间,以及半成品的内部流转,都离不开物流。部分余料、可重复利用物资的回收,需要回收物流。废弃物的处理则需要废弃物物流。由此可见,整个生产过程就是系列化的物流过程。现代物流通过优化库存结构、减少资金占用、缩短生产周期,保障了现代化生产的高效进行。

### (二)物流电子商务的类型

#### 1. 物流信息门户网站

物流信息门户网站是定位于物流信息交易市场,以互联网为媒介建立的新型物流信息系统。它可以将企业或货主需要运输的物流信息及运输公司可调动的车辆信息上网进行确认,双方签订运输合同,即货主将要运输的货物的种类、数量及目的地等信息提供给运输公司,运输公司将其现有车辆的位置及可承接运输任务的车辆信息通过 Internet 提供给货主,依据这些信息,双方签订物流合同。物流门户网站的功能,主要包括信息查询、发布、竞标,以及行业信息、货物保险、物流跟踪、路况信息、GPS 应用等。

#### 2. 物流企业门户网站

物流企业门户网站,即物流企业的电子商务网站。它的特点是通过与供应链伙伴共享数据、知识和信息,利用信息技术完成物流全过程的协调、控制和管理,实现从网络前端到最终客户所有中间过程的服务。它能够实现系统之间、企业之间以及信息流、资金流、物流之间的无缝链接。这种链接同时还具备预见功能,可以在上下游企业间提供一种透明的可见性功能,帮助企业最大限度地控制和管理库存。同时,由于全面应用了客户关系管理、商业

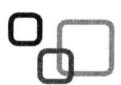

智能、GPS定位等先进的信息技术手段,以及动态监控、仓储优化配置等物流管理技术,形成了一套先进的物流管理系统,从而为企业建立快速的供应链系统提供了可靠的技术支持。

## 第四节　电子商务环境下的物流管理

电子商务是未来世界经济发展的重要推动力。在电子商务环境下,现代物流的出现使物流向信息化、网络化、智能化的趋势发展,对传统物流产生了巨大影响。

### 一、电子商务环境下的物流管理

(一)电子商务环境下物流管理的特点

1. 信息化

物流管理信息化是电子商务时代的必然要求。在供应链管理方面,物流企业需要沟通上下游企业,与上下游企业之间进行频繁的信息交换,实现整条供应链各个部分之间的平滑对接。在与供销商的交易中,将以往以贸易单据(文件)流转为主体的交易方式,转变成为采用数字化电子方式进行数据交换的商务活动。在库存管理方面,零库存的实现、运转周期的缩短都必须依赖于信息的灵敏传送。

2. 网络化

物流管理的网络化是物流管理信息化的必然趋势。当今世界,互联网提供的全球网络资源及网络技术的普及为物流的网络化提供了良好的外部环境。如果离开了网络,物流信息就只能在企业内部流转,信息传输与共享变得不可实现,整条供应链各个环节之间的沟通也将难以进行。

3. 智能化

智能化是建立在物流管理信息化、网络化之上的一种高层次应用。物流作业过程中大量的运筹和决策,需要借助计算机精确的运算和智能安排才能得以解决。只有实现物流管理的智能化,才能使物流的效率得到提高,整条供应链能够根据客户需求灵活地安排供销,减少"牛鞭效应",真正实现低库存、高效率。

 案例 2-3

**当物流遇上互联网＋是什么模样？**

在位于重庆市渝北区空港大道的重庆电商仓配托管中心,凭借一套智能仓储配送管理系统,从顾客下单到拣货、出库、发货,这一过程最快只需要半个小时,可帮助电商将效率提高300%,成本节约35%。

在仓库中,一排排整齐的货架上,从母婴用品到日用品、机械零部件,无所不有,宛如一家大型超市。这些托管的货品多数来自于重庆本地的中小电商,也有部分来自于浙江等外地电商。据了解,托管中心目前已与创维、惠而浦、酒樽商城、贝瑞礼品等50多家企业形成了良好的合作关系。每天处理订单1.2万个左右,2015年"双十一"当天,从这里就发出了7.8万个包裹。

"为什么能将仓配成本降低到每单6元?主要是我们有专业的电商仓配管理团队,并使用了仓配智能化管理系统。"重庆临空信息技术有限公司总经理周书凯介绍道:一是托管中心的骨干员工多数具有在凡客、京东、易迅、易购等大型电商平台的从业经验,是一支具有专业技能和丰富从业经验的队伍;二是电商仓配托管中心采用OMS、WMS、BMS等符合电商业务需求的仓储配送管理系统,通过数字化物联手段,精准控制电子商务的采购、仓储、发货、送达各个环节,并能为客户提供库存同步、全流程透明、预警式客服等符合电子商务需求的全数字化供应链管理服务。

(资料来源:http://news.ifeng.com/a/20160725/49632166_0.shtml)

**分析提示:**
电子商务技术使物流管理网络化、智能化成为现实,这将使物流管理更为有效。

(二)当前三种典型的物流管理模式

1. 电子商务企业自建物流体系

在电子商务企业自建物流体系中,企业在各地的网民密集地区设置自己的配送点,在获得消费者的购物信息后,马上将相关的信息送往离消费者最近的配送点,再由配送点的人员将商品送货上门。在电子商务的发展过程中,凭借原有的庞大连锁分销渠道和发达的零售网络,一些大型企业集团开始利用电子商务技术构建自身的物流体系,进行物流配送服务。自建物流体系增强了这些企业的竞争优势,使其物流配送管理更加有效。

但这种模式也存在不少问题。首先,配送点的选址、人员的配备数量、商品库存的确定等很难合理地安排。其次,由于要满足客户的即时需求,对配送时效有严格的要求。大多数的电子商务网站都很难在提高配送时效和控制配送成本之间寻找到一个平衡点,花费巨资建立的物流体系也可能会成为企业沉重的负担。电子商务企业自建物流体系如图2-2所示。

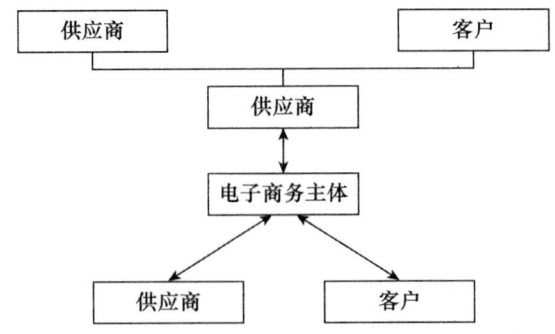

图2-2 电子商务企业自建物流体系

## 2. 第三方物流管理模式

第三方物流(Third-part Logistics,3PL)通常又称契约物流,是指从生产到销售的整个流通过程中进行服务的第三方。它本身不拥有商品,而是通过合作协议或结成合作联盟,在特定的时间段内按照特定的价格为客户提供个性化的物流代理服务。由于技术先进,配送体系较为完备,第三方物流凭借配送速度快、效率高成为电子商务物流配送的理想方案之一。除了有实力自建物流体系的大企业之外,更多的中小企业倾向于采用这种"外包"方式。实践证明,第三方物流的高效服务既满足了客户复杂多变的物流服务要求,同时又减轻了电子商务企业的负担,从而推进了社会化分工。第三方物流管理模式如图2-3所示。

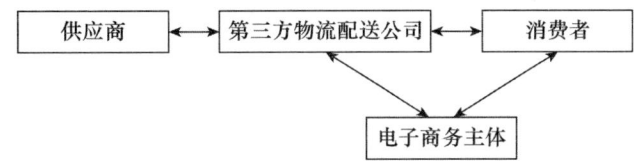

图2-3　第三方物流管理模式

## 3. 第四方物流联盟

第四方物流的概念是由埃森哲咨询公司首先提出并注册的,它将第四方物流定义为:"所谓第四方物流,是一个供应链的整合者以及协调者,调配与管理组织本身与其他互补性服务所有的资源、能力和技术来提供综合的供应链解决方案。"

作为一个全新的概念,第四方物流联盟的提出融合了诸多现代管理思想。从本质上讲,"第四方物流供应商"是一个供应链的集成商,它充分利用包括第三方物流、信息技术供应商、合同物流供应商、呼叫中心、电信增值服务商、客户以及自身等多方面的能力,对企业内部和具有互补性的服务供应商所拥有的不同资源、能力和技术进行整合和管理,提供一整套供应链解决方案。除此之外,第四方物流还要对第三方物流资源进行整合,统一规划为企业客户服务。

总的来说,第四方物流服务供应商可以通过物流运作的流程再造,使整个物流系统的流程更合理、各个环节的合作更紧密,从而在提高效率的同时,使整个物流系统所产生的利益在各个环节之间进行均衡,使各个环节的利益都得到保障。电子商务环境下的第四方物流联盟模型如图2-4所示,第三方物流提供物流规划、咨询及物流信息系统、供应链管理等,不直接参与到物流的具体运作中。

## 二、当前电子商务环境下物流管理的主要问题

### (一)物流基础设施欠缺

近年来,我国在交通运输、仓储设施、信息通信、货物包装和搬运等物流基础设施装备方面有了一定的发展。但从总体上来说,我国的物流基础设施还比较落后。

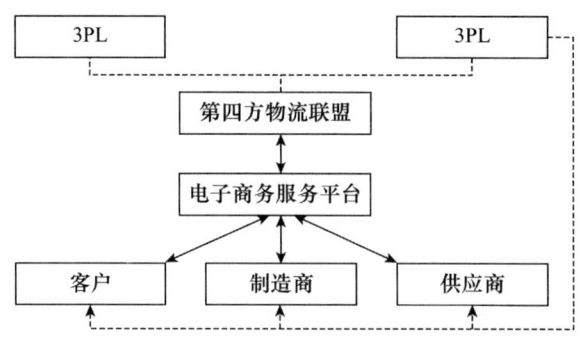

图 2-4　电子商务环境下的第四方物流联盟模型

（二）政府重视程度较低

物流配送制约电子商务发展的问题虽然很早就有专家和企业提出，但是却很少引起政府对电子商务物流的重视。目前，一些地方政府为保护本地物流企业的利益，在交通运输、税收、工商等方面设置障碍。造成这种各自为政的监管体系主要是因为现有与物流相关的法律法规多是部门性、区域性的。缺少全国统一性的专门法律文件，已发布的国家现代物流标准只有《物流术语（GB/T 18354—2006）》。

（三）物流企业信息化技术落后

我国的物流企业的数量虽具有一定的规模，但能适应现代电子商务的物流企业仍然很少，大多数物流企业各类信息技术的普及和应用程度还不高，物流信息管理尚未实现自动化，信息资源的利用尚未实现跨部门、跨行业整合。

（四）物流配送成本过高

电子商务相对于传统零售业的优势就是价格，因此电子商务企业必须实行经济配送。一方面要尽可能降低配送成本，另一方面要使配送发生增值。这种新价值的开发需要专业的物流服务和配送商。而目前我国电子商务企业本身还不具备这样的条件。

（五）物流管理人才短缺

物流和配送领域的管理人才短缺已成为我国物流业发展的巨大障碍，尤其是通晓现代经济贸易、现代物流运作、运输与物流理论和技能、英语、国际贸易运输及物流管理的复合型人才。

## 三、电子商务环境下物流管理的发展对策

（一）加强物流基础设施的建设和规划是其发展的前提条件

我国应继续加强在物流基础设施方面的投资力度，并做好总体的物流发展战略规划，以达到我国物流发展的合理化和物流整体效益的最优化，改变目前我国物流业各部门互不协调、重复建设的现状，同时改变地区政府各自为政的现象，减少地区之间设置的物流壁垒。

促进全国物流一体化建设。

与此同时,将大中城市的地理优势和经济优势充分发挥出来,建立一些大型的物流中心和配送中心,形成一个比较完整的全国性物流体系网络,推动物流业向集团化、规模化、规范化方向发展,为发展电子商务奠定良好的基础。

(二)政府对物流业发展的有力支持是其发展的必要保证

从发达国家物流发展历程来看,政府在物流业的发展中具有决定性的作用,在制约我国物流业发展的各种因素中,体制性障碍是关键因素。物流管理要通过信息网络系统把物流资源加以整合,而这些资源还是由各自为政的政府部门掌握,并没有完全实现资源信息的共享。政府必须建立协调机制,成立物流统筹领导机构,专门负责研究、制定相关政策,协调各部门关系,推动物流资源的整合。

我国近几年已经陆续出台了一些物流方面的法律法规。首先在法律层面上对物流业的发展给予了适当的引导。如中华人民共和国国家发展和改革委员会印发《现代物流项目管理办法》。中华人民共和国铁道部颁布的《铁路货物运输管理条例》,中华人民共和国国务院发布的《中华人民共和国国际海运条例》,中国国际贸易促进委员会颁布的《国内水陆货物运输细则》,中国民用航空总局颁布的《中国民用航空货物国际运输规则》等。

(三)先进的软硬件现代化技术是其发展的技术支持

建立现代化的物流管理体系,首先,要做到物流企业配送手段机械化、自动化和现代化。目前,货架、叉车式的设备和人工分拣的工作方式已不能满足完善的电子商务的需求。我国的物流企业今后可采取以下措施实现货物包装的标准化:包装容器依据统一的一种或几种规格制成,同时与仓库设施、运输设施的规格统一起来,方便储存及运输;由一套完整的物流系统在后台监督实行货物的机械化、自动化分拣、装卸搬运;采用条码技术以实现信息录入的自动化;建立高度自动化的高层立体仓库,方便智能化的装卸搬运工作等。其次,要做到物流配送信息化。物流配送信息化具体表现在:物流信息收集的数据库化和代码化、物流信息处理的电子化和计算机化、物流信息传递的标准化和实时化、物流信息存储的数字化等。物流配送的信息化使得物流配送的透明度有所提高,在方便物流配送管理的同时消费者能随时随地了解到商品的运输情况,方便日后查询、退货、换货等。

(四)培养高素质的物流人才是发展物流业的重要保障

可以通过对电子商务物流配送模式的深入研究,对以前学者的研究作系统分析,形成一套完整的理论体系,以适合我国的物流发展。除此之外,物流管理方面的教育和研究的普及也相当重要。我国可以通过借鉴国外先进的物流理念和物流技术,加强国际交流和合作,培养物流方面的专业人才;可以通过在高校开设物流专业、确立电子商务物流研究方向和留学制度的方式来培养现代物流专门人才;可以通过物流行业协会来开展物流职业教育和传播物流知识;可以以从业资格认证的方式来激励人们投身于物流行业,提高物流从业人员的整体素质。

## 本学习情境小结

本学习情境主要介绍了电子商务的基本知识,电子商务与物流的关系,以及电子商务与现代物流的结合模式,最后介绍了电子商务环境下的物流管理。

练习题

1. 电子商务与物流的关系是怎样的?
2. 电子商务与现代物流是如何结合的?
3. 在电子商务大环境下物流管理应该如何进行?

**阿里 28 亿港元入股海尔　发力物流支撑淘宝天猫发展**

2013 年 12 月 9 日,海尔电器公告宣布,阿里巴巴集团以 28.22 亿元港币投资海尔集团子公司海尔电器,其中包括认购海尔日日顺物流(以下简称"日日顺")9.9%的股权。此后,双方将依托日日顺在全国的 7 600 多家县级专卖店、2.6 万个乡镇专卖店、19 万个村级联络站,以及 2 800 多个县建立的物流配送站,共同打造家电及大件商品的物流配送、安装服务等整套物流体系及标准,并会将这一体系向全社会开放。

双方联手打造的这项物流服务网络,将全面支持阿里旗下天猫的发展。对此,业内普遍认为,阿里入股海尔后,将有效弥补其物流短板,为旗下电商、大数据、小额信贷等业务的发展提供支持。

之前,不论是淘宝还是天猫,阿里均没有提供标准化的物流服务,而是将服务交给了第三方。业内趋势显示,未来电商之间的竞争,很大程度上会受标准化物流服务的影响。京东商城、苏宁易购、国美在线、易迅的主要电商均已建立各自的物流和售后体系,它们会成为阿里强劲的竞争对手。

不过,阿里已经意识到自己的物流短板,并在积极寻找解决办法。2013 年 5 月 28 日,阿里的大物流战略付诸实践,宣布与银泰集团、复星集团、富春集团、顺丰、申通、圆通、中通、韵达等合作伙伴启动中国智能物流骨干网的建设,共同成立了一家名为菜鸟网络科技有限公司的新公司。

阿里对建设自有物流网络相当重视。阿里方面称,消费者对大件家电、家具等品类的网购需求与日俱增。以 2013 年"双 11"为例,天猫平台上大件商品交易额相比 2012 年同日增幅达 150%,冰箱、洗衣机、空调等家电销售额与上年相比增幅达 350% 以上。但线下配送已经逐渐成为影响消费者网络购物的最大瓶颈,特别是许多三四线城市以及广大的乡镇地区,仍是大件商品和家电商品网购配送的盲区。

从配送范围来看,成立合资公司前,日日顺已在全国拥有9个发运基地中心、90个物流配送中心,仓储面积达200万平方米以上,并在全国运行3 000多条班车循环专线。公开资料显示,日日顺还建有7 600多家县级专卖店、2.6万多个乡镇专卖店、约19万个村级联络站,以及在全国2 800多个县建立的物流配送站和1.7万多家服务商,这将极大地提升阿里的物流服务能力。

多数业内人士认为,此次入股海尔,将使阿里在大物流战略上再添强力盟友,除了可以为一二线城市用户提供标准化送货入户服务外,还将极大满足三四线城市的网购需求,将极大地增强淘宝和天猫的竞争力。

赢得物流竞争的胜利,不但能够进一步压制京东商场、苏宁易购等对手,还将帮助阿里获得电商产业链的主导权。一方面,强大的物流系统将支撑阿里的线上服务,聚集商户资源,完善电商生态系统;另一方面,还将有助于阿里开展大数据、小额信贷等新型业务。

(资料来源:http://finance.chinanews.com/stock/2013/12-10/5598748.shtml)

问题:
1. 阿里为什么重视物流环节?
2. 阿里是如何建设自有物流网络的?

## 实训项目

【实训目标】
(1) 通过实训,使学生对电子商务与物流的关系有进一步的理解。
(2) 通过实训,使学生对电子商务企业物流解决模式有一定的了解。
(3) 培养学生独立思考问题、分析问题和解决问题的能力。

【实训内容与要求】
1. 典型电子商务企业经营分析
学生登录以下电子商务企业的网站,了解这些典型电子商务企业的基本情况并进行分析比较,在此基础上写成分析报告,并以表格的形式表达。

参考表格:

| 企业名称 | 网址 | 网站内容 | 企业类型 | 主营业务 | 企业特色 | …… |
|---|---|---|---|---|---|---|
| 京东商城 | | | | | | |
| 天猫/淘宝 | | | | | | |
| 1号店 | | | | | | |
| 凡客诚品 | | | | | | |
| 卓越网 | | | | | | |
| 慧聪网 | | | | | | |
| …… | | | | | | |

## 2. 电子商务企业物流解决模式分析

学生登录以下电子商务企业的网站,了解这些典型电子商务企业的物流解决模式并进行分析比较,在此基础上写成分析报告,并以表格的形式表达。

参考表格:

| 企业名称 | 配送方式 | 配送范围 | 收费标准 | 服务标准 | 签收要求 | 逆向物流 | 特色安排 | …… |
|---|---|---|---|---|---|---|---|---|
| 京东商城 | | | | | | | | |
| 天猫/淘宝 | | | | | | | | |
| 1号店 | | | | | | | | |
| 凡客诚品 | | | | | | | | |
| 尚品宅配 | | | | | | | | |
| 聚美优品 | | | | | | | | |
| …… | | | | | | | | |

**【成果与检验】**

该实训设计可分小组进行,组长对本次实训分析报告的内容进行总结,各小组间进行讨论,最后全班形成一个总的分析报告。

## 参考文献

[1] 刘幺和.物联网原理与应用技术[M].北京:机械工业出版社,2011.

[2] 郑颖.现代信息技术在物流管理中的应用[J].现代经济信息,2016(05).

[3] 戴定一.物流信息化与智能物流[J].办公自动化,2012(21).

[4] 陶云.信息化在物流管理中的应用研究[J].商场现代化,2013(30).

[5] 杨芳琼.我国电子商务物流发展出路探讨[J].合作经济与科技,2014(21).

[6] 王盛,张铁强.电子商务下的物流信息化问题分析[J].电子技术与软件工程,2016(15).

[7] 马方方.电子商务发展测度研究[D].杭州:浙江工商大学,2015.

# 学习情境三　仓 储 管 理

**【学习目标】**通过本情境的学习,使学生了解仓储的概念和分类、仓储管理的概念、仓库的概念和分类,熟悉自动化立体仓库和各种仓储机械设备的特点,掌握库存成本的构成、定量订货法、定期订货法和 ABC 库存管理法;能够根据物流企业的特点和商品特性选择合适的库存管理方法,能够结合使用多种库存管理方法对物流企业进行库存管理和控制。

**【关键概念】**仓储(Storage)　库存管理(Inventory Management)

**【引导案例】**

新感觉饰品仓储管理案例

2015 年,新感觉饰品物流部在工作流程、组织架构、人员配置等方面都进行了大量的优化和调整。

为进一步提高收货、包装、进仓的效率,同时加大对商品质量的管控力度,新感觉饰品成立了生产部,专门招聘了一批专业的包装操作兼品质检验员,首先在行业内打破常规对货品进行全检。

针对收货过程中拆箱、分货、核对单据环节工作任务重、容易成为整个进仓工作瓶颈的问题,新感觉饰品特别设置了两名经验丰富的收货员,确保货品回仓后第一时间完成分点货品、打印条码及入账等工作。高效的收货入账工作确保了采购人员的补货及时率和供应商的准时清款。

为了进一步提高整个收货包装区域的空间使用率,生产部对收货区的布局进行了重新规划,分为收货暂存区、新款暂存区、补货暂存区、成品区、办公区等区域,各区域功能严格划分,有效地提高了整个收货区的空间使用率。

另外,在原来 3 个仓管组的基础上,通过精减人员,优化流程重组了仓储部,主要负责物流部主仓货品的库存管理、日常配发货、补货进仓、月底盘点等工作。针对一直以来存在的客户投诉问题,从仓储的货品货位布局优化开始做起,简化配货流程和步骤,减少仓管员在配发货过程中的行走、弯腰、下蹲、起立等不必要的动作,节省下来的时间要求仓管员在配发货过程中加强对数量、条码、外包装质量等问题的自检力度,有效提高了配发货的准确性。主仓管区内所有货架上的货品都做到了按条码顺序摆放,仓管员配货时只要找到某一类货品的一个款,顺着数就能找到其他所有款,有效提高了配货的效率和准确率。

(资料来源:http://www.iepgf.cn/thread-133161-1-1.html,有改动)

# 第一节 仓储管理概述

近几十年来,物流作为一门新的学科,在国内外得到了系统的研究和快速的发展。物流是一个复杂的系统,物流系统中包含的活动也很多,因此,物流学科又可以分成很多子学科和分支领域。本节将重点介绍仓储的基本概念和基本理论,这是学习其他物流学科的基础知识。

## 一、仓储的概念

"仓"的意思是仓库,即为了存放、保管、储存物品的建筑物和场所的总称,可以是房屋建筑、大型容器、洞穴或者特定的场所等,具有存放和保护物品的功能。

"储"的意思是储存,表示将储存对象储存以备使用,具有收存、保护、管理、储藏物品、交付使用的意思。

仓储是指在特定的场所(如仓库)存放、储存物品的行为,既包括静态的存放,又包括动态的存取、保管和控制。

常见的仓储行为有以下几种。

(1) 商业和物资部门为了保证销售和供应而建立的物品仓储。

(2) 交通运输部门为衔接各种运输方式,在车站、码头、港口和机场建立的物品仓储。

(3) 生产企业的原材料、半成品、成品仓储。

(4) 出于政治、军事的需要或为了防止地震、水灾、火灾、旱灾、风灾等自然灾害而进行的物资储备。

## 二、仓储的性质

仓储主要具有以下几种性质。

(1) 仓储能够创造产品的价值,但不能创造产品的使用价值。

(2) 仓储的内容既包含静态的储存,又包含动态的过程(比如存取、保管和控制)。

(3) 仓储行为必须发生在特定的场所,如房屋建筑、大型容器、洞穴等。

(4) 仓储对象必须是实物动产。可以是生产资料,即劳动资料和劳动对象的总和;也可以是生活资料,即供人们生活需要的那部分产品。

## 三、仓储的功能

仓储主要具有以下四种功能。

### (一) 调节功能

仓储在物流过程中能起到"蓄水池"的作用。一方面调节生产与消费在时间、空间上的差别;另一方面调节运输方式在运向、运程、运量及运输线路和运输时间上的差距。

### (二)检验功能

仓储过程中需要对商品进行严格的检验,保障其数量和质量准确无误。

### (三)集散功能

在仓储过程中,能够把生产单位的产品汇集起来,形成规模,然后根据需要分散发送到消费地。仓储通过一集一散来衔接产需。

### (四)配送功能

在仓储环节,能够根据客户的需要,对商品进行分拣、组配、包装和配发等作业,并将配好的商品送货上门。

## 四、仓储的分类

仓储的本质是相同的,但因其经营主体、仓储对象、仓储功能及经营方式等的不同使其具有了不同的特性。按不同的分类标准,仓储可以分为不同的种类。

### (一)按仓储经营主体划分

按经营主体不同,仓储可分为企业自营仓储、营业仓储、公共仓储和战略储备仓储。

#### 1. 企业自营仓储

企业自营仓储的经营主体是企业自身,它属于企业自用仓储,不对外经营。例如,生产企业为了满足生产和产成品存放的需要而进行的储存和流通企业为了满足销售的需要而进行的储存等都属于企业自营仓储。

#### 2. 营业仓储

营业仓储是指仓储经营人以其拥有的仓储设施,向社会提供商业性仓储服务的仓储行为,包括提供货物仓储服务和提供仓储场地服务,收取仓储费。营业仓储的经营主体是专业的仓储单位,通常具有营业的性质。例如,中国物资储运总公司的仓储面积居全国同类企业之首,其储存行为就属于营业仓储。

#### 3. 公共仓储

公共仓储是公共事业的配套服务设施,通常为车站、码头等提供仓储配套服务。它的经营主体是公共事业单位。公共仓储既具有内部服务的性质,能够为车站、码头的运输和作业服务;同时又具有营业仓储的性质,通常没有仓储合同,仓储费都包含在运费中。

#### 4. 战略储备仓储

战略储备仓储的经营主体是国家政府,适用于国防安全、社会稳定的需要。例如,粮食、能源、油料等的储存都属于战略储备仓储。

### (二)按仓储对象划分

按仓储对象不同,仓储可分为普通物品仓储和特殊物品仓储。

1. 普通物品仓储

普通物品仓储是指不需要特殊保管条件的物品仓储。例如，一般的生产物资、普通生活用品、普通工具等的储存都属于普通物品仓储。

2. 特殊物品仓储

特殊物品仓储是指在保管过程中有特殊要求和需要满足特殊保管条件的物品仓储。例如，危险品仓储（需用监控、调温、防爆、防毒、泄压等装置）、冷库仓储（需要符合一定温度）和粮食仓储（恒温）等都属于特殊物品仓储。

（三）按仓储功能划分

按仓储功能不同，仓储可分为储存仓储、物流中心仓储、配送中心仓储、运输转换仓储和保税仓储。

1. 储存仓储

储存仓储是以储存物品为主要功能的仓储活动。储存仓储的存放期一般较长，应特别注意对物资的质量保管和维护。

2. 物流中心仓储

物流中心仓储是指以物流管理为目的的仓储活动，是从事物流活动的场所和组织。它的特点是主要面向社会服务、物流功能健全、具有完善的信息网络、辐射范围大、储存的物品品种少但批量大、存储吞吐能力强、物流业务统一经营管理。

3. 配送中心仓储

配送中心仓储是指商品在配送交付消费者之前所进行的短期仓储行为，一般在商品的消费经济区间内进行。配送中心是从事配送活动的场所和组织，配送中心仓储的特点是主要面向特定的用户服务、配送功能健全、具有完善的信息网络、辐射范围小、储存的物品品种多但批量小、配送为主、存储为辅。

4. 运输转换仓储

运输转换仓储是指衔接不同运输方式的仓储行为。例如，港口、车站库场所进行的仓储就属于运输转换仓储，这种仓储行为需要特别注重货物的周转作业效率和周转率。

5. 保税仓储

保税仓储是指使用海关核准的保税仓库存放保税货物的仓储行为。保税货物主要是指不用于国内销售、暂时进境还需复运出境，或海关予以缓税的进口货物。

（四）按仓储的经营方式（处理方式）划分

按仓储的经营方式（处理方式）不同，仓储可分为保管式仓储、加工式仓储和消费式仓储。

1. 保管式仓储

保管式仓储是指以保管物原样保持不变的方式进行的仓储行为。保管式仓储在保管期满时需要将原物返还给存货人。

2. 加工式仓储

加工式仓储是指保管人在仓储期间根据存货人的要求对保管物进行一定的加工的仓储行为。例如,木材的加工仓储:针对造纸厂,需要将树木磨成木屑;针对家具厂,需要将原木加工成板材或剪切成不同形状的材料;针对木板厂,需要将树枝、树杈、碎木屑、掺入其他材料制成复合木板等。

3. 消费式仓储

消费式仓储是指保管人在接受保管物时,同时接受保管物的所有权,保管人在仓储期间有权对仓储物行使所有权。在仓储期满,保管人将相同种类、数量的替代物交还给委托人的仓储行为。

**五、仓储管理的概念**

仓储管理是指对仓库及仓库内的物资所进行的管理,是仓储企业为了充分利用所拥有的仓储资源(包括仓库、仓储机械设备、仓储保管人员、仓储资金和技术等),提供高效的仓储服务,而对仓储活动进行的计划、组织、协调和控制的过程。具体包括仓储资源的获得、仓库管理、仓储经营决策、仓储作业管理、仓储安全管理、仓储人员管理和财务管理等一系列管理工作。

**六、仓储管理的基本原则**

仓储管理的基本原则主要包括效率原则、经济效益原则和服务原则。

(一) 效率原则

效率是指在劳动要素投入量一定时的产品产出量,包括仓储作业效率、仓容利用率、货物周转率、破损率或差错率等指标。效率是经济效益的基础,没有生产的效率就没有经营的效益。

(二) 经济效益原则

经济效益是通过利润体现出来的,仓储企业应该以获得最大经济效益为目的进行组织管理和经营。

(三) 服务原则

服务水平的高低能够影响经济效益。仓储活动本身就是要向社会提供服务产品,围绕服务定位(如提供服务、改善服务、提高服务质量),在经营成本和服务水平之间寻找平衡。既不能一味地降低经营成本,从而降低服务水平(比如在仓储过程中,一味提高仓容利用率,降低单位仓储成本,结果造成商品质量受损或仓储作业效率低下,服务水平降低);也不能不计成本,一味追求服务水平(比如为了吸引客户,提供无原则的服务标准,将会造成缺乏经济效益)。

## 第二节 仓库与仓储设备

### 一、仓库的概念

仓库是保管、储存物品的建筑物和场所的总称,是一种储存设施。我们可以将仓库理解为用来存放货物(商品、生产资料、工具或其他财产),并对其数量和质量进行保管的场所或建筑物等设施。例如,库房、货棚、货场等都属于仓库。

仓库还包括其内部的设施和设备,它与仓储是同时产生的。

### 二、仓库的分类

(一)按照保管物品分类

按照保管物品不同,仓库可分为原料、产品仓库,商品、物资综合仓库,农副产品仓库和战略物资储备仓库。

1. 原料、产品仓库

原料、产品仓库是指企业为了保证生产和销售的连续性,专门用于储存原材料、半成品或成品的仓库。

2. 商品、物资综合仓库

商品、物资综合仓库是指商业、物资、外贸部门为了保证市场供应,解决季节时差,用于储存各种商品物资的综合性仓库。

3. 农副产品仓库

农副产品仓库是指经营农副产品的企业,专门用于储存农副产品的仓库,或经过短暂储存进行加工后再运出的中转仓库。

4. 战略物资储备仓库

战略物资储备仓库是指由国家或一个主管部门修建的,用于储备各种战略物资的仓库,以防止各种自然灾害和意外事件的发生。

(二)按照保管条件分类

按照保管条件不同,仓库可分为普通仓库、保温仓库和特种仓库。

1. 普通仓库

普通仓库是指用于存放一般物资的仓库。普通仓库没有特殊要求,如一般的金属材料仓库、机电产品仓库等。

2. 保温仓库

保温仓库是指用于储存对温度等有特殊要求的物品的仓库,包括恒温、恒湿及冷藏库等,如储存粮食、水果、肉类等所用的仓库。这类仓库在建筑结构上要有隔热、防寒、密封等功能,并要配备专门的设备,如空调、制冷机等。

3. 特种仓库

特种仓库是指用来储存危险品的仓库。

(三) 按照建筑结构分类

按照建筑结构不同,仓库可分为平房仓库、楼房仓库、货架仓库、罐式仓库和简易仓库。

1. 平房仓库

平房仓库一般构造简单,建筑费用低,适于人工操作。

2. 楼房仓库

楼房仓库是指有二层及以上楼层的仓库,它可以减少占地面积,出入库则多采用机械化或半机械化作业。

3. 货架仓库

货架仓库采用钢结构货架储存货物,通过各种输送机、水平搬运车辆、叉车、堆垛机进行机械化作业。按货架的层数不同,货架仓库又可以分为低层货架仓库(货物堆放层数不大于10层)和高层货架仓库(货物堆放层数为10层及以上)。高层货架仓库一般采用计算机管理和控制。

4. 罐式仓库

罐式仓库的构造特殊,呈球形或柱形,主要是用来储存石油、天然气和液体化工品等。

5. 简易仓库

简易仓库一般是在仓库不足而又不能及时建库的情况下采用的临时代用仓库,包括一些固定或活动的简易货棚等。

(四) 按照功能分类

按照功能不同,仓库可分为储存仓库、流通仓库、配送中心仓库和保税仓库。

1. 储存仓库

储存仓库主要对货物进行保管,以解决生产和消费的不均衡,如秋季收成的大米要储存到第二年出售,常年生产的空调要在夏季销售。这种生产和消费的不均衡只有通过仓储来解决。

2. 流通仓库

流通仓库除具有保管功能之外,还能进行流通加工、装配、包装、理货以及运输工具中转等。流通仓库具有周转快、高附加值、实践性强的特点,从而减少在连接生产和消费的流通过程中商品因停滞而花费的费用。

### 3. 配送中心仓库

配送中心仓库是指向市场或直接向消费者配送商品的仓库。配送中心仓库往往具有存货种类众多、存货量较少的现象，在配送之前，还要按照客户的配送要求，进行商品包装拆除、配货组合等作业。

### 4. 保税仓库

保税仓库是指经海关批准，在海关监督下，专供存放未办理关税手续而入境或过境货物的场所。也就是说，保税仓库是获得海关许可的、能长期储存外国货物的本国国土上的仓库。同样，保税货场是获得海关许可的能装卸或搬运外国货物并暂时存放的场所。

## （五）按照库内形态分类

按照库内形态不同，仓库可分为地面型仓库、货架型仓库和自动化立体仓库。

### 1. 地面型仓库

地面型仓库是指单层地面库，多使用非货架型的保管设备。

### 2. 货架型仓库

货架型仓库是指采用多层货架保管物品的仓库。在货架上放着货物和托盘，货物和托盘可在货架上滑动。货架分为固定货架和移动货架。

### 3. 自动化立体仓库

自动化立体仓库是指出入库用运送机械存放取出，用堆垛机等设备进行机械化、自动化作业的高层货架仓库。

## （六）按照所处位置分类

按照所处位置的不同，仓库可以分为码头仓库、车站仓库、城市仓库和工厂仓库。

## （七）按照仓库经营者的性质分类

按照仓库经营者的性质不同，仓库可以分为自用仓库、营业仓库、公共仓库和战略物资储备仓库。

## 三、自动化立体仓库

### （一）自动化立体仓库的概念

自动化仓库（Automatic Warehouse）是指由电子计算机进行管理和控制，不需要人工搬运而实现收发作业的仓库。

立体仓库（Stereoscopic Warehouse）是指采用高层货架以货箱或托盘储存货物，用巷道堆垛起重机及其他机械进行作业的仓库。

自动化立体仓库是指基于高层货架，采用电子计算机进行管理和控制，采用自动化存取输送设备自动进行存取作业的仓储系统。

（二）自动化立体仓库的主要设备

1. 高层货架

高层货架是指用于储存货物的钢结构（如图 3-1 所示）。目前，高层货架主要有焊接式货架和组合式货架两种基本形式。

图 3-1　高层货架

2. 托盘（货箱）

托盘（货箱）是指用于承载货物的器具（如图 3-2 所示）。

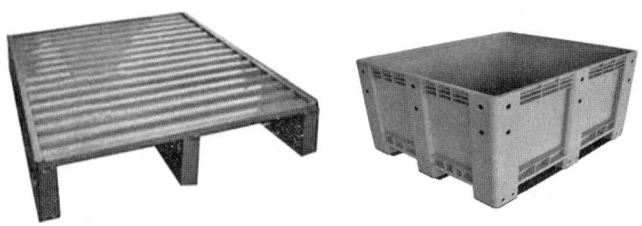

图 3-2　托盘（货箱）

3. 巷道堆垛机

巷道堆垛机是指用于自动存取货物的设备（如图 3-3 所示）。

图 3-3　巷道堆垛机

4. 输送机系统

输送机系统是立体仓库的主要外围设备,负责将货物运送到堆垛机或从堆垛机将货物移走(如图3-4所示)。输送机的种类非常多,常见的有辊道输送机、链条输送机、升降台、分配车、提升机、皮带机等。

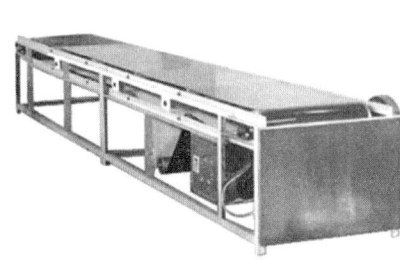

图3-4 输送机系统

5. 自动导引运输车系统

自动导引运输车(Automated Guided Vehicle,AGV)(如图3-5所示)根据其导向方式不同,可以分为感应导向小车和激光导向小车。

图3-5 自动导引运输车

6. 自动控制系统

自动控制系统是指驱动自动化立体库系统各设备的自动控制系统。

7. 库存信息管理系统

库存信息管理系统亦称中央计算机管理系统,是自动化立体仓库系统的核心。

(三)自动化立体仓库的特点

自动化立体仓库的特点主要包括以下三点。

(1)采用高层货架,库存容量大,占地面积小。

(2)采用巷道式堆垛起重设备,自动装卸、存取货物,工作效率高,节省人力、物力。

(3)货物存取和仓库管理全部采用计算机控制,实现全过程自动化。

（四）自动化立体仓库的分类

1. 按照建筑形式分类

按照建筑形式不同，自动化立体仓库可分为整体式立体仓库和分离式立体仓库。

（1）整体式立体仓库。

整体式立体仓库是指货架除了储存货物以外，还可以作为建筑物的支撑结构，就像是建筑物的一部分，即库房与货架形成一体化结构。

（2）分离式立体仓库。

分离式立体仓库是指货架与库房是各自分离的结构体。储存货物的货架独立存在，建在建筑物内部。

2. 按照高度分类

按照高度不同，自动化立体仓库可分为低层立体仓库、中层立体仓库和高层立体仓库。

（1）低层立体仓库。

低层立体仓库的高度在 5 米以下。

（2）中层立体仓库。

中层立体仓库的高度在 5～15 米。

（3）高层立体仓库。

高层立体仓库的高度在 15 米以上。

3. 按照环境分类

按照仓库内环境不同，自动化立体仓库可分为常温自动化立体仓库、低温自动化立体仓库、高温自动化立体仓库和防爆自动化立体仓库。

（1）常温自动化立体仓库。

常温自动化立体仓库用于温度为 0～40℃、湿度为 45％环境下储存货物。

（2）低温自动化立体仓库。

低温自动化立体仓库用于温度在 0℃以下的环境中储存货物。

（3）高温自动化立体仓库。

高温自动化立体仓库用于温度在 40℃以上的环境中储存货物。

（4）防爆自动化立体仓库。

防爆自动化立体仓库用于在有防爆要求的环境中储存货物。

4. 按照货物存取形式分类

按照货物存取形式不同，自动化立体仓库可分为单元货架式立体仓库、移动货架式立体仓库和拣选货架式立体仓库。

（1）单元货架式立体仓库。

单元货架式是一种最常见的仓库结构，货物先放在托盘或货箱内，再装入仓库货架的货位中。

(2) 移动货架式立体仓库。

移动货架式立体仓库由电动货架组成。货架可以在轨道上行走,由控制装置控制货架的合拢和分离。作业时货架可分开,在巷道中进行作业;不作业时可将货架合拢,只留一条作业巷道,从而节省仓库面积,提高仓库空间的利用率。

(3) 拣选货架式立体仓库。

拣选货架式立体仓库的分拣机构是这种仓库的核心组成部分。

(五) 自动化立体仓库的优越性和局限性

1. 优越性

自动化立体仓库的优越性主要表现在以下几个方面。

(1) 提高空间利用率。

(2) 加快货物的存取节奏,减轻劳动强度,提高作业效率。

(3) 减少货物的破损率。

(4) 便于控制与管理。

(5) 减少库存资金积压。

(6) 是现代化企业的标志。

此外,自动化立体仓库还有利于提升企业形象,具有巨大的社会经济效益。例如,联想电脑公司的自动化物流系统自建成后,接待了国内外团体1 000多次,其中包括许多的国家元首、企业界的代表等,这对提升企业形象产生了巨大的作用。

2. 局限性

自动化立体仓库也存在一定的局限性,主要包括以下几个方面。

(1) 结构复杂,配套设备多,需要的基建和设备投资高。

(2) 储存货物的品种受到一定限制,对长大笨重的货物以及要求特殊保管条件的货物,必须单独设立储存系统。

(3) 对仓库管理和技术人员的要求较高,必须经过专门培训才能胜任。

(4) 必须注意设备的保管和维护。

(5) 自动化仓库要充分发挥其经济效益,就必须与采购管理系统、配送管理系统、销售管理系统等管理系统相结合。

### 四、仓储机械设备

(一) 叉车

1. 叉车的定义

叉车是指具有各种叉具,能够对货物进行升降和移动以及装卸作业的搬运车辆(如图3-6所示)。

图 3-6 叉车

叉车又称铲车、叉式装卸车,是装卸搬运机械中最常见的,具有装卸、搬运双重功能的机械。它以货叉作为主要的取货装置,依靠液压起升机构升降货物,由轮胎式行驶系统实现货物的水平搬运。

叉车除了使用货叉以外,还可以更换各类装置以适应多种货物的装卸搬运和作业。如换装为铲斗便可搬运散状物料。

2. 叉车的特点

(1) 叉车将装卸和搬运两种作业合二为一,机械化程度高。

(2) 可以一机多用,有很强的通用性。

(3) 成本低、投资少,与大型起重机械相比,经济效益好。

(4) 机动灵活性好,与汽车相比较,它的轮距小、外形尺寸小、重量轻。

(5) 有利于开展托盘成组运输和集装箱运输。

(6) 采用高门架叉车,能提高仓库容积利用率。

3. 叉车的分类

(1) 按照动力装置分类。

按照动力装置不同,叉车可分为内燃式叉车和电动式叉车。

① 内燃式叉车。内燃式叉车以内燃机为动力,根据所用燃料的不同,内燃式叉车又可分为汽油机、柴油机和液化石油气叉车。它的特点是动力性和机动性好、功率大、独立性强、适用范围非常广泛。一般情况下,重、大吨位的叉车以内燃机为动力。

② 电动式叉车。电动式叉车以蓄电池为动力,用直流电机驱动。它的优点是操作简单、机动灵活、环保性好(无废气污染,噪声低)、燃费低;缺点是动力持久性差、需要专用的充电设备、行驶速度不快、对路面要求高。电动式叉车主要适用于室内作业的场合。

(2) 按照结构特点分类。

按照结构特点的不同,叉车可以分为平衡重式叉车、插腿式叉车、前移式叉车、侧面式叉车、集装箱式叉车和高低位拣选式叉车。

(3) 按照用途分类。

按照用途不同,叉车可分为通用叉车和专用叉车。

① 通用叉车。通用叉车是指在大多数场合下都能使用的叉车,这种叉车适用范围广泛。

② 专用叉车。专用叉车是指具有专门用途的叉车,如堆垛叉车、集装箱叉车、箱内作业叉车等。

## (二) 托盘

### 1. 托盘的定义

托盘是指用于集装、堆放货物以便于货物装卸、搬运和运输的水平平台装置。

### 2. 托盘的特点

(1) 自重量小,投资比较小,收益比较快。

(2) 以托盘为运输单位时,货运件数变少、体积重量变大,便于装卸搬运。

(3) 每个托盘所装数量相等,既便于清点、理货交接,又可以减少货损货差事故。

### 3. 托盘的分类

(1) 按结构不同,托盘可分为平式托盘、箱式托盘、柱式托盘、轮式托盘。

(2) 按材质不同,托盘可分为木制托盘、塑料制托盘、金属制托盘、纸制托盘、胶合板托盘、冷冻托盘及复合材料托盘等。

### 4. 托盘标准化

目前,国际标准化组织(ISO)制定的 5 种托盘国际规格是:

(1) 1 200mm×800mm(欧洲规格);

(2) 1 200mm×1 000mm(欧洲一部分、加拿大、墨西哥规格);

(3) 1 219mm×1 016mm(美国规格);

(4) 1 140mm×1 140mm(48 英寸×40 英寸)(亚洲规格);

(5) 1 100mm×1 100mm(日本规格)。

我国目前的托盘规格主要有 3 种尺寸:800mm×1 000mm、800mm×1 200mm 和 1 000cm×1 200mm。

### 5. 托盘尺寸的选择

在选择托盘尺寸时,应注意以下几方面。

(1) 要考虑运输工具和运输装备的规格尺寸。

(2) 要考虑仓库的大小和每个货格的大小。

(3) 要考虑托盘装载货物的包装规格。

(4) 要考虑托盘的使用区间。

## (三) 货架

### 1. 货架的定义

货架是指用支架、隔板或托架组成的立体的储存货物的设施(如图 3-7 所示)。

图 3-7　货架

2. 货架的分类

按照货架的结构不同,货架可以分为以下几种类型。

(1) 层架。

层架由立柱、横梁和层板构成,层间用于存放货物(如图 3-8 所示)。

图 3-8　层架

(2) 托盘货架。

托盘货架专门用于存放堆码在托盘上的货物(如图 3-9 所示)。其结构简单,可调整组合,安装简易,费用经济,出入库不受先后顺序的限制。储存形态为托盘装载货物,配合升降式叉车存取。

(3) 悬臂式货架。

悬臂式货架由 3～4 个塔形悬臂和纵梁相连而成(如图 3-10 所示)。它在储存长形货物的仓库中被广泛运用。

(4) 移动式货架。

移动式货架的货架底部装有滚轮,开启控制装置,货架可以沿轨道滑动(如图 3-11 所示)。

图 3-9 托盘货架

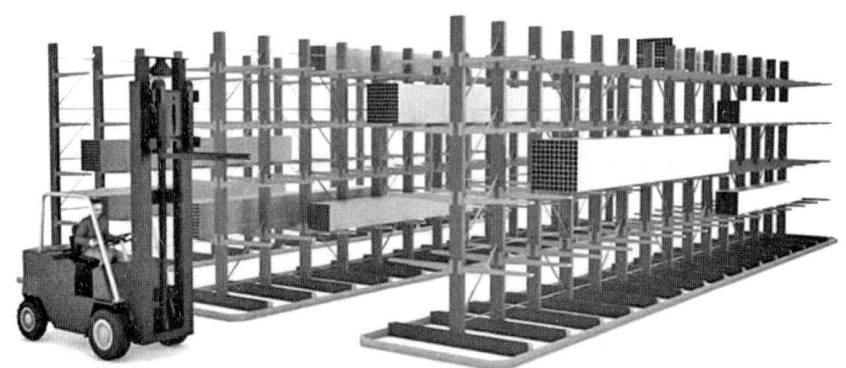

图 3-10 悬臂式货架

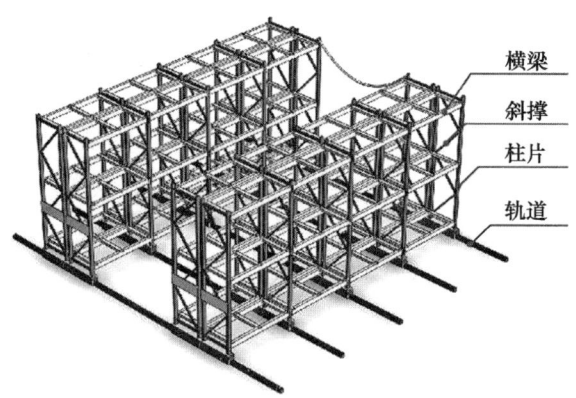

图 3-11 移动式货架

（5）驶入、驶出式货架。

叉车的作业通道在一排货架的侧面，存取货物时货架驶出，存取完毕后货架驶入。驶入、驶出式货架（如图 3-12 所示）的特点是高密度配置、库容利用率高。驶入、驶出式货架适用于大批量、少品种配送中心，不适合太长或太重的货物。这种货架的缺陷是存取货时容易受先后顺序的限制。

图 3-12　驶入、驶出式货架

（6）旋转式货架。

旋转式货架设有电力驱动装置。货架沿着由两个直线段和两个曲线段组成的环形轨道运行，由开关或用计算机操纵。旋转式货架又可以分为水平旋转式货架（如图 3-13 所示）和垂直旋转式货架（如图 3-14 所示）。

图 3-13　水平旋转式货架

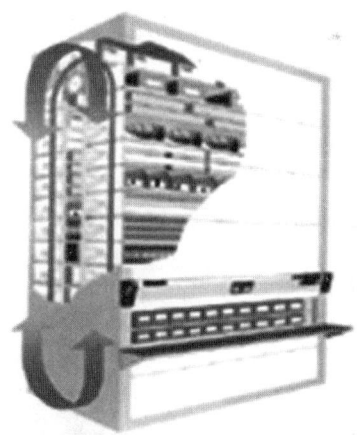
图 3-14　垂直旋转式货架

（7）重力式货架。

重力式货架（如图 3-15 所示）的存货通道具有一定的坡度。装入通道的货物单元能够在自重的作用下，自动地从入库端向出库端移动，当货物到达通道的出库端或者碰上已有的货物单元时停住。当位于通道出库端的第一个货物单元被取走之后，位于它后面的各个货物单元便在重力的作用下依次向出库端移动。由于在重力式货架中，每个单位的存货通道只能存放同一种货物,所以这种类型的货架用于品种较少而数量较多的货物储存。

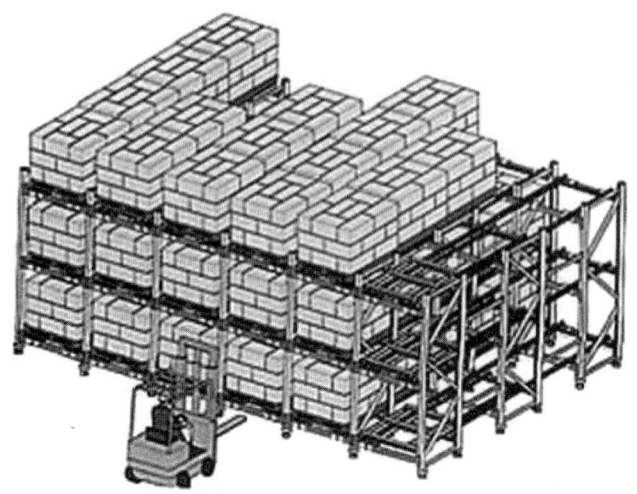

图 3-15 重力式货架

3．货架的优越性

货架的优越性主要体现在以下几方面。

（1）能提高仓库的空间利用率及仓储能力。

（2）便于货物的存取、计算、清点,可以做到先进先出。

（3）能提高物资的储存质量。

（4）便于实行机械化操作。

（四）集装箱

1．集装箱的定义

集装箱是指用于运输和储存若干单元货物、包装货或散装货的矩形箱体（如图 3-16 所示）。

图 3-16 集装箱

## 2. 集装箱的特点

(1) 具有足够的强度,可长期反复使用。

(2) 适合一种或多种方式运输,途中转运时,箱内的货物不必换装。

(3) 可进行快速装卸和搬运,特别便于从一种运输方式转移到另一种运输方式。

(4) 便于货物装满或卸空。

(5) 具有1立方米或1立方米以上的容积。

## 3. 集装箱的分类

按照用途不同,集装箱可以分为以下几种类型。

(1) 杂货集装箱(或通用集装箱)。

杂货集装箱(或通用集装箱)是用来运输无须控制温度的件杂货,其使用范围极广,占全部集装箱的80%以上。

这种集装箱通常为封闭式,在一端或侧面设有箱门,通常用来装运文化用品、化工用品、电子机械、工艺品、医药、日用品、纺织品及仪器零件等。不受温度变化影响的各类固体散货、颗粒或粉末状的货物也可以由这种集装箱装运。

(2) 开顶集装箱。

开顶集装箱是指没有刚性箱顶的集装箱,但有可折叠式或可折式顶梁支撑的帆布、塑料布或涂塑布制成的顶篷,其他构件与通用集装箱类似。

这种集装箱适于装载大型货物和重货,如钢铁、木材,特别是像玻璃板等易碎的重货,利用吊车从顶部吊入箱内,不易损坏,而且也便于在箱内固定。

(3) 台架式集装箱。

台架式集装箱是指没有箱顶和侧壁,甚至连端壁也去掉,而只有底板和四个角柱的集装箱。

这种集装箱可以从前后、左右及上方进行装卸作业,适合装载长大件和重货件,如重型机械、钢材、钢管、木材、钢锭等。台架式集装箱没有水密性,怕水湿的货物不能装运,或用帆布遮盖装运。

(4) 平台集装箱。

平台集装箱是指在台架式集装箱上进一步简化,只保留底板的一种特殊结构集装箱。

平台的长度和宽度与国际标准集装箱的箱底尺寸相同,可使用与其他集装箱相同的紧固件和起吊装置。这种集装箱的使用打破了过去一直认为集装箱必须具有一定容积的概念。

(5) 散货集装箱。

散货集装箱是一种密闭式集装箱,主要用于运输粉状或粒状等散货。散货集装箱有玻璃钢制和钢制两种。前者由于侧壁强度较大,故一般用于装载麦芽和化学品等相对密度较大的散货;后者则用于装载相对密度较小的谷物。

散货集装箱顶部的装货口应设有水密性良好的顶盖,以防雨水侵入箱内。

(6) 通风集装箱。

通风集装箱是指为装运水果、蔬菜等不需要冷冻而具有呼吸作用的货物,在端壁和侧壁上设有通风孔的集装箱,如将通风口关闭,同样可以作为杂货集装箱使用。

(7) 冷藏集装箱。

冷藏集装箱是指以运输冷冻食品为主,能保持一定温度的保温集装箱。它是专为运输如鱼、肉、新鲜水果、蔬菜等食品而特殊设计的。

目前,国际上采用的冷藏集装箱基本上分两种:一种是集装箱内带有冷冻机,叫作机械式冷藏集装箱;另一种是箱内没有冷冻机,而只有隔热结构,即在集装箱端壁上设有进气孔和出气孔,箱子装在舱中,由船舶的冷冻装置供应冷气,叫作外置式冷藏集装箱。

(8) 罐状集装箱。

罐状集装箱是专用于装运酒类、油类(如动植物油)、液体食品以及化学品等液体货物的集装箱。罐状集装箱还可以装运其他液态的危险货物。

这种集装箱有单罐和多罐数种,罐体四角由支柱、撑杆构成整体框架。

(9) 动物集装箱。

动物集装箱是一种装运鸡、鸭、鹅等活家禽和牛、马、羊、猪等活家畜用的集装箱。

为了遮蔽太阳,箱顶采用胶合板露盖;侧面和端面都有用铝丝网制成的窗,以求有良好的通风;侧壁下方设有清扫口和排水口,并配有上下移动的拉门,可把垃圾清扫出去;此外还装有喂食口。

动物集装箱在船上一般应装在甲板上,因为甲板上空气流通,便于清扫和照顾。

(10) 汽车集装箱。

汽车集装箱是指一种运输小型轿车用的专用集装箱。其特点是在简易箱底上装一个钢制框架,这种集装箱分为单层和双层两种。

因为小轿车的高度一般为 1.35~1.45 米,如装在 2.438 米(8 英尺)的标准集装箱内,其容积要浪费 40% 以上,因而出现了双层集装箱。双层集装箱的高度有两种:一种为 3.2 米(10.5 英尺);一种为 2.591 米(8.5 英尺)高的 2 倍。因此,汽车集装箱一般不是国际标准集装箱。

4. 集装箱的优越性

集装箱的优越性主要体现在以下几方面。

(1) 扩大成组单元,提高装卸效率,降低劳动强度。

在装卸作业中,装卸成组单元越大,装卸效率越高。托盘成组化比单件装卸单元装卸效率提高了 20~40 倍,集装箱与托盘相比,装卸单元又扩大了 15~30 倍。

(2) 减少货损货差,提高货物运输的安全性和质量水平。

据统计,用火车装运玻璃器皿,一般破损率在 30% 左右,改为集装箱运输玻璃器皿后,破损率下降到5%以下。在美国,玻璃器皿的运输破损率不到0.01%,日本也小于0.03%。

(3) 加快周转,缩短货物在途时间。

(4) 节约货物的运输包装材料及费用。

(5) 减少理货手续,降低了货物运输费用。

(五) 其他的仓储设备

其他的仓储设备还有堆垛机、牵引车、传送带(输送机)、手推车、平板拖车、手推滚轮车等。

## 第三节 库存管理与控制

在当今市场竞争日趋激烈、消费者需求越来越多样化的条件下,企业正面临这样一个矛盾:一方面,企业的目标是实现利润最大化,这就需要尽可能快的资金流动,不希望有任何形式的库存;另一方面,企业又要保证生产运营的连续性与持续性,确保生产供应稳定,尽可能不受外界的波动影响,希望生产充足的产品以满足顾客的需求。

### 一、库存概述

(一) 库存的概念

库存,有时也称"储备"或"存储物",它是物流管理的重要术语。从直观上理解,库存就是指存放在仓库中的物品。根据《物流术语(GB/T 18354—2006)》,库存的定义为:储存作为今后按预定的目的使用而处于闲置或非生产状态的物品。广义的库存还包括处于制造加工状态和运输状态的物品。

无论是制造企业还是流通企业,都会有大量的物资库存,大到汽车、机床,小到螺丝、纸张、铅笔等。对于物流中心而言,库存与库存管理的地位和作用更加突出,因为物流中心是物资集中与流通的场所,具有物流量大且集中的特点。管理好库存,对库存水平进行合理的规划和控制,对提高物流中心的周转率、降低成本、提高服务水平和提高物流中心的经济效益都具有十分重要的意义。

(二) 库存的分类

库存的分类方式很多,根据不同的分类标准,库存可以分为不同的类型。

1. 按照库存在企业中的用途分类

按照库存在企业中的用途不同,库存可分为原材料库存、在制品库存、维护/维修/作业用品库存、包装物和低值易耗品库存和产成品库存。

(1) 原材料库存。

原材料库存(Raw Material Inventory)是指企业通过采购和其他方式取得的用于制造产

品并构成产品实体的物品,以及供应生产耗用但不构成产品实体的辅助材料、修理备用件、燃料及外购半成品等,是用于支持企业内制造或装配过程的库存。

(2) 在制品库存。

在制品库存(Work-in-process Inventory)是指已经过一定生产过程,但尚未全部完工,在销售以前还要进一步加工的中间产品和正在加工中的产品的库存。

(3) 维护/维修/作业用品库存。

维护/维修/作业用品库存(Maintenance/Repair/Operating Inventory)是指用于维护各种设备正常运转和为维修而储存的零件、配件、材料等的库存。这类库存在拥有设备的各类企业的生产运营中是必不可少的,是库存的一种。如汽车制造厂生产线的润滑油、检修设备和物流企业维修车辆的工具等。

(4) 包装物和低值易耗品库存

包装物和低值易耗品库存(Packaging and Low-value Consumable Inventory)是指企业为了包装本企业产品而储备的各种包装容器和由于价值低、易损耗等原因而不能作为固定资产的各种劳动资料的储备。

(5) 产成品库存。

产成品库存(Finished Goods Inventory)是指已经制造完成,可以对外销售的制成品的库存。这是各类生产企业以及物流中心等流通节点最主要的库存形式之一。

2. 按照库存的目的分类

按照库存的目的不同,库存可分为周转库存、安全库存、在途库存和投机库存。

(1) 周转库存。

周转库存(Cycle Inventory)又称常备库存,是指在正常的经营环境下,企业为满足日常需要而建立的库存。也就是指从此次采购货物到达之时起,到下批采购货物到达之前的储备,是企业正常生产经营所需要的周期性库存。

(2) 安全库存。

安全库存(Safety Inventory)是指为了防止由于不确定性因素(如运输延迟、生产故障、大量突发性订货等)而准备的缓冲库存。安全库存是为预防意外事件的发生而起预防和缓冲作用的库存。在市场经济条件下,市场情况瞬息万变,企业在对企业生产运营统计和科学预测的基础上,保有一定量的安全库存,能够保障企业的正常生产和销售,提高企业抵御风险的能力。

(3) 在途库存。

在途库存(In-transit Inventory)是指在运输工具上处于运输状态的库存。在途库存往往是容易被忽略的,然而在库存管理,尤其是在长时间运输的国际物流以及实现"零库存"的实践中,在途库存扮演着十分重要的角色。从发挥的作用上来看,在途库存可以看作是常备库存的一部分。

(4) 投机库存。

投机库存(Speculative Inventory)是指为了某种投机目的,满足当前需要之外而保有的库存。例如,当预期到原材料可能上涨时,企业可能会进行大量采购以降低成本。

3. 按照物品需求的相关性分类

按照物品需求的相关性不同,库存可分为独立需求库存和相关需求库存。

(1) 独立需求库存。

独立需求库存是指某一物品的库存量需求与其他物品没有直接关系,库存量是独立的。如超市中鸡蛋的需求与洗衣粉的需求是相互独立的。

(2) 相关需求库存。

相关需求库存是指某一物品的库存量需求与其他物品在数量上与时间上存在一定的相关关系。如汽车整车装配厂中汽车的产量与轮胎的需求量之间存在相关关系。对这类物品进行库存管理和控制时,应该考虑其相关关系对采购量和库存水平的影响。

(三) 库存的作用

库存是闲置的资源,不能立即为企业产生效益,但库存又是必需的,这是因为库存具有以下重要作用。

1. 平衡供给与需求

库存最初的形成,是由于生产与消费在时间上的不均衡性。例如,水稻一般是在夏秋两季收获,而人们对大米的需求每天都存在;人们只有在生病时才需要购买药品,但制药企业却每天都在进行生产,这些供给与需求在季节和时间上的不平衡,正是由库存来进行平衡的。即使生产和消费在时间上一致,由于地理位置上的差距,也需要由库存来实现消费者对产品的可获得性。例如,食品工厂每天要生产面包,消费者也需要每天购买面包,然而为了使消费者在便利店能随时买到面包,就需要食品厂每天早上将生产的面包批量运送到各个便利店,便利店通过货架上的库存来满足消费者的购买需求。

2. 实现规模经济效应

大量采购使企业能够获得价格折扣,分摊订货费,从而降低采购成本,也能够实现规模运输,从而降低运输成本。只要批量采购导致的库存成本低于由于规模效应获得的采购和运输成本的节约,企业就可以进行这种采购决策。另外,库存带来的规模经济效应还体现在生产上,大规模的生产与连续性生产使得产量大于需求从而导致库存的存在,然而库存使得企业能够实现生产规模效应,能充分利用设备并保有技术员工的战略作用。

3. 提高企业抗风险能力

企业通常会保有一定量的安全库存作为缓冲,以应对由于供货延误、运输延迟或生产故障等紧急情况带来的风险。制造商由于持有安全库存可以实现生产的连续,而零售商由于持有安全库存能够满足消费者的需求,从而提高顾客的满意度和企业的营利能力。

### （四）库存的弊端

库存具有十分重要的作用，但它也有其不利的一面。库存占用了企业大量的资金，增加了企业的产品成本与管理成本。库存材料的成本增加直接增加了产品成本，而相关库存设备、管理人员的增加也加大了企业的管理成本。库存也掩盖了企业众多的管理问题，如计划不周、采购不利、生产不均衡、产品质量不稳定及市场销售不力等。库存的这些消极作用正是我们要对库存进行管理和控制，使企业维持合理库存水平的内在原因。

## 二、库存管理概述

### （一）库存管理的概念

库存管理是指对制造业或服务业生产、经营全过程的各类物品以及其他资源进行管理和控制，使其储备保持在经济合理的水平，是企业根据外界对库存的要求与订购的特点，预测、计划和执行一种库存的行为，并对这种行为进行控制的过程。

库存管理是对储存的各种物资进行管理，通过科学合理的规划和计算，确定各种物资何时进行采购以及采购的批量，使库存处于合理水平，降低各种库存管理费用，同时减少库存物资的资金占用，使库存总成本最低。

### （二）库存管理的目标

现代物流管理要求在充分发挥库存功能的同时，也尽可能地降低库存成本。这就是库存管理的基本目标。库存管理的总体目标应该是在保证及时交货的前提下，尽可能地降低库存水平，减少库存积压与报废、贬值的风险。库存管理的具体目标包括以下几方面。

1. 保障供应

库存的基本功能是保证企业生产与销售活动的正常进行，企业经常维持适度的库存，可以避免因供应不足而出现非计划性的生产间断或销售缺货。这是传统库存控制的主要目标之一。现代的库存控制理论虽然对此提出了一些不同的看法，但保障生产与销售供应、防止延迟或缺货仍然是库存控制的主要目标。

2. 降低库存成本

控制运营成本是物流管理的重要目标之一。无论是生产过程中的物资消耗，还是产成品对流动资金的占用，均与库存控制有关。在工业生产中，库存资金常占企业流动资金的 60%～80%；在物流管理中，库存成本占物流成本的 1/3。

3. 减少呆滞商品

呆滞商品是指库存中在一定时期内没有需求的产品。这类产品的周转率非常低，短期内没有需求或者需求量很小，会长时间占用资金和储存空间，因而应该尽量减少呆滞商品。

### （三）库存管理的作用

库存管理的作用主要体现以下几个方面。

(1) 对储存的各类物资进行分类管理,制定合理的库存管理策略。

(2) 掌握各类物资的库存量动态,适时、适量地进行订货和补货,防止断货。

(3) 保证适当的库存量,节约库存费用。在保证企业生产、经营需求的前提下,使库存量经常保持在合理的水平上。

(4) 通过减少库存空间占用和库存资金占用,可以降低库存总费用。

### 三、库存成本的构成

库存物资是包含经济价值的物质资产,订货、购置和储存都会产生费用,库存量不足时还会造成缺货费用的产生。因此,库存成本一般包括订货成本、储存成本、购置成本和缺货成本。

**（一）订货成本**

订货成本是指在订货过程中发生的全部费用,包括差旅费、订货手续费、通信费、招待费以及订货人员的有关费用。

订货成本与订货量的多少无关,而与订货次数有关。

设一次订货成本为 $c_0$,且每次订货成本都相等,如在 $T$ 期间内共订了 $n$ 次货,每次订货量为 $Q_0$,$T$ 期间内的总需求量（即 $T$ 期间内的总订货量）为 $D$,则 $T$ 期间内的总订货成本为

$$C_0 = nc_0 = \frac{D}{Q_0} \times c_0 \text{。}$$

如平均单位时间需求量（即平均需求速率）为 $R$,则 $T$ 期间内的平均订货成本为

$$\bar{C}_0 = \frac{C_0}{T} = \frac{D}{Q_0 T} \times c_0 = \frac{R}{Q_0} \times c_0 \text{。}$$

由此可见,当 $T$ 期间的总需求量 $D$ 确定不变时,平均订货成本的大小与订货批量成反比(如图 3-17 所示)。

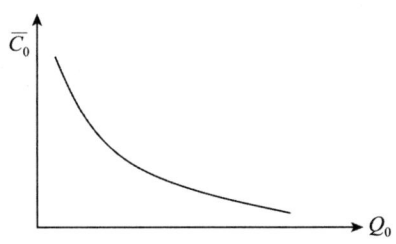

**图 3-17** $T$ 期间的需求总量不变时平均订货成本与订货批量的关系

**（二）储存成本**

储存成本是指在物资储存过程中发生的全部费用,包括入库和出库时的装卸、搬运、堆码、检验费用,储存用具、用料费用,仓库房租、水电费,保管人员有关费用,储存过程中的货损、货差,储存物资资金的银行利息。

储存成本与储存物资数量的多少和物资储存时间的长短有关。

设单位物资单位时间的储存成本为 $c_1$,平均库存量为 $\bar{Q}$,则 $T$ 期间的总储存成本 $C_1$ 为

$$C_1 = c_1 \times \overline{Q} \times T。$$

如每次订货量为 $Q_0$,对于瞬时到货的情况,如图 3-18 所示,则平均库存量 $\overline{Q} = Q_0/2$。

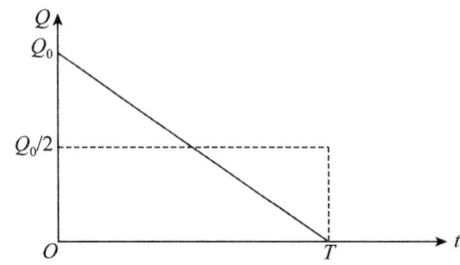

图 3-18 瞬时到货平均库存量与订货批量的关系

而 $T$ 期间内的平均储存成本为

$$\overline{C}_1 = \frac{C_1}{T} = \frac{Q_0}{2} \times c_1。$$

由此可见,平均储存成本与订货批量成正比(如图 3-19 所示)。

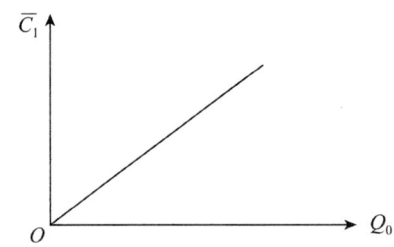

图 3-19 平均储存成本与订货批量的关系

(三)购置成本

购置成本是指所购物资本身的价值。

设单位物资的购置成本为 $c_2$,$T$ 期间内的总需求量(即 $T$ 期间内的总订货量)为 $D$,则 $T$ 期间的总购置成本 $C_2$ 为

$$C_2 = c_2 \times D。$$

则 $T$ 期间内的平均购置成本为

$$\overline{C}_2 = \frac{c_2 D}{T} = c_2 \overline{R}。$$

购置成本与订货批量无关,批量订多订少都不会影响其总购置成本。

(四)缺货成本

缺货成本是指由于存货不能满足生产经营活动的需要而造成的损失,如失销损失、信誉损失、紧急采购额外支出等。这里用 $C_3$ 表示。

如果存货量大,可以防止因缺货造成的损失,减少缺货成本,但相应要增加储存成本;反之,如果存货量小,可以减少储存成本,但相应会增加订货成本和缺货成本。

由此可见,缺货成本与订货批量成反比。

我们把与订货批量无关的成本称为固定成本,把与订货批量有关的成本称为可变成本。

由此可见,购置成本是固定成本,而订货成本、储存成本、缺货成本是可变成本。

(五) 总库存成本

总库存成本是各项库存成本的总和,即

$$C = C_0 + C_1 + C_2 + C_3。$$

若不考虑缺货成本,在瞬时到货的情况下,总平均库存成本为

$$\overline{C} = \overline{C}_0 + \overline{C}_1 + \overline{C}_2 = \frac{R}{Q_0}c_0 + \frac{Q_0}{2}c_1 + c_2 R。$$

## 四、库存管理的基本方法

库存管理的方法与技术有很多种,其中,最基础的两种库存管理方法是定量订货法和定期订货法。下面重点介绍几种基本的库存管理方法。

(一) 定量订货法

1. 定量订货法的概念和基本原理

(1) 定量订货法的概念。

定量订货法是指当库存量下降到预定的最低库存量(订货点)时,按规定数量[一般以经济订货批量(Economic Order Quantity,EOQ)为标准]进行订货补充的一种库存控制方法。

(2) 定量订货法的基本原理。

预先确定一个订货点 $Q_K$ 和订货批量 $Q^*$,在销售过程中,随时检查库存,当库存下降到 $Q_K$ 时,就发出一个订货批量 $Q^*$,一般取经济订货批量。

2. 定量订货法控制参数的确定

定量订货法的实施主要取决于两个控制参数:订货点和订货批量。

(1) 订货点的确定。

在定量订货法中,发出订货时仓库里该品种保有的实际库存量叫作订货点。它是直接控制库存水平的关键。

① 在需求量和订货提前期都确定的情况下,不需要设置安全库存(即安全库存=0),可直接求出订货点,公式为

订货点=订货提前期的平均需求量

=每个订货提前期的需求量

=每天需求量×订货提前期(天)

=(全年需求量/365)×订货提前期(天)

=R(年需求量)×L(订货提前期,年)。

② 在需求量和订货提前期都不确定的情况下,安全库存的设置是非常必要的(即安全库存≠0),公式为

$$\text{订货点} = \text{订货提前期的平均需求量} + \text{安全库存}$$
$$= (\text{单位时间的平均需求量} \times \text{最大订货提前期}) + \text{安全库存}。$$

在这里,安全库存需要用概率统计的方法求出,公式为

$$\text{安全库存} = \text{安全系数} \times \sqrt{\text{最大订货提前期}} \times \text{需求变动值}。$$

上式中,安全系数可根据缺货概率查安全系数表得到;最大订货提前期根据以往数据得到;需求变动值可用下列方法求得

$$\text{需求变动值} = \sqrt{\frac{\sum(y_i - y_\wedge)^2}{n}} \quad (y_i \text{为第} i \text{次的需求量}, y_\wedge \text{为平均需求量}, n \text{为次数})。$$

**小贴士**

**安全系数表**

| 缺货概率(%) | 30.0 | 27.4 | 25.0 | 20.0 | 16.0 | 15.0 | 13.6 |
|---|---|---|---|---|---|---|---|
| 安全系数值 | 0.54 | 0.60 | 0.68 | 0.84 | 1.00 | 1.04 | 1.10 |
| 缺货概率(%) | 11.5 | 10.0 | 8.1 | 6.7 | 5.5 | 5.0 | 4.0 |
| 安全系数值 | 1.20 | 1.28 | 1.40 | 1.50 | 1.60 | 1.65 | 1.75 |
| 缺货概率(%) | 3.6 | 2.9 | 2.3 | 2.0 | 1.4 | 1.0 | — |
| 安全系数值 | 1.80 | 1.90 | 2.00 | 2.05 | 2.20 | 2.33 | — |

**例**:某商品在过去3个月中的实际需求量分别为:1月份126箱;2月份110箱;3月份127箱。最大订货提前期为2个月,缺货概率根据经验统计为5%,求该商品的订货点。

**解**:平均月需求量=(126+110+127)/3=121(箱),

缺货概率为5%,查表得:安全系数=1.65,

$$\text{需求变动值} = \sqrt{\frac{(126-121)^2 + (110-121)^2 + (127-121)^2}{3}} = 7.79,$$

安全库存=$1.65 \times \sqrt{2} \times 7.79 = 18.18$(箱),

订货点=$121 \times 2 + 18.18 = 260$(箱)。

(2)订货批量的确定。

订货批量就是一次订货的数量。它直接影响库存量的高低,同时也直接影响物资供应的满足程度。在定量订货法中,对每一个具体的品种而言,每次订货批量都是相同的,通常是以经济批量作为订货批量。

若不允许缺货,则年库存总成本可以表示为

年库存总成本＝年购置成本＋年订货成本＋年储存成本，
$$TC=RC+RS/Q+QH/2。$$

上式中，$R$ 为商品年需求量，$C$ 为单位商品购入成本，$S$ 为每次订货的订货成本，$H=CI$ 为单位商品年保管费，$I$ 为以单位成本系数表示的年储存成本，$Q$ 为订货批量。

为确定经济订货批量，求年库存总成本对订货批量的一阶导数并令其为零，得
$$\mathrm{d}TC/\mathrm{d}Q=H/2-RS/Q^2=0，$$
$$故\ H/2=RS/Q^2，$$
$$故\ RS/Q=QH/2（年订货成本＝年储存成本）。$$

小贴士

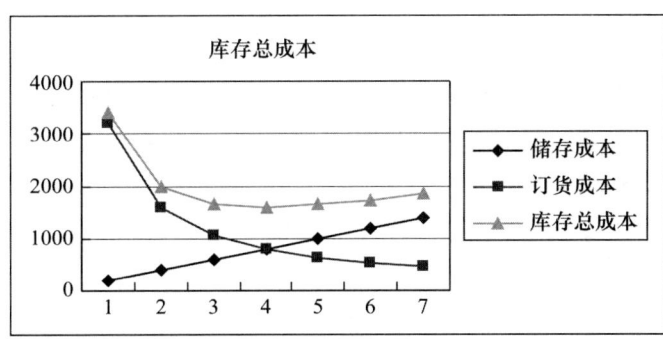

从而得出经济订货批量计算公式
$$Q^*=\sqrt{\frac{2RS}{H}}。$$

在已知经济订货批量的情况下，年订货次数 $n$ 和两次订货间的平均时间间隔 $T$ 可以确定为
$$n=R/Q^*，$$
$$T=1/n。$$

将经济订货量代入总成本表达式，可得最小年总成本为
$$TC^*=RC+HQ^*。$$

例：某仓库某种商品年需求量为 16 000 箱，单位商品年保管费 2 元，每次订货成本为 40 元，求经济订货批量 $Q^*$。

解：
$$Q^*=\sqrt{\frac{2RS}{H}}=\sqrt{\frac{2\times16\ 000\times40}{2}}=800（箱）。$$

> 小贴士
>
> 定量订货控制法,
> 关键参数包括俩,
> 订货批量订货点,
> 确定合理效益佳。

**(二)定期订货法**

**1. 定期订货法的概念和基本原理**

(1)定期订货法的概念。

定期订货法是按预先确定的订货时间间隔进行订货补充的库存管理方法。

(2)定期订货法的基本原理。

预先确定一个订货周期 $T$ 和最高库存量 $Q_{max}$,周期性的检查库存,根据最高库存量、实际库存、在途订货量和待出库商品数量,计算出每次订货批量,发出订货指令,组织订货。

其库存的变化如图 3-20 所示:

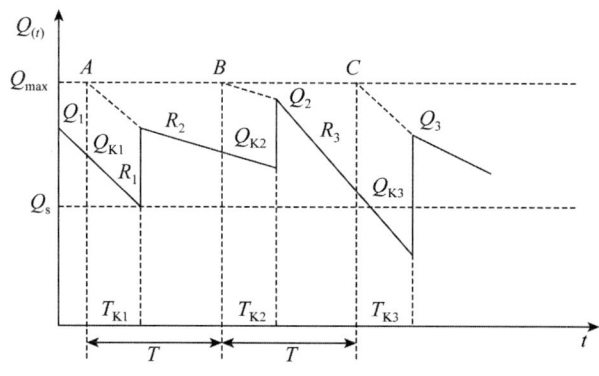

图 3-20 定期订货法的库存变化

**2. 定期订货法控制参数的确定**

定期订货法的实施主要取决于两个控制参数:订货周期和最高库存量。

(1)订货周期的确定。

在定期订货法中,订货点实际上就是订货周期($T$),其间隔时间总是相等的。它直接决定最高库存量的大小,即库存水平的高低,进而也决定了库存成本的多少。

若不允许缺货,则年库存总成本可以表示为

年总成本=年购入成本+年订货成本+年储存成本,

$$TC = RC + RS/Q + QH/2$$
$$= RC + nS + RH/2n$$
$$= RC + S/T + RHT/2。$$

上式中，$R$ 为商品年需求量，$C$ 为单位商品购入成本，$S$ 为每次订货的订货成本，$H=CI$ 为单位商品年保管费，$I$ 为以单位成本系数表示的年储存成本，$Q$ 为订货批量，$T$ 为订货周期（以年计），$n=1/T$ 为每年订货次数。

为确定经济订货周期，求年总成本对订货周期的一阶导数并令其为 0，得
$$dTC/dT = RH/2 - S/T^2 = 0，$$
$$故\ RH/2 = S/T^2，$$
$$故\ S/T = RHT/2（年订货成本＝年储存成本）。$$

从而得经济订货周期的计算公式
$$T^* = \sqrt{\frac{2S}{RH}}。$$

最优年检查次数为
$$n^* = \frac{1}{T^*} = \sqrt{\frac{RH}{2S}}。$$

年最低总库存成本为
$$TC^* = RC + RHT^*。$$

**例**：某仓库 A 商品年需求量为 16 000 箱，单位商品年保管费用为 20 元，每次订货成本为 400 元，求经济订货周期 $T^*$ 和最优年检查次数 $n^*$。

**解**：
$$T^* = \sqrt{\frac{2S}{RH}} = \sqrt{\frac{2 \times 400}{16\ 000 \times 20}} = \frac{1}{20}（年），$$
$$n^* = \frac{1}{T^*} = 20（次）。$$

（2）最高库存量 $Q_{max}$ 的确定。

定期订货法的最高库存量是用以满足 $(T+T_k)$ 期间内的库存需求的，所以我们可以用 $(T+T_k)$ 期间的库存需求量作为基础来计算最高库存量。

① 在需求量和订货提前期都确定的情况下，不需要设置安全库存（即安全库存＝0），最高库存量为
$$Q_{max} = R(T + T_k)。$$

其中，$Q_{max}$ 为最高库存量，$T$ 为订货周期（以年计），$T_k$ 为订货提前期（以年计）。

订货量为
$$Q^* = RT^* = R\sqrt{\frac{2S}{RH}} = \sqrt{\frac{2RS}{H}}。$$

在确定性的情况下，定期订货法和定量订货法有相同的订货周期和订货量，二者之间没有区别。

② 在需求量和订货提前期都不确定的情况下，需要设置安全库存（即安全库存≠0），最

高库存量为
$$Q_{\max} = \overline{R}(T + \overline{T}_K) + Q_s。$$

其中,$Q_{\max}$ 为最高库存量,$\overline{R}$ 为 $(T+\overline{T}_K)$ 期间的库存需求量平均值,$T$ 为订货周期,$\overline{T}_K$ 为平均订货提前期,$Q_s$ 为安全库存量。

每次订货的订货量为
$$Q_i = Q_{\max} - Q_{Ni} - Q_{Ki} + Q_{Mi}。$$

其中,$Q_i$ 为第 $i$ 次订货的订货量,$Q_{\max}$ 为最高库存量,$Q_{Ni}$ 为第 $i$ 次订货点的在途到货量,$Q_{Ki}$ 为第 $i$ 次订货点的实际库存量,$Q_{Mi}$ 为第 $i$ 次订货点的待出库货物数量。

**例**:某仓库 A 商品订货周期 18 天,平均订货提前期 3 天,平均库存需求量为每天 120 箱,安全库存量 360 箱。另某次订货时在途到货量 600 箱,实际库存量 1 500 箱,待出库货物数量 500 箱,试计算该仓库 A 商品最高库存量和该次订货时的订货批量。

**解**:$Q_{\max} = \overline{R}(T+\overline{T}_K) + Q_s = 120 \times (18+3) + 360 = 2\,880$(箱)
$Q_i = Q_{\max} - Q_{Ni} - Q_{Ki} + Q_{Mi} = 2\,880 - 600 - 1\,500 + 500 = 1\,280$(箱)

小贴士

### 定量订货法与定期订货法的比较

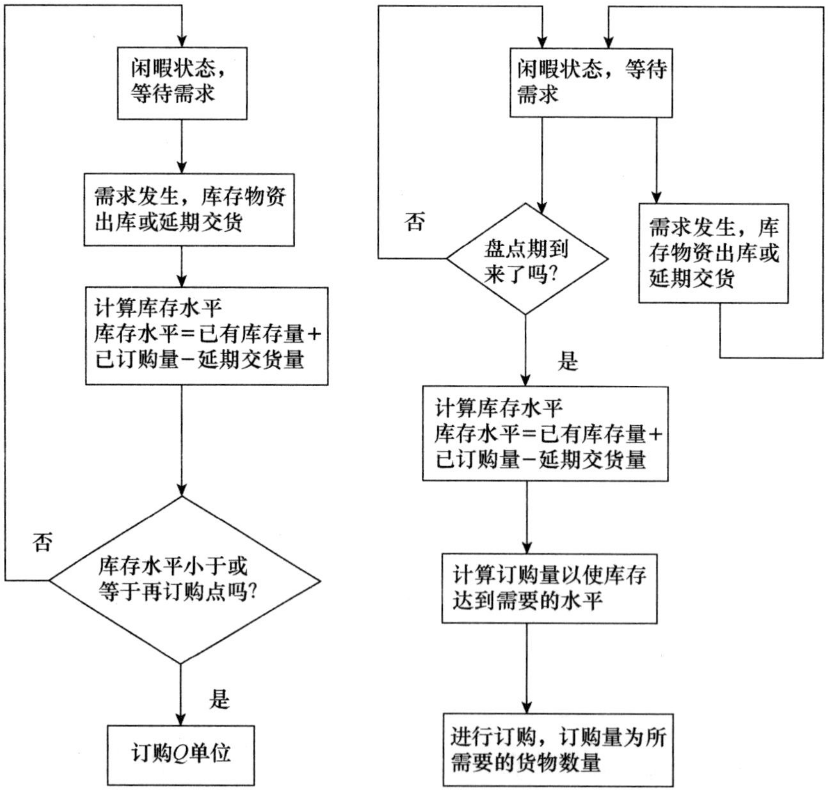

```
定量订货法:
闲暇状态,等待需求
  ↓
需求发生,库存物资出库或延期交货
  ↓
计算库存水平
库存水平=已有库存量+已订购量−延期交货量
  ↓
库存水平小于或等于再订购点吗?
  否→返回
  是↓
订购 Q 单位

定期订货法:
闲暇状态,等待需求
  ↓
盘点期到来了吗?
  否→返回
  是↓
需求发生,库存物资出库或延期交货
  ↓
计算库存水平
库存水平=已有库存量+已订购量−延期交货量
  ↓
计算订购量以使库存达到需要的水平
  ↓
进行订购,订购量为所需要的货物数量
```

（三）ABC 库存管理法

1. ABC 库存管理法的起源——帕累托定律（80-20 法则）

ABC 库存管理法来自于将"微不足道的多数"和"重要的少数"分开的帕累托定律。1879 年，一个叫帕累托的意大利男子在研究社会财富分配时，收集了许多国家的收入统计资料，得出收入与人口关系的规律为：占人口比重不大（20％）的少数人的收入之和占社会总收入的大部分（80％），而大多数人（80％）的收入之和只占社会总收入的很小部分（20％），即财富在人口中的分配是不平衡的。由此他提出很多情况都由少数几个关键的因素所主宰，他的占总数相对很少的一部分却在总的影响力或价值上占很大一部分比重的原理，被称之为"80-20 法则"。

有人发现这个定律在很多情况下都很适用。例如，在营销研究中可能会发现，一个公司 20％的消费者的销售额却占该公司总销售额的 80％，或者一所大学也会发现其课程中的 20％能占据学生学时的 80％，或者一项研究也能发现一个城市 20％的人口的犯罪行为能占到该城市所有犯罪行为的 80％。尽管实际的百分比会依范例的不同而略有不同，但 80-20 法则的规律也是适用的。后来，管理学者戴克将该定律用于库存管理。

企业的库存物资种类繁多，对企业的全部库存物资进行管理是一项复杂而繁重的工作。如果管理者对所有的库存物资均匀地使用精力，必然会使其有限的精力过于分散，只能进行粗放式的库存管理，使管理的效率低下。因此，在库存控制中，应加强重点管理的原则，把管理的重心放在重点物资上，以提高管理的效率。ABC 库存管理法便是库存控制中常用的一种重点控制法。

2. ABC 库存管理法的基本原理

ABC 库存管理法又称 ABC 分析法、重点管理法，它是"关键的少数和次要的多数"的帕累托定律在仓储管理中的应用。ABC 库存管理法就是强调对物资进行分类管理，根据库存物资的不同价值而采取不同的管理方法。将库存物品按品种和占用资金的多少分为特别重要的库存（A 类）、一般重要的库存（B 类）和不重要的库存（C 类）三个等级，然后针对不同的等级分别进行管理与控制。

ABC 库存管理法的基本原理是：由于各种库存品的需求量和单价各不相同，其年耗用金额也各不相同。那些年耗用金额大的库存品，由于其占压企业的资金较大，对企业经营的影响也较大，因此需要进行特别的重视和管理。ABC 库存管理法就是根据库存品的年耗用金额的大小，把库存品划分为 A、B、C 三类。A 类库存品：其库存金额占总库存金额的 75％～80％，其库存数量却只占总库存数量的 15％～20％；B 类库存品：其库存金额占总库存金额的 10％～15％，其库存数量占总库存数量的 20％～25％；C 类库存品：其库存金额占总库存金额的 5％～10％，其库存数量却占总库存数量的 60％～65％。对于怎样划分各物品库存金额在库存总金额中所占的比例,ABC库存管理法没有一个统一的标准,一般是遵循以上规律。

 小贴士

**ABC库存管理法的分类规律**

| 类别 | 占库存资金 | 占库存品种 |
| --- | --- | --- |
| A类 | 75%~80% | 15%~20% |
| B类 | 10%~15% | 20%~25% |
| C类 | 5%~10% | 60%~65% |

3. ABC库存管理法的一般步骤

ABC库存管理法一般包括以下几个步骤。

(1)收集数据。按分析对象和分析内容,收集有关数据。例如,打算分析产品成本,则应收集产品成本因素、产品成本构成等方面的数据。

(2)处理数据。利用收集到的年需求量、单价,计算出各种库存品的年耗用金额。

(3)编制ABC分析表。根据已计算出的各种库存品的年耗用金额,把库存品按照年耗用金额从大到小进行排列,并计算累计百分比。

(4)根据ABC分析表确定分类。根据已计算的累计库存资金百分比,按照ABC分类的基本原理,对库存品进行分类。

(5)绘制ABC分析图。以累计库存数量百分比为横坐标,以累计库存资金百分比为纵坐标,在坐标图上取点,并连结各点,则绘成ABC曲线。按ABC分析曲线对应的数据,以ABC分析表确定A、B、C三个类别的方法,在图上标明A、B、C三类,则制成ABC分析图。

4. ABC库存管理法在库存控制中的应用

ABC分析的结果,只是理顺了复杂事物,搞清了各局部的地位,明确了重点。ABC分析主要目的在于解决困难,它是一种解决困难的技巧,因此,在分析的基础上必须提出解决的办法,才能真正达到ABC分析的目的。目前,许多企业为了应付验收检查,形式上搞了ABC分析,虽对了解家底有一些作用,但并未真正掌握这种方法的用意,未能将分析转化为效益,这应是力求避免的。企业应按ABC分析结果,对三类库存物品进行有区别的管理,具体方法如表3-1所示。

表3-1 不同库存的管理策略

| 库存类型 | 特点(按货币量占用) | 管理方法 |
|---|---|---|
| A类 | 库存数量占总库存数量15%~20%,库存金额占总库存金额的75%~80% | 进行重点管理。应严格控制其库存储备量、订货数量、订货时间。在保证需求的前提下,尽可能减少库存,节约流动资金。现场管理要更加严格,应放在更安全的地方;为了保持库存记录的准确,要经常进行检查和盘点;预测时要更加精细 |
| B类 | 库存数量占总库存数量的20%~25%,库存金额占总库存金额的10%~15% | 进行次重点管理。现场管理不必投入比A类更多的精力;库存检查和盘点的周期可以比A类长一些 |
| C类 | 库存数量占总库存数量的60%~65%,库存金额占总库存金额的5%~10% | 只进行一般管理。现场管理可以更粗放一些;但是由于品种多,差错出现的可能性比较大,因此也必须定期进行库存检查和盘点,周期可以比B类长一些 |

小贴士

ABC库存管理法应该注意的问题

年销售金额相同的两个品种,一个可能单价低、数量多,另一个可能单价高、数量少,这时要重点关注单价高、数量少的品种。不仅因为单价高,数量上的一点点货损货差,就会造成大的损失;而且因为单价高,库存数量增加一点点,占用总金额的比重就急剧上升。对于单价高的品种,要求每天盘点检查;要与客户积极沟通,保证供应,控制库存总量;还要与客户研究替代的方法和可能,尽量减少单价高的商品库存。因此有必要将单价排序,对贵重物品严格管理和控制。必要时,就需要单独仓库保管,防止丢失被盗。

(四)CVA库存管理法

有些企业发现,ABC库存管理法并不令人满意,因为C类物品往往得不到因有的重视。例如,经销鞋的企业会把鞋带列为C类物品,但是如果鞋带短缺将会严重影响鞋的销售;一家汽车制造厂商会把螺丝列为C类物品,但缺少一个螺丝往往会导致整个生产链的停工。因此,有些企业采用CVA(Critical Value Analysis)库存管理法。

由于ABC库存管理法存在不足,我们引入对库存管理具有更强目的性和适用性的CVA库存管理法。一些关键的商品物料对于生产和经营具有重要意义:有些商品缺货会严重影响正常生产经营,甚至会导致停产;有些商品缺货会危及安全生产;季节或战略物资短缺时,短期内不易补充。在ABC库存管理法中,由于B类物品和C类物品在管理中可能不被重视,它们中的关键商品,就会产生上面的问题,给企业带来不必要的风险。而重点管理的A类物品,上述问题就不明显,只需要增加关键商品的安全系数,提高管理的可靠性就可以了。

CVA库存管理法又称关键因素分析法,它的基本思想是把存货按照其关键性分为3~5类。

(1)最高优先级。这是经营的关键性物资,不允许缺货;

(2)较高优先级。这是指经营活动少的基础物资,允许偶而缺货;

(3)中等优先级。这多属于比较重要的物资,允许合理范围内缺货;

(4)较低优先级。经营中需用这些物资,但可替代性高,允许缺货。

在CVA库存管理法的使用中,不要确定太多的高优先级物品,因为确定太多的高优先级物品,会造成哪种物品都得不到重视的情况。在实际工作中,可以把ABC和CVA两种库存管理方法结合使用,效果会更好。

小贴士

CVA库存管理法的库存种类及其管理策略

| 库存类型 | 特点 | 管理措施 |
| --- | --- | --- |
| 最高优先级 | 经营管理中的关键物品,或A类重点客户的存货 | 不可缺货 |
| 较高优先级 | 生产经营中的基础性物品,或B类客户的存货 | 允许偶尔缺货 |
| 中等优先级 | 生产经营中比较重要的物品,或C类客户的存货 | 允许合理范围内缺货 |
| 较低优先级 | 生产经营中需要,但可替代的物品 | 允许缺货 |

(五)JIT库存管理法

1. JIT库存管理法的产生

JIT(Just In Time)译为及时或准时,也可译为精练管理。它是20世纪70年代日本创造的一种库存管理和控制的现代管理思想,在日本丰田集团得到广泛实施,并取得巨大的成效。当年,丰田公司的大野耐一创造JIT生产方式,是他在美国参观超级市场时受超级市场供货方式的启发而萌生的想法。美国的超级市场除了商店货架上的货物之外,是不另外设仓库、设库存的。超级市场每天晚上都根据今天的销售量来预计明天的销售量,从而向供应商发出订货。

2. JIT库存管理法的原理

JIT库存管理法以顾客(市场)为中心,根据市场需求来组织生产。JIT是一种倒拉式管

理,即逆着生产工序,由顾客需求开始,按照订单—产成品—组件—配件—零件或原材料的顺序,最后到供应商。具体来说,就是企业根据顾客的订单组织生产,根据订单要求的产品数量,上道工序就应该提供相应数量的组件,更前一道工序就应该提供相应的配件,再前一道工序提供需要的零件或原材料,由供应商保证供应。整个生产是动态的、逐个向前逼进的。上道工序提供的正好是下道工序所需要的,且时间上正好(准时),数量上正好。也就是要求尽量实现零库存。

**3. JIT 库存管理法的基本特点**

零库存和零缺陷是 JIT 库存管理法追求的目标。JIT 库存管理法具有以下几个基本特点。

(1) 它把信息流、物流、商流合理地组织到一起,成为一个高度统一、高度集中的整体。

(2) 体现了以市场为中心,以销定产,牢牢抓住市场的营销观念,而不是产品先生产出来再设法向外推销的销售观念。

(3) 生产活动组织严密,平滑顺畅,没有多余的库存,也没有多余的人员。

(4) 实现了库存成本的大幅度下降。

**4. JIT 库存管理法的目标和实现步骤**

JIT 库存管理法的最终目标是一个平衡系统,即一个贯穿整个系统的平滑、迅速的物料流。其总目标实现程度取决于以下几个特定配套目标的完成程度。

(1) 消除中断。

(2) 柔性化。柔性系统是一种充满活力、足以进行多种产品生产的系统,通常以日为计时单位,控制产出水平的变化,同时仍然保持平衡的生产速度。它能够使整个系统更好地面对某些不确定因素。

(3) 减少损亏时间。

(4) 存货最小化。

(5) 消除浪费。

JIT 方式在库存管理中主要应用于订货管理,即采购管理中形成的一种先进的采购模式——准时化采购。通过以下步骤,可以实现 JIT 采购。

(1) 创建准时化采购班组;

(2) 制定采购策略;

(3) 精选少数供应商,建立商业伙伴关系;

(4) 进行试点工作;

(5) 进行供应商的培训,确定共同目标;

(6) 向供应商颁发产品免检签证;

(7) 实现配合节拍进度的交货方式;

(8) 继续改进,不断完善。

## 本学习情境小结

本学习情境主要介绍了仓储、仓库和库存的基本概念,自动化立体仓库及各种仓储机械设备的特点,并对库存成本的构成进行了详细讲述,重点介绍了定量订货法、定期订货法和ABC库存管理法的原理和应用方法,简单介绍了CVA库存管理法和JIT库存管理法的应用。

**练习题**

1. 简述仓储的基本概念和类型。
2. 简述叉车、托盘、货架的特点。
3. 库存成本是由哪些成本构成的?
4. 简述定量订货法的概念和基本原理。
5. 某产品年需求量为1 000单位,日平均需求量为1 000/250单位,订货成本为5元/次,年保管费用为1元/单位,订货提前期为5天,单价12.5元,求该产品的经济订货批量、最低年库存总成本、订货点、每年的订货次数。
6. 简述定期订货法的概念和基本原理。
7. 某企业每年需要某种商品15 000千克,该商品的单价为15元,平均每次订货的费用为100元,年保管费率为20%,订货提前期为1个月,求该商品的经济订货周期、最高库存数量、年最低总成本和平均每次订货量。
8. 简述ABC库存管理法的基本原理和一般步骤。

### 海尔的库存管理

海尔集团是世界白色家电第一品牌。海尔集团在全球建立了29个制造基地,8个综合研发中心,19个海外贸易公司,全球员工总数超过6万人。海尔品牌旗下冰箱、空调、洗衣机、电视机、热水器、电脑、手机、家居集成等19个产品被评为中国名牌,其中海尔冰箱、洗衣机还被国家质检总局评为首批中国世界名牌。

海尔集团现在的库存管理状况与以往相比有很大的不同。

以前企业生产难免有大量库存,产品如果卖不出去,就要折价出售;而在新的工作模式下,企业可以实现成品"零库存",仓库内库存的不再是成品,而是模块,顾客需要什么产品,企业就利用这些模块快速组装为成品,然后以最快的速度送到顾客手中。

海尔集团过去是基于传统观念的库存管理理念,认为库存在功能上仅仅相当于纯粹意义上的仓储。确立了新的重组战略后,海尔对集团内组织作了相应创新之后,对具体的物流层面也进行了创新,最主要可以体现在库存作业现代化和库存管理方法的创新上。

海尔集团库存作业现代化主要体现在以下三方面。

(1) 在青岛海尔信息园建立了一座立体仓库。

(2) 在青岛海尔开发区工业园建造了国际化全自动物流中心。

(3) 海尔开发区工业园国际化全自动物流中心将全部实现自动化、高效率,通过物流和大型的计算机数据库管理能够最大限度地降低物流成本,包括销售、生产、采购供应、售后服务过程中的成本。

海尔集团库存管理方法的创新主要体现在以下四方面。

(1) 企业资源计划。海尔集团在整个物流的供应链过程中实施了企业资源计划,在实施过程中采取了分步进行的方法:

第一步,应用在库存管理;

第二步,应用在车间的生产计划管理;

第三步,逐步应用在供应链的全过程管理。

通过实施企业资源计划,采购计划的制订,采购过程的控制和跟踪、物流的存取和配送都实现了信息化管理,大大降低了简单重复的劳动,提高了工作效率和工作质量。

(2) 及时生产模式。

(3) 第三方物流。

(4) 物流标准化。

海尔集团将各道生产工序标准化,每道工序的产能精确计算。工程部门、维修部门、质检部门等全力配合,做好预防安全、质量、故障等隐患。每一道工序的产品,全部流入下一道工序。而这一套链式运作体系,需要很成熟的管理体系,包括严格的规章制度、优秀的企业文化和全体职员的良好职业道德等。

这些创新库存方法给企业带来的成效有以下几个方面。

(1) 提高了运作效率。

(2) 节省了库存面积,减少了储备量和资金占用,提高了生产计划保障率。

(3) 降低了运作成本。

(4) 当供应商在 VMI(Vendor Managed Inventory)的库存低于安全库存时,系统自动报警通知供应商按批次补货,不必集中送货,减少送货频次,降低了供应商成本。

(5) 提高了管理水平。

(6) 大大降低了简单重复的劳动,提高了工作效率和工作质量。

在压缩库存、节约资金、减少呆滞物料的条件下,海尔集团保证了工厂生产的顺利进行。在实施新的库存战略后的初级阶段,海尔集团就节省了数以亿计的库存周转资金。这给企业带来了巨大的经济效益,有利于整洁现场、节约空间、提高效率、节省人力、保证品质等。

(资料来源:https://wenku.baidu.com/view/5765402be2bd960590c6778a.html,有改动)

**问题：**

1. 海尔的库存管理有什么特色？
2. 海尔是如何提高仓储管理效率、降低仓储管理费用的？
3. 海尔是如何实现"零库存"的？

 **实训项目**

### 设计某物流中心的库存控制方案

**【实训目标】**

（1）加强学生对物流中心的理解。

（2）提高学生对库存管理方法的实际应用能力。

（3）培养学生独立思考问题、分析问题和解决问题的能力。

**【实训内容与要求】**

实训内容：

定量订货法、定期订货法、ABC 库存管理法等库存管理方法适用于各企业的库存管理和控制，也同样适用于物流中心的库存管理。那么，物流中心的库存与各企业的库存或其配送中心的库存有什么区别？针对物流中心库存商品的特性，这些库存管理方法应如何应用于物流中心的库存管理中？是选择某一种合适的库存管理方法？还是结合使用几种不同的库存管理方法？能否针对物流中心的特性对这些库存管理方法进行改进？请自建一个虚拟的物流中心或选择某一个实际的物流中心，思考以上问题，设计出具体的库存控制方案。

实训要求：

（1）结合物流中心的概念和自己对这一概念的理解，自建一个虚拟的物流中心或选择一个实际的物流中心作为实训设计的基础。

（2）分析自己自建或选择的物流中心有什么特点。

（3）针对以上分析得出的特点，思考并讨论实训内容中提出的问题，设计出该物流中心的库存控制方案。

（4）把设计出的库存控制方案写成一份实训报告。

**【成果与检验】**

该实训设计可分小组进行，教师通过检阅实训报告对每个小组设计出的库存控制方案进行评阅，并选择一两个小组把设计方案制作成 PPT，在课堂上进行展示。

### 参考文献

[1] Stock J. R. & Lambert D. M. *Strategic Logistics Management*. 4th Edition, McGraw Hill, 2001.

[2] Frazelle E. H. *World Class Warehousing and Material Handling*. McGraw Hill,

2002.

［3］姚城.物流配送中心规划与运作管理［M］.广州：广东经济出版社，2004.

［4］刘俐.现代仓储管理与配送中心运营［M］.北京：北京大学出版社，2008.

［5］中华人民共和国国家质量监督检验检疫总局，中国国家标准化管理委员会.中华人民共和国国家标准——物流术语 GB/T 18354—2006［S］.北京：中国标准出版社，2007.

# 学习情境四　运　输　管　理

【**学习目标**】通过本情境的学习,使学生了解运输合理化的现实意义和研究方法,熟悉运输的特点及其规律,掌握运输作业执行的基本步骤。

【**关键概念**】运输(Transportation)　运输合理化(Transport Rationalization)

【**引导案例**】

生活中的运输

赵先生在河北省秦皇岛市开办了一家粮食加工厂,其产品主要销往市内的超市和农贸市场,所有的产品都由该厂负责送到客户指定的地点。为此,赵先生购置了两辆小型货车负责送货。谈到运输与办厂的关系,赵先生感慨道,离开运输他就无法经营自己的小厂。

其实,正如赵先生一样,我们都能认识到在人类从荒蛮走向文明的进程中,运输及运输方式的变革发挥了不容质疑的重要作用。从历史、经济、社会和政治各个角度看,运输毫无疑问是世界上最重要的产业之一。现代运输系统是如此发达和普遍,高效的运输系统支持着如海尔和沃尔玛这类制造商和零售商的物流运作。社会越进步,生活越复杂,运输系统中的各要素就越必不可少,而对运输的合理化管理也势必越来越规范和科学。

## 第一节　运　输　概　述

### 一、运输的概念、功能和分类

(一)运输的概念

运输是指利用设备或工具,在不同地域范围内(如两个城市、两个工厂之间),完成以改变人和物的空间位移为目的的物流活动。

运输是物流的主要功能之一,也是物流的基本活动要素。物流是物品实体的物理性运动,这种运动不但改变了物品的时间状态,而且也改变了物品的空间状态。运输承担了改变物品空间状态的主要任务,是改变物品空间状态的主要手段。运输再配以搬运、配送等活动,就能圆满完成改变物品空间状态的全部任务。

(二)运输的功能

运输的功能主要表现在以下三个方面。

1. 实现物品的空间位移

物品无论处于哪种形式(原材料、零部件、装配件、在制品或制成品),也不管是在制造过程中,还是在流通过程中,运输都是必不可少的环节。运输的主要功能就是使产品在价值链中发生空间位移。

2. 创造"场所效用"

同种物品由于所处空间场所不同,其使用价值的实现程度也不同。所谓场所效用,就是指由于改变场所而最大限度地提高物品的使用价值和产出投入比。通过运输,可以把物品运到场所效用最高的地方,发挥物品的潜力,实现资源的最优配置。从这个意义上说,运输提高了物品的使用价值。

3. 物品储存

对物品进行临时储存是一项不太寻常的运输功能,即将运输车辆临时作为储存设施。在仓库空间有限的情况下,利用运输车辆储存不失为一种可行的选择。

(三)运输的分类

按照不同的标准,运输可以分为不同的种类。

1. 按照运输设备或工具不同进行划分

按运输设备或工具不同进行划分,运输可以分为公路运输、铁路运输、水路运输、航空运输和管道运输。

(1)公路运输。

这是主要使用汽车,也使用其他车辆(如人、畜力车)在公路上进行货客运输的一种方式。公路运输主要承担近距离、小批量的货运,以及水路、铁路运输难以到达地区的长途、大批量货运,还包括铁路、水运优势难以发挥的短途运输。由于公路运输有很强的灵活性,近年来,在有铁路、水运的地区,较长途的大批量运输也开始使用公路运输。

公路运输的主要优点是灵活性强,公路建设期短,投资较低,易于因地制宜,对收到站设施要求不高;可以采取"门到门"的运输形式,即从发货者门口直到收货者门口,而不需转运或反复装卸搬运。公路运输也可作为其他运输方式的衔接手段。公路运输的经济半径一般在200千米以内。

(2)铁路运输。

这是使用铁路列车运送客货的一种运输方式。铁路运输主要承担长距离、大数量的货运,在没有水运条件的地区,几乎所有大批量的货物都是依靠铁路来进行运输的。铁路运输是在干线运输中起主力作用的运输形式。

铁路运输的优点是速度快,运输受自然条件限制不大,载运量大,运输成本较低;主要缺点是灵活性差,只能在固定线路上实现运输,需要以其他运输手段配合和衔接。铁路运输的经济里程一般在200千米以上。

(3)水路运输。

这是使用船舶运送客货的一种运输方式。水路运输主要承担大数量、长距离的运输,是在干线运输中起主力作用的运输形式。在内河及沿海,水路运输也常作为小型运输形式使用,担任补充及衔接大批量干线运输的任务。

水路运输的主要优点是成本低,能进行低成本、大批量、远距离的运输。但是水路运输也有显而易见的缺点,主要是运输速度慢,受港口、水位、季节、气候的影响较大,因而一年中中断运输的时间较长。水路运输有以下四种形式:

① 沿海运输,是使用船舶通过大陆附近沿海航道运送客货的一种方式,一般使用中、小型船舶。

② 近海运输,是使用船舶通过大陆邻近国家海上航道运送客货的一种运输形式,视航程可使用中型船舶,也可使用小型船舶。

③ 远洋运输,是使用船舶跨大洋的长途运输形式,主要依靠运量大的大型船舶。

④ 内河运输,是使用船舶在陆地内的江、河、湖、川等水道进行运输的一种方式,主要使用中、小型船舶。

(4) 航空运输。

这是使用飞机或其他航空器进行运输的一种形式。航空运输的单位成本很高,因此,主要适合运载的货物有两类:一类是价值高、运费承担能力强的货物,如贵重设备的零部件、高档产品等;另一类是紧急需要的物资,如救灾抢险物资等。

航空运输的主要优点是速度快,不受地形的限制。在火车、汽车都达不到的地区也可依靠航空运输,因而有其重要意义。

(5) 管道运输。

这是利用管道输送气体、液体和粉状固体的一种运输方式。其运输形式是靠物体在管道内顺着压力方向循序移动实现的。和其他运输方式的重要区别在于,管道设备是静止不动的。

管道运输的主要优点是,由于采用密封设备,在运输过程中可避免散失、丢失等损失,也不存在其他运输设备本身在运输过程中消耗动力所形成的无效运输问题。另外,管道运输的运输量大,适合于大且连续不断运送的物资。

2. 按照运输线路不同划分

按运输线路不同可以将运输划分为干线运输、支线运输、城市运输和生产企业厂内运输。

3. 按照运输作用不同划分

按运输作用不同可以将运输划分为集货运输和配货运输。

4. 按照运输地理范围不同划分

按运输地理范围不同可将运输划分为市内运输、省际运输、国内运输以及国际运输。

5. 按照运输的协作程度不同划分

按运输的协作程度不同可以将运输划分为一般运输、联合运输和多式联运。

## 案例 4-1

### 物流运输业的战略联盟与战略扩张

集装箱运输需要行业指导和自律并重。2014年,大连共有国际集装箱运输车辆2 000多辆,载重吨位达到3万多吨。在良好的发展态势背后,该地区的集装箱运输行业也存在一些问题:经营主体散、多、弱,组织化程度低,核心竞争力不强,部分运输企业为拼抢货源,采取竞相压价、恶性竞争的手段,从而造成了现有集装箱道路运输市场秩序混乱、该地区全行业经济运行质量不高的局面。以大连到沈阳为例,按照交通部门行业指导价,运价基本上应维持在3 500~3 600元,但不少运输企业竟以"低效能"运作,有的甚至以2 800元低于成本价的运价组织营运。

2015年以来,随着燃油价格的逐步攀升,运输经营成本不断加大,许多集装箱运输企业感到不堪重负。

为此,大连市道路运输协会通过市场调研,制定当时大连市集装箱道路运输市场指导运价,并于2015年12月1日起实施与82家会员企业签订的《大连市国际集装箱道路运输价格自律公约》,要求在与货主签订2016年集装箱运输业务合同时,其长、短装箱运价都不得低于该自律公约中规定的最低运价标准。82家企业统一运价。

该自律公约将全面执行包天运输最低运价限制标准:开发区800元/车,市内及金州区900元/车,旅顺口区1 000元/车,普兰店市1 100元/车,瓦房店市1 300元/车,庄河市1 700元/车。此外,从2016年1月1日起,全行业执行集装箱长途运输的最低运价限制标准:进口箱9元/车·千米,出口箱10元/车·千米,下浮不得超过10%。大连市道路运输协会国际集装箱运输分会将会适时组织运价检查组开展监督检查,对违反公约的行为将从严从重处罚。

(资料来源:http://www.chinahighway.com/news/2005/118932.php)

### 二、运输参与者

运输活动作用的对象是货物,运输活动的主体就是运输参与者。运输参与者包括货物所有人、货物承运人和货物运输代理人。

1. 货物所有人

货物所有人指的是货物托运人和收货人,托运人和收货人有时是同一主体,有时是两方。货物所有者希望在方便获取运输信息的情况下,以尽可能少的费用支出、在规定的时间内、将货物安全地从托运地运送到指定的收货地。

2. 货物承运人

货物承运人是指专门经营海上、铁路、公路、航空等客货运输业务的运输企业,如轮船公司、铁路或公路运输公司、航空公司等。他们一般拥有大量的运输工具,为社会提供运输服务。在海上运输中,船舶经营人作为承运人。《中华人民共和国海商法》第四十二条指出:"承运人",是指本人或者委托他人以本人名义与托运人订立海上货物运输合同的人。"实际承运人",是指接受承运人委托、从事货物运输或者部分运输的人,包括接受转委托从事此项运输的其他人。

3. 货物运输代理人

货物运输代理人简称货运代理人,是指根据客户的指示,为客户的利益而揽取货物的人,其本人并非承运人。货运代理人也可以从事与运送合同有关的活动,如储货、报关、验收、收款等。《中华人民共和国国际货物运输代理业管理规定实施细则》第二条规定:国际货物运输代理企业可以作为进出口货物收货人、发货人的代理人,也可以作为独立经营人,从事国际货运代理业务。

**案例 4-2**

### 货运代理人的义务

某货主委托 A 货代公司出运一批货物,自上海到香港。A 货代公司代表货主向船公司订舱后取得提单,船公司要求 A 货代公司暂扣提单,直到该货主把过去拖欠自己的运费付清以后再放单。后该货主向某海事法院起诉 A 货代公司违反代理义务擅自扣留提单造成货主无法结汇产生巨额损失。根据上述案例,分析 A 货代公司对货主的损失是否应承担责任,为什么?

**分析提示:**

A 货代公司应对货主的损失承担责任。因为此案中,A 货代公司是接受货主的委托,是货主的代理人,应按货主的指示完成委托事宜,不应听从船公司的要求暂扣提单,从而损害货主的利益,其行为违反了代理的职责,因此 A 货代公司应当对货主的损失承担责任。

**案例 4-3**

### 货运代理人的责任

某货代公司接受货主的委托,安排一批茶叶海运出口。货代公司在提取了船公司提供的集装箱并装箱后,将整箱货交给船公司。同时,货主自行办理了货物运输保险。收货人在目的港拆箱提货时发现集装箱内异味浓重,经查明,该集装箱前一航次所载货物为精萘,致使茶叶受精萘污染。请问:收货人可以向谁索赔?为什么?最终应由谁对茶叶受污染事故承担赔偿责任?

**分析提示:**

收货人可向保险人或承运人索赔。因为根据保险合同,在保险人承保期间和责任范围内,保险人应承担赔付责任。因为根据运输合同,承运人应提供"适载"的COC(Carrier's Own Container),由于COC存在问题,承运人应承担赔偿责任;也可以向货代公司索赔,货主与货代公司之间有着委托代理关系。由于承运人没有提供"适载"的COC,而货代公司在提空箱时没有履行其义务,即检查箱子的义务,并且在目的港拆箱时异味还很浓重,因此,承运人和货代公司应按各自过失比例承担赔偿责任。

## 第二节 运输合理化

### 一、运输合理化的概念

运输合理化是指从物流系统的总体目标出发,按照货物流通规律,运用系统理论、系统工程原理和方法,合理利用各种运输方式,选择合理的运输路线和运输工具,以最短的路径、最少的环节、最快的速度和最少的劳动消耗,组织好货物的运输与配送,以获取最大的经济效益。

由于运输是物流中最重要的功能要素之一,物流合理化在很大程度上依赖于运输合理化。

### 二、运输合理化的作用

(一)合理组织货物运输,有利于加速社会再生产的进程,促进国民经济持续、稳定、协调发展

按照市场经济的基本要求,组织货物的合理运输,可以使物质产品迅速地从生产地向消费地转移,加速资金的周转,促进社会再生产顺利进行,保持国民经济稳定、健康地发展。

(二)货物的合理运输能节约运输费用、降低物流成本

运输费用是构成物流费用(成本)的主要部分。物流过程的合理运输,就是通过运输方式、运输工具和运输路线的选择,进行运输方案的优化,实现运输合理化。运输合理化必然会达到缩短运输里程,提高运输工具的运用效率,从而达到节约运输费用、降低物流成本的目的。

(三)合理的运输缩短了运输时间、加快了物流速度

运输时间的长短决定物流速度的快慢。所以,货物运输时间是决定物流速度的重要因素。合理组织运输活动,可使被运输的货物在途时间尽可能缩短,实现到货及时的目的,同时也可以降低库存商品的数量,实现加快物流速度的目标。因此,从宏观角度讲,物流速度的加快,减少了商品的库存量,节约了资金占用,相应地提高了社会物质产品的使用效率,同时也利于推动社会化再生产进程。

### （四）运输合理化可以节约运力、缓解运力紧张的状况，还能节约能源

运输合理化避免了许多不合理的运输现象，从而节约了运力，提高了运输线路的通过能力，起到合理利用运输能力的作用。同时，由于货物运输的合理性，降低了运输中的能源消耗，提高了能源利用率。这些对于缓解我国目前运输和能源紧张情况具有重要作用。

**案例 4-4**

### 沃尔玛通过物流运输合理化节约成本

沃尔玛是世界上最大的商业零售企业之一。在物流运营过程中，尽可能地降低成本是其经营的哲学。沃尔玛有时采用空运，有时采用海运，还有一些货物采用卡车公路运输。在中国，沃尔玛百分之百地采用公路运输，所以，如何降低卡车运输成本是沃尔玛物流管理面临的一个重要问题，为此他们主要采取了以下措施。

（1）沃尔玛使用一种尽可能大的卡车，比集装箱运输卡车更长或更高。沃尔玛把卡车装得非常满，合理利用内部空间，产品从车厢的底部一直装到最高，这样非常有助于节约成本。

（2）沃尔玛知道，卡车运输是比较危险的，有可能会出交通事故。因此，对于运输车队来说，保证安全是节约成本最重要的环节。沃尔玛的口号是"安全第一，礼貌第一"，而不是"速度第一"。沃尔玛的车辆都是自有的，司机也是该企业的员工。沃尔玛的车队有 5 000 多名非司机员工，有 3 700 多名司机，车队每周运输可以达 7 000～8 000 千米。在运输过程中，卡车司机们都非常遵守交通规则。沃尔玛定期在公路上对运输车队进行调查，卡车上面都带有公司的号码，如果看到司机违章驾驶，调查人员就可以根据车上的号码向管理部门报告，以便于进行惩处。沃尔玛认为，卡车不出事故，就是节省公司的费用，就是最大限度地降低物流成本。由于狠抓了安全驾驶，沃尔玛的运输车队已经创造了 300 万千米无事故的纪录。

（3）沃尔玛采用 GPS 对车辆进行定位，因此在任何时候，调度中心都可以知道这些车辆在什么地方，离商店有多远，还需要多长时间才能运到商店，这种估算可以精确到小时。沃尔玛知道卡车在哪里、产品在哪里，就可以提高整个物流系统的效率，有助于降低成本。

（4）沃尔玛的连锁商场的物流部门都实行 24 个小时工作制，无论白天还是晚上，都能为卡车及时卸货。另外，沃尔玛的运输车队还利用夜间进行运输，从而做到了当日下午进行集货，夜间进行异地运输，翌日上午即可送货上门，保证在 15～18 个小时内完成整个运输过程，这是沃尔玛在速度上取得优势的重要措施。

（5）沃尔玛的卡车把产品运到商场后，商场可以把它整个地卸下来，而不用对每个产品逐个检查，这样就可以节省很多时间和精力，加快了沃尔玛物流的循环过程，从而降低了成本。这里有一个非常重要的先决条件，就是沃尔玛的物流系统能够确保商场所得到的产品是与发货单完全一致的产品。

（6）沃尔玛的运输成本比供货厂商自己运输产品要低。所以厂商也使用沃尔玛的卡车来运输货物,从而做到了把产品从工厂直接运送到商场,大大节省了产品流通过程中的仓储成本和转运成本。

沃尔玛的物流中心把上述措施有机地组合在一起,做出了一个最经济合理的安排,从而使沃尔玛的运输车队能以最低的成本高效率地运行。

（资料来源：http://www.examw.com/wuliu/anli/191343/,有改动）

### 三、运输合理化的主要形式

**（一）分区产销平衡**

分区产销平衡是企业在组织物流活动时,对某些产品使其在一定的区域生产和消费。实行这一办法对于加强产、供、运、销的计划性,消除过远运输、迂回运输、对流运输等不合理运输,充分用地方资源促进生产合理布局、节约运力、降低物流成本都有十分重要的意义。

**（二）直达运输**

直达运输是在组织运输过程中,跨过商业、物资仓库或其他中间环节,把货物从运地直接运到销地或用户手中,减少中间环节。随着市场经济的发展,企业为了降低流通费用,采用直达运输的比例在迅速提高。这对减少物流中间环节、提高物流效益和生产经营效益都有重要作用。

**（三）提高"装载量"**

提高"装载量"可以最大限度地利用运载工具的装载吨位和装载容积,提高运输能力和车辆的运量。提高"装载量"的主要方法包括：① 实行分单体运输；② 组织轻重配装；③ 提高堆码技术；④ 合装整车,也叫"零担"。

**（四）推进综合运输**

精心规划、统筹兼顾,大力发展综合运输体系,推进联合运输方式,可以增强运输生产能力,缓解交通运输紧张的问题。多年来,我国交通运输存在不平衡情况：有些线路运输压力过大,有些线路运力发挥不够,有些运输方式使用不当,运输工具严重超负荷。而实现综合运输体系可改变这一不协调、不平衡的状况,大幅度提高运输能力。

按照各种运输方式的技术和经济特征建立合理的运输结构,可使各种运输方式扬长避短,最大限度地提高合理化运输水平,提高运输效率和经济效益。

### 四、影响运输合理化的五要素

影响物流运输合理化的因素很多,起决定作用的有五个方面,称作合理运输的"五要素"。

**（一）运输距离**

运输过程中,运输时间、运输费用等若干技术和经济指标都与运输距离有一定的关系。

运输距离的长短是运输是否合理的一个基本因素。

### （二）运输环节

每增加一个运输环节，势必要增加运输的附属活动，如装卸、包装等，各项技术和经济指标也会因此发生变化。因此，减少运输环节对运输合理化有一定的促进作用。

### （三）运输工具

各种运输工具都有优势领域，对运输工具进行优化选择，能够最大限度地发挥各种运输工具的特点和作用。因此，对运输工具的优化选择是运输合理化的重要一环。

### （四）运输时间

在全部物流时间中，运输时间占绝大部分，尤其是远距离运输。因此，运输时间的缩短对整个物流时间的缩短起决定性作用。此外，运输时间缩短，还有助于加速运输工具的周转，充分发挥其运力效能，提高运输线路通过能力，在一定程度上改善运输不合理的现象。

### （五）运输费用

运输费用在全部物流费用中占很大的比例，运输费用高低在很大程度上决定整个物流系统的市场竞争能力。实际上，运输费用的相对高低，无论是对货主还是对物流企业都是运输是否合理化的一个重要标志。运输费用的高低也是各种合理化措施是否行之有效的最终判断依据之一。

## 五、不合理的运输形式

不合理运输是在现有条件下可以达到的运输水平而未达到，从而造成了运力浪费、运输时间增加、运费超支等问题的运输形式。目前，我国存在的不合理的运输形式主要有以下几种。

### （一）返程或起程空驶

空车无货载行驶，可以说是不合理运输的最严重形式。在实际运输组织中，有时候必须调运空车，从管理上不能将其看成不合理运输。但是，因调运不当、货源计划不周、不采用运输社会化而形成的空驶，是不合理运输的表现。造成空驶的不合理运输主要有以下几种原因：

（1）能利用社会化的运输体系而不利用，却依靠自备车送货提货，往往造成单程重车、单程空驶的不合理运输；

（2）由于工作失误或计划不周，造成货源不实，车辆空去空回，形成双程空驶；

（3）由于车辆过分专用，无法搭运回程货，只能单程实车，单程回空周转。

### （二）对流运输

对流运输亦称相向运输、交错运输，指同一种货物，或彼此间可以互相代用而又不影响管理、技术及效益的货物,在同一线路上或平行线路上作相对方向的运送,而与对方运程的全部或一部分发生重叠交错的运输。已经制定了合理流向图的产品,一般必须按合理流向的方向运输,如果与合理流向图指定的方向相反,也属对流运输。

在判断对流运输时需注意的是,有的对流运输是不很明显的隐蔽对流。例如,不同时间的相向运输,从发生运输的时间看,并无出现对流,可能做出错误的判断,所以要注意隐蔽的对流运输。

（三）迂回运输

迂回运输是舍近取远的一种运输方式,即可以选取短距离进行运输而不选,却选择路程较长路线进行运输的一种不合理形式。迂回运输有一定的复杂性,不能简单处之,只有计划不周、地理不熟、组织不当而发生的迂回,才属于不合理运输。如果最短距离有交通阻塞、道路情况不好或有对噪声、排气等特殊限制而不能使用时发生的迂回运输,不能称为不合理运输。

（四）重复运输

重复运输是指本来可以直接将货物运到目的地,但是在未达目的地之处,或在目的地之外的其他场所将货卸下,再重复装运送达目的地,这是重复运输的一种不合理形式。重复运输的另一种形式是,同品种货物在同一地点一面运进,同时又向外运出。重复运输的最大弊端是增加了不必要的中间环节,延缓了流通速度,增加了费用,增大了货损。

（五）倒流运输

倒流运输是指货物从销地或中转地向产地或起运地回流的一种运输现象。其不合理程度要甚于对流运输。原因在于,往返两程的运输都是不必要的,形成了双程的浪费。倒流运输也可以看成是隐蔽对流的一种特殊形式。

（六）过远运输

过远运输是指调运物资舍近求远,近处有资源不调而从远处调,这就造成可采取近程运输而未采取,拉长了货物运距的浪费现象。过远运输占用运力时间长、运输工具周转慢、物资占压资金时间长,而且远距离自然条件相差大,容易出现货损,增加了费用支出。

（七）运力选择不当

1. 弃水走陆

在同时可以利用水运及陆运时,不利用成本较低的水运或水陆联运,而选择成本较高的铁路运输或汽车运输,使水运的优势不能发挥。

2. 铁路、大型船舶的过近运输

不是铁路及大型船舶的经济运行里程却利用这些运输方式进行运输。这种做法的主要不合理之处在于，火车及大型船舶起运及到达目的地的准备、装卸时间长，且机动灵活性不足，在过近距离中利用，发挥不了运速快的优势。同时，由于装卸时间长，会延长运输时间。另外，和小型运输设备比较，火车及大型船舶的装卸难度大、费用也较高。

3. 运输工具承载能力选择不当

不根据承运货物数量及重量选择合适的运输工具而盲目决定运输工具，造成过分超载、损坏车辆及货物不满载、浪费运力的现象，尤其是"大马拉小车"的现象发生较多。由于装货量小，单位货物运输成本必然增加。

（八）托运方式选择不当

托运方式选择不当是指对于货主而言，可以选择更好的托运方式而未选择，造成运力浪费和费用支出加大的一种不合理运输。例如，应选择整车未选择，反而采取零担托运；应当选择直达运输却选择了中转运输；应当选择中转运输却选择了直达运输等。

上述的各种不合理的运输形式都是在特定条件下表现出来的，进行判断时必须注意其不合理的前提条件，否则就容易出现判断的失误。例如，如果同一种产品，商标不同、价格不同所发生的对流，不能绝对看成不合理的运输形式，因为其中存在市场机制引导的竞争，优胜劣汰，如果强调因为表面的对流而不允许运输，就会起到保护落后、阻碍竞争甚至助长地区封锁的作用。以上对不合理运输方式的描述，主要就形式本身而言，是从微观观察得出的结论。在实践中，必须将其放在物流系统中作综合判断，在不作系统分析和综合判断时，很可能出现"效益背反"现象。单从一种情况来看，避免了不合理，做到了合理，但这种合理却使其他部分出现不合理。只有从系统的角度，进行综合判断才能有效避免"效益背反"现象，从而优化运输全系统。

## 本学习情境小结

本学习情境主要介绍了运输的概念、功能、分类等相关的内容。运输管理是现代物流管理中不可缺少的一个环节。为了确保及时有效地完成运输任务，我们必须了解运输的概念、功能、分类等相关内容，分辨运输参与者的身份，掌握运输合理化的现实意义和方法。

**练习题**

1. 什么是运输？它有哪些功能？
2. 谈谈各种运输方式的基本特征。
3. 运输合理化受哪些因素的影响？实现运输合理化可以采取哪些措施？

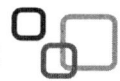

学习情境四 运输管理

### 运输成本与运输合理化的实现

摩托罗拉是一家跨国公司,供应商遍及全球各地。公司专门设有一个管理团队从事物流管理,负责公司物流、运输工作的协调和管理,以及物流服务商的选择和管理。团队的主要成员由公司各个事业部的物流骨干人员以及总公司的骨干人员组成。物流管理在摩托罗拉公司的生产经营过程中起着举足轻重的作用。

1."从大处着眼,小处着手"的运输成本管理

摩托罗拉公司的物流业务负责人张东风先生曾说,摩托罗拉公司对运输成本管理有自己独到的做法,那就是"从大处着眼,小处着手"。

(1)在国内端的业务方面,虽然受到燃油价格上涨、航班航线等因素的影响,但是摩托罗拉公司的运输成本每年仍有15%的下降幅度。之所以如此,主要出自于下述三个原因:

① 摩托罗拉公司不是一味地压低运价,而是与物流服务商共同研究如何整合资源来降低生产成本和运输成本。比如,通过改变产品包装模数与包装方式,增加包装内的货物量,降低了单位产品的运输成本。

② 根据国内业务发展的需要,改变运输方式。以前送往广州的货物,一般采取空运方式,现在由于高速公路的发展相对比较完善,因此在满足时限和保证服务的前提下改为公路运输。如印制电路板等零部件的供应商多数在南方地区,这些产品对运输条件要求不太严格,通常采用铁路运输,从而有效地降低了运输成本。

③ 随着我国社会经济的发展,货源比较充足。比如,在上海地区负责该公司零部件、产品运输的物流服务公司,可以做到即使该公司的产品没有满载,也可以协调众多其他货主的货源,并开辟班车运输,将过去的零担运输改为整车运输,从而大大降低了运输成本。

(2)在国际端的业务方面,在美国的得克萨斯州,摩托罗拉公司建有自己的配送中心,天津工厂生产的产品都是通过空运进行运输,但是由于从美洲地区回程的货物较少,造成整个航运业运力不平衡。为了解决这个问题,摩托罗拉公司与航空公司、物流服务公司三方签订了运输合作协议:摩托罗拉公司提供货源;航空公司提供舱位;货代公司保证运输正常以及运价稳定。这样,不仅满足了摩托罗拉公司的业务发展需要,也使合作各方都能获得稳定的收益,从而达到"多赢"的目的。

2.实行全球运输管理的百分考核制

IT电子产品的价值相当高,一箱电路板可能价值上百万美元。在运输过程中,这些产品、零部件又不包含保险费,因此,物流服务商的招标选择以及管理工作非常重要。为此,摩托罗拉公司还成立了一个全球性的物流资源公司,通过多种方式对备选的物流服务企业从资信、网络、业务能力等方面进行周密的调查,并给初选合格的企业以少量业务进行试运行,实际考察这些企业的服务能力与质量。对不合格者,则取消其对公司的服务资格;对获得物

流服务资格的企业则进行严格的月度作业考核。主要考核内容包括运输周期、信息反馈、单证资料准确率、财务结算、货物安全、客户投诉率等,考核标准是按照各项的完成率加权,考核结果按百分制评定。摩托罗拉公司根据这些考核分数值确定其服务质量,并与合同以及业务量挂钩,如果分数在98分以上,属于优秀服务商,会增加其业务量;如果分数在94~98分,属于合格服务商,需进一步改进;如果分数在93分以下,会自动解除合同。同时,针对生产线和客户的不同需求情况,摩托罗拉公司还要求物流服务商提供多种服务。对运输周期的考评,有两种最典型的方式:一种是标准服务,满足标准时限;另一种是应急快速服务,满足生产线和客户的紧急需求。在对服务商的考评过程中,物流服务商的应急处理货物的运输能力也是摩托罗拉公司对其进行考核的重要指标。

(资料来源:申纲领.物流案例实训[M].北京:北京大学出版社,2012,有改动)

**问题:**

1. 简述从此案例中你得到哪些启示。
2. 分析运输合理化与统筹物流系统各个环节优化运作的关系。
3. 分析降低运输成本与运输合理化的关系。

## 实训项目

**关于某企业物流运输方式选择的调查分析**

【实训目标】

(1) 通过实际调查使学生了解各运输方式在社会生活中的作用。

(2) 培养学生调查、收集、整理相关信息的能力,并应用运输方式选择理论对调研企业的选择做出分析。

(3) 培养学生独立思考问题、分析问题和解决问题的能力。

【实训内容与要求】

(1) 以小组为单位,利用节假日到企业进行调查,注意做好调查记录。

(2) 重点了解该企业选择运输方式考虑的主要因素是什么。

【成果与检验】

(1) 以小组为单位写出调查分析报告。

(2) 在全班组织一次交流讨论会。

(3) 根据分析报告和个人在交流中的表现进行成绩评估。

## 参考文献

[1] 申纲领.物流案例与实训[M].北京:北京大学出版社,2010.

[2] 李永生.仓储与配送管理[M].北京:机械工业出版社,2015.

# 学习情境五　配　送　管　理

【学习目标】通过本情境的学习,使学生了解配送的基本概念、配送业务在物流管理中的作用和地位、配送的要素和配送作业的组织模式;掌握配送中心的概念及功能、配送中心的基本作业流程和一般作业项目。熟悉几种典型的配送中心的模式和类型。

【关键概念】配送(Distribution)　配送中心(Distribution Center)

【引导案例】

### 李宁公司的物流配送

国际著名品牌耐克在中国的物流分拨时间是7天,而李宁公司的物流分拨时间只要4天半就够了。李宁公司的物流策略在物流运输服务、仓储配送和物流信息化上都擅长"组合拳"。

通常情况下,国内的很多货主或企业总是相信大型物流公司的物流配送服务,而李宁公司在挑选物流公司时,不找最大的物流公司,只找最适合的。李宁公司的招标准则是,选择最合适的承运商。李宁公司认识到,如果自己在行业里排不到第一,那么,在大的物流公司里,可能会有更大的客户排在自己前面,其受重视程度肯定要比自己大。有了这种新的思考之后,李宁公司转变思路,开始选择一些中等规模的物流公司作为合作伙伴。在这些中等规模的物流公司,李宁公司的货物备受重视,物流公司在服务上尽心尽力。这些物流公司在与李宁公司的合作中可以做到:无论什么情况,李宁公司的货物首先发。

李宁公司在全国共有两个一级配送中心,一个位于北京五里店,总面积2.5万平方米,负责长江以北地区;另一个在广东三水,总面积1.2万平方米,负责长江以南地区。李宁公司在全国共13个分公司,各自下辖的仓库是二级、三级配送中心。集中起来,李宁公司的仓储面积共有5万平方米左右。

为了集中网络优势促销售,李宁公司一边把全国13个分公司的物流储运部整合起来,设立物流中心进行统一管理,一边推行按销售地入仓的做法。产品出厂后直接送到相应销售地的配送中心,然后通过分拣分销出去,而不再走以前的通过生产地的仓库,再入配送中心的路线。

这种新做法试行一年后,已经达到了三个目标:在广东生产的,一部分发北京,一部分到三水,分拨距离短、速度快;由于减少了运送环节,不仅成本降低了,在接到订单后,货物在36个小时可到达所有的门店,对当地的销售反应非常及时;整车运输的成本小于零散车的成本,按销售地点入仓所耗费的运力实际上等同于做批发的车辆运力。大部分里程都是长途干线运输,整车价格比小批量送到门店的成本要低很多。

减少库存要在保证安全库存量的前提下,配送中心必须有一定的储存量。现阶段门对门的配送还不能完全实现,不能要求经销商和专卖店担负起仓储的责任。若是在中心城市一二类街区设销售点,则不允许再增设大面积仓储。此外,城市对交通运输的管制,也使大型车辆在特定时间内不能直接配送到门店。

因此,李宁公司在可控范围内压缩时间和库存,尽量做到即时生产,没有原料库、成品库,力争实现加快物流分拨和配送速度,降低成本的目标。

(资料来源:http://www.chinawuliu.com.cn/xsyj/200510/19/135124.shtml,有改动)

## 第一节 配送概述

物流是企业的"第三利润源",处于物流末端的配送是物流系统的核心组成部分,具有提高物流效益、优化和完善物流系统、改善和提高服务、降低成本的功能,在物流系统中占有重要的地位。

### 一、配送的概念、内涵和构成要素

(一)配送的概念

《物流术语(GB/T 18354—2006)》将配送定义为"在经济合理区域范围内,根据用户要求,对物品进行拣选、加工、包装、分割、组配等作业,并按时送达指定地点的物流活动"。

(二)配送的内涵

1. 配送提供的是物流服务,因此满足顾客对物流服务的需求是配送的前提

在买方市场条件下,顾客的需求是灵活多变的,消费特点是多品种、小批量的,因此,配送活动绝不是简单的送货活动,而应该是建立在市场营销策划基础上的企业经营活动。单一的送货功能,无法较好地满足广大顾客对物流服务的需求,因此,配送活动是多项物流活动的统一体。还有些学者认为:配送就是"小物流",只是比大物流系统在程度有些降低和范围上有些缩小罢了。从这个意义上说,配送活动所包含的物流功能,应比《物流术语(GB/T 18354—2006)》提出的功能还要多而全面。

2. 配送是"配"与"送"的有机结合

所谓"合理地配",是指在送货活动之前必须依据顾客的需求对其进行合理的组织与计划。只有"有组织有计划"地"配"才能实现现代物流管理中所谓的"低成本、快速度"的"送",进而有效满足顾客的需求。

3. 配送是在合理区域范围内的送货

配送不宜在大范围内实施,通常仅限于在一个城市或地区范围内进行。

(三)配送的构成要素

1. 集货

集货是指将分散的或小批量的物品集中起来,以便进行运输和配送的作业。

集货是配送的重要环节,为了满足特定客户的配送要求,有时需要把从几家甚至数十家供应商处预订的物品集中,并将要求的物品分配到指定容器和场所。

集货是配送的准备工作或基础工作,是配送的优势之一。

2. 分拣

分拣是指将物品按品种、出入库先后顺序进行分门别类堆放的作业。

分拣是配送不同于其他物流形式的功能要素,也是决定配送成败的一项重要支持性工作。它是完善送货、支持送货的准备性工作,是不同的配送企业在送货时进行竞争和提高自身经济效益的必然延伸。所以,也可以说分拣是送货向高级形式发展的必然要求。有了分拣,就会大大提高送货服务水平。

3. 配货

配货是指使用各种拣选取设备和传输装置,将存放的物品按客户要求分拣出来,配备齐全,送入指定发货地点的作业。

4. 配装

在单个客户的配送数量不能达到车辆的有效运载负荷时,就存在如何集中不同客户的配送货物,进行搭配装载以充分利用运能、运力的问题,这就需要配装。配装跟一般送货的不同之处在于,通过配装可以大大提高送货水平,降低送货成本。所以,配装也是配送系统中有现代特点的功能要素,也是现代配送不同于以往送货的重要区别之一。

5. 配送运输

运输中的配送运输与干线运输的主要区别在于:配送运输是较短距离、较小规模、额度较高的运输形式,一般使用汽车做运输工具。与干线运输的另一个区别是:配送运输的路线选择问题是一般干线运输所没有的,干线运输的干线是唯一的运输线,而配送运输由于配送客户多,一般城市交通路线又较复杂,如何组合成最佳路线,如何使配装和路线有效搭配等,是配送运输的特点,也是一项难度较大的工作。

6. 送达服务

将配好的货运输到客户处还不是配送工作的结束,因为将货送达和客户接货往往还会出现不协调,有时甚至会使配送前功尽弃。因此,要圆满地实现运到之货的移交,方便、有效地处理相关手续并完成结算,还应讲究卸货地点、卸货方式等。送达服务也是配送独具的特殊性。

7. 配送加工

配送加工是指按照配送客户的要求所进行的流通加工。在配送中,配送加工这一功能要素不具有普遍性,但往往是有重要作用的功能要素。这是因为通过配送加工,可以大大提高客户满意度。配送加工是流通加工的一种,但配送加工有不同于流通加工的特点,即配送加工一般只取决于客户的要求,其加工的目的较为单一。

**案例 5-1**

### 海尔物流配送

海尔物流是海尔集团为了发展配送服务而建立的一套完整、现代化的物流配送体系,海尔物流服务的主要对象分为两类:海尔集团内部的事业部和集团外部的第三方客户。海尔物流拥有 1.6 万多部货车,海尔物流通过分布在全国的服务网络和可视的、灵活的管理系统去帮助客户,并提高对客户的响应速度和及时配送能力。

1. 订单聚集

海尔物流采用 SAPLES 物流执行系统,将运输管理、仓库管理以及订单管理系统高度一体化整合,使得海尔物流能够将顾客的订单转换成为可装运的品项,从而有机会去优化运输系统。海尔可以集运和拆分订单去满足客户低成本运输的需要。这种订单的聚集和客户的订单观念直接联系在一起,使海尔物流能够更加准确、有效、简单、直观地管理客户的运输和相关物流活动。

2. 承运人管理和路径优化

海尔物流的流程和软件系统可以使其能够不断去改进审计和付款、装运招标和运输追踪。海尔物流的运输管理系统可以允许海尔物流的运输工程师去设计和执行复杂的最佳运输路径,这有可能包括了多重停留、直拨与合并运输。所有这些都可以在路径设计、运输方法选择时被考虑。由于海尔物流的仓库管理系统和运输管理系统是高度集成的,在多地点停留的货车可以将装卸的信息直接与仓库的系统通信,确保货车在正确的路径上准点到达。

3. 可视化管理

海尔物流的动态客户出货追踪系统可以对多点和多承运人进行监控,相关的客户可以从系统上直观地查询到订单的执行状况甚至每个品种的信息。每次出货,不论是在海尔集团系统内,还是在海尔物流的全国网络内,所有的承运活动都被电子监控,所有的运输信息都可以在系统上查询。海尔物流的信息系统和以海尔物流文化为基础的管理确保所有承运人和整个网络都能及时、准确和完整地获得所有可视化的数据。

(资料来源:http://www.chinawuliu.com.cn/xsyj/200708/20/137961.shtml,有改动)

### 二、电子商务环境下物流配送的特点

在电子商务环境下,物流配送呈现的特点主要有物流配送信息化、物流配送自动化、物流配送网络化、物流配送智能化和物流配送柔性化。

#### (一)物流配送信息化

物流配送信息化表现为物流配送信息的商品化、信息收集的数据库化和代码化、信息处理的电子化和计算机化、信息传递的标准化和实时化、信息存储的数字化等。条码技术、数据库技术、电子订货系统、电子数据交换、快速反应及有效的客户反映、企业资源计划等在物

流管理中得到广泛应用。没有物流的信息化,任何先进的技术设备都不可能应用于物流领域,信息技术在物流中的应用将彻底改变世界物流的面貌。

（二）物流配送自动化

自动化的基础是信息化,自动化的核心是机电一体化,自动化的外在表现是无人化,自动化的效果是省力化。另外,物流配送自动化还可以扩大物流作业能力、提高劳动生产率、减少物流作业的差错等。物流自动化有条码、语音、射频自动识别系统,自动分拣系统,自动存取系统,自动导向车,货物自动跟踪系统等。这些设施在发达国家已普遍用于物流作业,而我国物流业起步晚,发展水平低,自动化技术的普及还需一段时间。

（三）物流配送网络化

物流领域网络化的基础也是信息化。这里指的网络化有两层含义：一是物流配送系统的计算机通信网络,包括物流配送中心与供应商或制造商的联系要通过计算机网络,与下游顾客的联系也要通过计算机网络。例如,配送中心向供应商提出订单这个过程,就可以使用计算机通信方式,借助于增值网(Value-Added Network,VAN)上的电子订货系统和电子数据交换技术来自动实现,物流配送中心通过计算机网络收集下游客户的订货的过程也可以自动完成。二是组织网络化及所谓的企业内部网(Intranet)。例如,台湾地区的电脑业在20世纪90年代创造了"全球运筹式产销模式",其基本点是按照客户的订单组织生产,生产采取分散形式,将全世界的电脑资源都利用起来,采取外包的形式将一台电脑的所有零部件、元器件、芯片外包给世界各地的制造商去生产,然后通过全球的物流网络将这些零部件、元器件和芯片发往同一个物流配送中心进行组装,并由该物流配送中心将组装的电脑迅速发给客户。物流配送的网络化是物流信息化的必然,是电子商务环境下物流配送活动的主要特征之一。全球网络资源的可用性及网络技术的普及,为物流的网络化提供了良好的外部环境,物流配送的网络化不可阻挡。

（四）物流配送智能化

物流配送智能化是物流配送自动化、信息化的一种高层次应用。物流配送作业过程中大量的运筹和决策,如库存水平的确定、运输搬运路径的选择、自动导向车的运行轨迹和作业控制、自动分拣机的运行、物流配送中心经营管理的决策支持等问题,都需要借助于大量的指示来解决。在物流自动化的进程中,物流智能化是不可回避的技术难题。目前,专家系统、机器人等相关技术在国际上已经有比较成熟的研究成果,智能化已经成为电子商务下物流配送发展的一个新趋势。

（五）物流配送柔性化

柔性化原是生产领域为实现"以顾客为中心"而提出的,但要真正做到柔性化,即真正根据消费者需求的变化来灵活调节生产工艺,没有配套的柔性化的物流配送系统是不可能实现的。20世纪90年代以来,生产领域提出的柔性制造系统(Flexible Manufacture System,

FMS)、计算机集成制造系统(Computer Integrated Manufacturing System,CIMS)、MRP(Material Requirement Planning)、ERP等概念和技术的实质就是将生产、流通进行集成,根据需求端的需求组织生产、安排物流活动。柔性化物流正是适应生产、流通与消费的需求而发展起来的新型物流模式。它要求物流配送中心根据消费需求"多品种、小批量、多批次、短周期"的特点,灵活组织和实施物流作业。

### 三、配送合理化的判断标志

对于配送合理化与否的判断,是配送决策系统的重要内容,目前国内外尚无一定的技术经济指标体系和判断方法,按一般认识,以下若干标志是应当纳入的。

（一）库存标志

库存是判断配送合理与否的重要标志。具体指标有以下两个方面。

1. 库存总量

库存总量在一个配送系统中,从分散于各个用户转移给配送中心,配送中心库存数量加上各用户在实行配送后库存量之和应低于实行配送前各用户库存量之和。

此外,从各个用户的角度判断,各用户在实行配送前后的库存量比较,也是判断配送合理与否的标准,某个用户的库存量上升而总库存量下降,也属于一种不合理。

库存总量是一个动态的量,上述比较应当是在一定经营量前提下。在用户生产有所发展之后,库存总量的上升则反映了经营的发展,必须扣除这一因素,才能对总量是否下降做出正确判断。

2. 库存周转

由于配送企业的调剂作用,以低库存保持高的供应能力,库存周转一般总是快于原来各企业库存周转。

此外,从各个用户角度进行判断,各用户在实行配送前后的库存周转比较,也是判断配送合理与否的标志。

为取得共同比较基准,以上库存标志都以库存储备资金计算,而不以实际物资数量计算。

（二）资金标志

从总体上来讲,实行配送应有利于资金占用降低及资金运用的科学化。具体判断标志有以下三个方面：

1. 资金总量

用于资源筹措所占用的流动资金总量,随储备总量的下降及供应方式的改变必然有一个较大的降低。

2. 资金周转

从资金运用来讲,由于整个节奏加快,资金充分发挥作用,同样数量的资金,过去需要较长的时期才能满足一定的供应要求,配送之后在较短时期内就能达此目的。所以,资金周转是否加快是衡量配送合理与否的标志。

3. 资金投向的改变

资金是分散投入还是集中投入,是资金调控能力的重要反映。实行配送后,资金必然应当从分散投入改为集中投入,以增加调控作用。

(三)成本和效益

总效益、宏观效益、微观效益、资源筹措成本都是判断配送合理化的重要标志。对于不同的配送方式,可以有不同的判断侧重点。例如,配送企业、用户都是各自独立的以利润为中心的,不但要看配送的总效益,而且还要看对社会的宏观效益及各自的微观效益,未顾及任何一方,都必然出现不合理。又如,如果配送是由用户集团自己组织的,配送主要强调保证能力和服务性,那么,效益主要从总效益、宏观效益和用户集团企业的微观效益来判断,不必过多顾及配送企业的微观效益。

由于总效益及宏观效益难以计量,在实际判断时,常以按国家政策进行经营、完成国家税收及配送企业和用户的微观效益来判断。

对于配送企业而言,在投入确定的情况下,企业的利润反映配送合理化程度。对于用户企业而言,在保证供应水平或提高供应水平(产出一定)的前提下,供应成本的降低反映了配送的合理化程度。

成本和效益对配送合理化的衡量,还可以具体到储存、运输等具体配送环节,使判断更为精细。

(四)供应保证标志

实行配送,用户的最大担心是害怕供应保证程度降低。这是个心态问题,也是承担风险的实际问题。配送的重要一点是必须提高而不是降低对用户的供应保证能力。供应保证能力可以从以下三个方面来判断。

1. 缺货次数

实行配送后,对用户来讲,该到货而未到货以致影响生产及经营的次数必须下降才算合理。

2. 配送企业集中库存量

对每一个用户来讲,配送企业集中起来的库存量,其数量所形成的保证供应能力高于配送前单个企业保证程度,从供应保证来看才算合理。

3. 即时配送的能力及速度

这是用户出现特殊情况的特殊供应保障方式,这一能力必须高于未实行配送前用户紧急进货能力及速度。

特别需要强调一点，配送企业的供应保障能力是一个科学、合理的概念，而不是无限的概念。具体来讲，如果供应保障能力过高，超过了实际的需要，属于不合理。所以，追求供应保障能力的合理化也是有限度的。

（五）社会运力节约标志

末端运输是目前运能、运力使用不合理，浪费较大的领域，因此人们寄希望于配送，希望配送能解决这个问题。于是，这也成为配送合理化的重要标志。

运力使用的合理化是依靠送货运力的规划和整个配送系统的合理流程及与社会运输系统合理衔接实现的。送货运力的规划是任何配送中心都需要花力气解决的问题，而其他问题有赖于配送及物流系统的合理化，判断起来比较复杂，可以简化判断如下：

（1）社会车辆的总数减少，而承运量增加为合理；

（2）社会车辆空驶减少为合理；

（3）一家一户自提自运减少，社会化运输增加为合理。

（六）用户企业仓库、供应、进货人力物力节约标志

配送的重要观念是以配送代劳用户。因此，实行配送后，各用户的库存量、仓库面积、仓库管理人员应减少为合理；用于订货、接货、负责供应的人应减少为合理。真正解除了用户的后顾之忧，配送的合理化程度就可以说是高水平的了。

（七）物流合理化标志

配送必须有利于物流合理，这可以从以下几个方面来判断：

（1）是否降低了物流费用；

（2）是否减少了物流损失；

（3）是否加快了物流速度；

（4）是否发挥了各种物流方式的最优效果；

（5）是否有效衔接了干线运输和末端运输；

（6）是否不增加实际的物流中转次数；

（7）是否采用了先进的技术手段。

物流合理化的问题是配送要解决的大问题，也是衡量配送本身是否合理化的重要标志。

## 四、合理化配送的途径

国内外推行配送合理化，可供借鉴的办法有以下六种。

（一）推行一定综合程度的专业化配送

通过采用专业设备、设施及操作程序，取得较好的配送效果并降低配送过分综合化的复杂程度及难度，从而追求配送合理化。

## （二）推行加工配送

通过加工和配送相结合，充分利用本来应有的这次中转，而不增加新的中转求得配送合理化。同时，加工借助于配送，加工目的更明确，用户联系更紧密，进一步避免了盲目性。这两者有机结合，投入不增加太多却可追求两个优势、两个效益，是配送合理化的重要经验。

## （三）推行共同配送

通过共同配送，可以以最近的路程、最低的成本完成配送，从而追求配送合理化。

## （四）推行送取结合

配送企业要与用户建立稳定、密切的协作关系。配送企业不仅成为用户的供应代理人，而且成为用户的储存据点，甚至成为产品代销人。在配送时，配送企业将用户所需的物资送到，再将该用户生产的产品用同一辆车运回，这种产品也成了配送中心的配送产品之一，或者作为代存代储，免去了生产企业的库存负担。这种送取结合使运力充分利用，也使配送企业的功能得到更好的发挥，从而追求配送合理化。

## （五）推行准时配送系统

准时配送是配送合理化的重要内容。配送做到了准时，用户才有资源把握，可以放心地实施低库存或零库存，可以有效地安排接货的人力、物力，以追求最高效率的工作。另外，保证供应能力，也取决于准时供应。从国外的经验看，准时供应配送系统是许多配送企业追求配送合理化的重要手段。

## （六）推行即时配送

即时配送是最终解决用户企业担心断供之忧，大幅度提高供应保证能力的重要手段。即时配送是配送企业快速反应能力的具体化，是配送企业能力的体现。即时配送成本较高，但它是整个配送合理化的重要保证手段。此外，即时配送也是用户实行零库存的重要保证手段。

# 第二节　配送中心概述

配送中心是接收并处理末端用户的订货信息，对上游运来的多品种货物进行分拣，根据用户的订货要求进行拣选、加工、组配等作业，并进行送货的设施和机构。

## 一、配送中心的分类

对配送中心的适当划分，是深化、细化认识配送中心的必然，从理论上和配送中心的作用上，可以有许多理想的分类，这里仅将已在实际运转中的配送中心类别概述如下。

### （一）专业配送中心

专业配送中心大体上有两个含义：一是配送对象、配送技术属于某一专业范畴，在某一专业范畴有一定的综合性,综合这一专业的多种物资进行配送,例如多数制造业的销售配送中心,中国目前在石家庄、上海等地建的配送中心大多采用这一形式;二是以配送为专业化职能,基本不从事经营的服务型配送中心。

（二）柔性配送中心

柔性配送中心在某种程度上是和第二种专业配送中心相对立的配送中心。这种配送中心不向固定化、专业化方向发展;而向能随时变化、对用户要求有很强适应性、不固定供需关系、不断发展配送用户和改变配送用户的方向发展。

（三）供应配送中心

供应配送中心是专门为某个或某些用户(如联营商店、联合公司)组织供应的配送中心。例如,为大型连锁超级市场组织供应的配送中心就属于这类配送中心;代替零件加工厂送货的零件配送中心也属于供应配送中心,它能使零件加工厂对装配厂的供应合理化。中国上海地区6家造船厂的配送钢板中心,也属于供应配送中心。

（四）销售配送中心

销售配送中心是指以销售经营为目的,以配送为手段的配送中心。销售配送中心大体有三种类型:第一种是生产企业为本身产品直接销售给消费者的配送中心,在国外,这种类型的配送中心很多;第二种是流通企业作为本身经营的一种方式,为扩大销售而建立的配送中心,中国目前拟建的配送中心大多属于这种类型,国外的例证也很多;第三种是流通企业和生产企业联合的协作性配送中心。比较起来看,国外和国内都有向以销售配送中心为主的发展趋势。

（五）城市配送中心

城市配送中心是指以城市范围为配送范围的配送中心。由于城市范围一般处于汽车运输的经济里程,而且这种配送中心采用汽车进行配送,可直接配送到最终用户。这种配送中心往往和零售经营相结合。由于运距短、反应能力强,因而从事多品种、少批量、多用户的配送较有优势。

（六）区域配送中心

区域配送中心是指以较强的辐射能力和库存准备,向省(州)际、全国乃至国际范围的用户配送的配送中心。这种配送中心的配送规模较大,一般而言,用户和配送批量也较大。区域配送中心往往是配送给下一级的城市配送中心,也配送给营业所、商店、批发商和企业用户,虽然也从事零星的配送,但不是主体形式。

（七）储存型配送中心

储存型配送中心是指有很强储存功能的配送中心。一般来讲,在买方市场下,企业成品销售需要有较大的库存支持,其配送中心可能有较强的储存功能;在卖方市场下,企业的原材料、零部件供应需要有较大库存支持,这种供应配送中心也有较强的储存功能。大范围配送的配送中心,需要有较大库存,也可能是储存型配送中心。瑞士 GIBA-GEIGY 公司的配送中心拥有世界上规模居于前列的储存库,可储存 4 万个托盘;美国赫马克配送中心拥有一个有 16.3 万个货位的储存区,可见储存能力之大。中国目前拟建的配送中心,都采用集中库存形式,库存量较大,多为储存型配送中心。

（八）流通型配送中心

流通型配送中心是基本上没有长期储存功能,仅以暂存或随进随出方式进行配货、送货的配送中心。这种配送中心的典型方式是:大量货物整进并按一定批量零出,采用大型分货机,进货时直接进入分货机传送带,分送到各用户货位或直接分送到配送汽车上,货物在配送中心里仅做少许停滞。前面介绍的阪神配送中心内只有暂存,大量的储存则依靠一个大型补给仓库。

（九）加工配送中心

加工配送中心是指在配送中心,根据客户需求对物品进行加工的配送中心,许多材料都指出这类配送中心的加工职能,但是加工配送中心的实例,目前见到不多。中国的上海市和其他城市已开展的配煤配送,在配送点中进行配煤加工。上海 6 家船厂联建的船板处理配送中心、原物资部北京剪板厂都属于这一类型的配送中心。

## 二、配送中心的作业流程

配送中心的效益主要来自"统一进货,统一配送"。统一进货的主要目的是降低采购和订货成本,实现对进货的集中控制和统筹安排,充分利用库场资源和存货,降低企业的整体库存水平和库存成本。配送中心的作业流程设计要便于实现两个主要目标:一是降低企业的物流总成本;二是缩短供货时间,提供更好的服务。

一般来说,配送中心的作业流程如图 5-1 所示,流程中操作的每一步都要准确、及时,并且要具备可跟踪性、可控制性和可协调性。

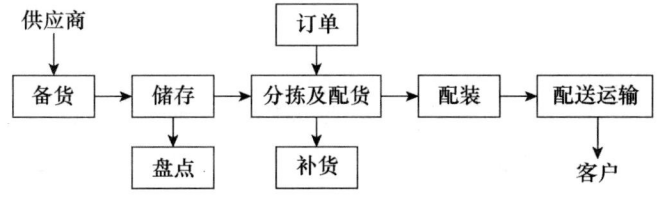

图 5-1　配送中心的作业流程

（一）备货

备货是配送的准备和基础工作,包括筹集货源、订货、采购、集货、进货及有关的质量检查、结算、交接等。

配送的优势之一,是可以集中若干用户的需求进行一定规模的备货。备货是决定配送成败的初期工作,如果备货成本太高,会大大降低配送的效益。

### （二）储存

配送中的储存有储备及暂存两种形态。

1. 储备

储备配送是按一定时期的配送经营要求，形成的对配送的资源保证。这种类型的储备数量较大，储备结构也较完善，视货源及到货情况，可以有计划地确定周转储备及保险储备结构及数量。配送的储备保证有时在配送中心附近单独设库解决。

2. 暂存

另一种储存形态是暂存，是在具体执行配送时，按分拣配货要求，在理货场地所做的少量储存准备。由于总体储存效益取决于储存总量，所以，这部分暂存数量只会对工作方便与否造成影响，而不会影响储存的总效益，因而在数量上控制并不严格。还有另一种形式的暂存，即分拣、配货之后形成的发送货载的暂存，这个暂存主要是调节配货与送货的节奏，暂存时间不长。

### （三）分拣及配货

分拣及配货是配送不同于其他物流形式的有特点的功能要素，也是配送成败的一项重要支持性工作。分拣及配货是完善、支持送货的准备性工作，是不同的配送企业在送货时进行竞争和提高自身经济效益的必然延伸。所以，分拣及配货也可以说是送货向高级形式发展的必然要求。有了分拣及配货，就会大大提高送货服务水平，所以，分拣及配货是决定配送系统水平的关键要素。

### （四）配装

配装作业是为了充分利用运输工具的载重量和容积率，采用全程方法装载。配送很多时候面对的是小批量、多批次的送货任务，单个客户的配送数量往往达不到车辆的有效载运负荷。因此，进行配送时，要尽量把同一客户的多种货物或多个客户的货物搭配进行装载，使载送工具的负荷最大化。

### （五）配送运输

配送运输一般是较小批量、较短距离、运送次数较多的一种运输形式，它可能是从生产厂家直接到客户或其间再经过批发商、零售商，也可能是由配送中心送至客户。配送运输主要由汽车运输，具有城市轨道货运条件的城市可以用轨道运输。

#### 7-11便利店的配送系统

每一个成功的零售企业背后都有一个完善的配送系统支撑。以日本的7-11为例，早期7-11的供应商都有自己特定的批发商，而且每个批发商一般都只代理一家生产商，这个批发商就是联系7-11和其供应商间的纽带,也是7-11和供应商间传递货物、信息和资金的通道。供应商把自己的产品交给批发商以后,对产品的销售就不再过问,所有的配送和销售都会由批发商来完成。对于7-11而言,批发商就相当于自己的配送中心,它所要做的就是把供应商生产的产品迅速有效地运送到7-11手中。为了自身的发展,批发商需要最大限度地扩大自己的经营,尽力向各便利店送货,并且要对整个配送和订货系统作出规划,以满足7-11的需要。

渐渐地,这种分散化的由各个批发商分别送货的方式无法再满足规模日渐扩大的7-11的需要,7-11的物流共同配送系统就这样浮出水面,共同配送中心代替了特定批发商,分别在不同的区域统一集货、统一配送。配送中心有一个电脑网络配送系统,分别与供应商及7-11的店铺相连。为了保证不断货,配送中心一般会根据以往的经验保留4天左右的库存。同时,配送中心的电脑系统每天都会定期收到各个店铺发来的库存报告和要货报告,配送中心把这些报告集中分析,最后形成一张张向不同供应商发出的订单,由电脑网络传给供应商,而供应商则会在预定时间之内向配送中心派送货物。7-11配送中心在收到所有货物后,对各个店铺所需要的货物分别打包,等待发送。第二天一早,派送车就会从配送中心鱼贯而出,择路向自己区域内的店铺送货。整个配送过程就这样每天循环往复,为7-11连锁店的顺利运行修石铺路。

配送中心的优点还在于7-11从批发商手上夺回了配送的主动权,7-11能随时掌握在途商品、库存货物等数据,对财务信息和供应商的其他信息也能握于股掌之中,对于一个零售企业来说,这些数据都是至关重要的。随着店铺的扩大和商品的增多,7-11的物流配送越来越复杂,配送时间和配送种类的细分势在必行。以台湾地区的7-11为例,全省的物流配送就细分为出版物、常温食品、低温食品和鲜食食品四个类别,各区域的配送中心需要根据不同商品的特征和需求量每天做出不同频率的配送,以确保食品的新鲜度,以此来吸引的顾客。新鲜、即时、便利和不缺货是7-11的配送管理的最大特点,也是各家7-11店铺的最大卖点。

除了配送设备,不同食品对配送时间和频率也会有不同要求。对于有特殊要求的食品,如冰激凌,7-11会绕过配送中心,由配送车早、中、晚三次直接从生产商门口拉到各个店铺。对于一般的商品,7-11实行的是一日三次的配送制度:早上3点到7点配送前一天晚上生产的一般食品;上午8点到11点配送前一天晚上生产的特殊食品,如牛奶、新鲜蔬菜等;下午3点到6点配送当天上午生产的食品,这样一日三次的配送频率在保证了商店不缺货的同时,也保证了食品的新鲜度。为了确保各店铺供货的万无一失,配送中心还有一个特别配送制度来和一日三次的配送相搭配。每个店铺都会随时碰到一些特殊情况造成缺货,这时只能向配送中心打电话告急,配送中心则会用安全库存对店铺紧急配送,如果安全库存也已告罄,中心就转而向供应商紧急要货,并且在第一时间送到缺货的店铺中。

(资料来源:李永生,郑文玲.仓储与配送管理[M].北京:机械工业出版社,2012,有改动)

## 本学习情境小结

本学习情境主要介绍了配送管理的相关内容。配送实现了资源的最终配置,但货物配送的实施是一项比较复杂的工作,它要求我们必须了解配送的概念、内涵、构成要素、配送合理化的途径和判断标志等相关内容,分辨配送中心的类型,掌握配送中心的作品流程。

**练习题**

1. 什么是配送?什么是配送中心?配送中心有哪几大类型?
2. 电子商务环境下物流配送的特点有哪些?
3. 简述配送中心的作业流程。

 案例分析

### 沃尔玛物流配送的实现

美国的物流配送业发展起步早,经验成熟,尤其是信息化管理程度高,对我国物流发展有很大的借鉴意义。

前任沃尔玛总裁大卫·格拉斯这样总结:"配送设施是沃尔玛成功的关键之一,如果说我们有什么比别人干得好的话,那就是我们的配送中心。"灵活高效的物流配送系统是沃尔玛达到最大销售量和低成本存货周转的核心。沃尔玛配送中心建立在100多家零售卖场中央位置的物流基地周围,同时可以满足100多个销售网点的需求,以此缩短配送时间,降低送货成本。同时,沃尔玛首创交叉配送的独特作业方式,进货与出货几乎同步,没有入库、储存、分拣环节,由此加速了货物流通。在竞争对手每5天配送一次商品的情况下,沃尔玛每天送货一次,大大减少了中间过程,降低了管理成本。相关数据表明,沃尔玛的配送成本仅占销售额的2%,而一般企业这个比例高达10%。这种灵活高效的物流配送方式使沃尔玛在竞争激烈的零售业中技高一等、独领风骚。

配送中心"灵活高效"说起来容易做起来难,是什么使卓越的理念转化为强大的竞争力的呢?

那就是现代化的物流信息技术。沃尔玛能长期在世界500强企业中独占鳌头,很大程度归因于其强大的信息系统的支持。它利用信息技术[如EDI(电子数据交换系统)、EOS(电子订货系统)、POS等]提高物流配送效率,增强其经营决策能力。沃尔玛正是在这些信息技术的支撑下,做到了商店的销售与配送中心、配送中心与供应商的同步。

沃尔玛很注重与第三方物流公司形成合作伙伴关系。在美国本土,沃尔玛做自己的物

流和配送，拥有自己的卡车运输车队，使用自己的后勤和物流方面的团队。但是在国际上的其他地方，沃尔玛就只能求助于专门的物流服务提供商了，飞驰公司就是其中之一。飞驰公司是一家专门提供物流服务的公司，它在世界上的其他地方为沃尔玛提供物流方面的支持。飞驰公司同沃尔玛是一种合作伙伴的关系，它们共同的目标就是努力做到最好。

（资料来源：http://info.jctrans.com/xueyuan/czal/2015482127213.shtml，有改动）

问题：
1. 简述在此案例中你得到哪些启示。
2. 分析降低物流成本与配送合理化的关系。

 **实训项目**

### 关于某企业物流配送的调查分析

【实训目标】
(1) 加强学生对物流配送的理解。
(2) 提高学生对物流配送管理方法的实际应用能力。
(3) 培养学生独立思考问题、分析问题和解决问题的能力。

【实训内容与要求】

实训内容：

有一家销售企业主要对自己的销售点和大客户进行配送，配送方法为销售点和大客户有需求就立即组织装车送货，结果经常造成送货车辆空载率过高，同时往往出现所有的车都派出去而其他用户的需求满足不了的情况。所以，销售经理一直要求增加送货车辆，由于资金原因却一直没有购车。

请思考：如果你是公司决策人，你会用增加送货车辆来解决送货效率低的问题吗？为什么？请使用配送的含义分析此案例，并提出解决方法。

实训要求：
(1) 以小组为单位利用节假日到企业进行调查，注意做好调查记录。
(2) 重点了解该企业在选择配送方式时考虑的主要因素是什么。

【成果与检验】
(1) 以小组为单位写出调查分析报告。
(2) 在全班组织一次交流讨论会。
(3) 教师根据分析报告和个人在交流中的表现进行成绩评估。

## 参考文献

[1] 申纲领. 物流案例与实训[M]. 北京：北京大学出版社，2010.
[2] 李永生. 仓储与配送管理[M]. 北京：机械工业出版社，2015.

# 学习情境六　装卸搬运

【学习目标】通过本情境的学习,使学生知道装卸搬运的概念、特点和分类方式,认识装卸搬运的设备和系统,理解装卸搬运的目标、原则和合理化。

【关键概念】装卸(Loading and Unloading)　搬运(Handling/Carrying)　自动化(Automation)　合理化(Rationalization)

【引导案例】

### 联华便利物流中心装卸搬运系统

上海联华超市股份有限公司(简称"联华公司")成立于1991年5月,是一所连锁经营的商业公司。2001年,其销售额突破140亿元,连续3年位居全国零售业第一。联华公司的快速发展,离不开高效便捷的物流配送中心的大力支持。联华公司共有4个配送中心,分别是2个常温配送中心和1个便利物流中心、1个生鲜加工配送中心,总面积7万余平方米。

联华便利物流中心由4层楼的复式结构组成。为实现货物的装卸搬运,该物流中心配置的主要装卸搬运机械设备有电动叉车8辆、手动托盘搬运车20辆、垂直升降机2台、笼车1 000台、辊道输送机5条、数字拣选设备2 400套。在装卸搬运时,操作过程如下:对来货卸下后,把其装在托盘上,由手动叉车将货物搬运至入库运载处,入库运载装置上升,将货物送上入库输送带。当接到向第一层搬运指示的托盘在升降机平台时,不再需要上下搬运,而直接从当前位置经过一层的入库输送带自动分配到一层入库区等待入库;接到向二层至四层搬送指示的托盘,将由托盘垂直升降机自动传输到所需楼层。当升降机到达指定楼层时,由各层的入库输送带自动搬送货物至入库区。货物下平台时,由叉车从输送带上取下托盘入库。出库时,根据订单进行拣选配货,拣选后的出库货物用笼车装卸,由各层平台通过笼车垂直输送机送至一层的出货区,装入相应的运输车上。

先进实用的装卸搬运系统,使联华便利物流中心的运作能力和效率大大提高,为联华公司的发展提供了强大的支持。

(资料来源:朱道立.现代物流管理[M].上海:复旦大学出版社,2014,有改动)

## 第一节　装卸搬运概述

装卸搬运技术和处理设备的进步使物流生产效率的大幅提高成为可能。通过影响作业人员、空间和固定设备的需求,装卸搬运流程和技术对物流的生产效率产生了影响。装卸搬运是一项重要的、不可忽视的物流活动,它渗透到物流的各环节、各领域,起到联系物流活动各子系统的功能,是物流顺利进行的关键。

## 一、装卸搬运的概念和特点

### (一)装卸搬运的概念

装卸是指物品在指定地点以人力或机械装入运输设备或卸下。搬运是指同一场所内,对物品进行水平移动为主的物流作业。装卸搬运是指在某一物流节点范围内进行的,以改变物料的存放状态和空间位置为主要内容和目的的活动。

装卸作用的结果是物资从一种支承状态转变为另一种支承状态,前后两种支承状态无论是否存在垂直距离差别,但总是以一定的空间垂直位移的变化而得以实现的。搬运使物品在区域范围内(通常指在某一个物流节点,如仓库、车站或码头等)发生短距离、以水平方向为主的位移。在流通领域,人们常把装卸搬运活动称为"物资装卸",而生产企业则把这种活动称为"物料搬运"。

装卸搬运既是使其他物流环节相互联系的桥梁,又不附属于其他环节,而是作为一项独立的作业系统而存在的。有时单称"装卸"也包含了装卸和搬运的完整含义。

### (二)装卸搬运的特点

#### 1. 装卸搬运作业量大

据典型调查,我国机械工厂生产1吨产品,需要进行252吨次的装卸搬运。在同一地区生产和消费的产品,物资的运输量会因此而减少,然而物资的装卸搬运量却不一定减少。在远距离的供应与需求过程中,装卸作业量会随运输方法的变更、货物的集疏、物流的调整等而使装卸搬运作业量大幅度提高。

#### 2. 装卸搬运对象复杂

在物流过程中,货物是多种多样的,它们在性质(物理、化学性质)上、形态上、重量上、体积上以及包装方法上都有很大区别。即便是同一种货物,在装卸搬运前的处理方法不同,也可能会产生完全不同的装卸搬运作业。例如,单件装卸和集装化装卸,水泥的袋装和散装的装卸搬运都存在很大差别。从装卸搬运的结果来考察,有些货物经装卸搬运要进行储存,有些货物装卸搬运后将进行运输,不同的储存方法,不同的运输方式,对装卸搬运设备的运用和装卸搬运方式的选择都提出了不同的要求。

#### 3. 装卸搬运作业不均衡

在生产领域,由于生产活动要有连续性和比例性,力求均衡,故在生产企业内,装卸搬运相对也比较均衡。然而,物资一旦进入流通,由于受到物资产需衔接、市场机制的制约,物流量便会出现较大的波动性。商流是物流的前提,某种货物的畅销和滞销、远销和近销、销售批量的大与小,围绕货物实物流量便会发生巨大变化。

#### 4. 装卸搬运对安全性要求高

装卸搬运作业需要人与机械、货物、其他劳动工具相结合,工作量大,情况变化多,很多

作业环境复杂,这些都导致了装卸搬运作业中存在不安全的因素和隐患。创造装卸搬运作业适宜的作业环境,改善和加强劳动保护,对任何可能导致不安全的现象都应根除,防患于未然。装卸搬运的安全性,一方面直接涉及人身,另一方面涉及物资。装卸搬运同其他物流环节相比安全系数较低,因此,也就要求更加重视装卸搬运的安全生产问题。

 案例 6-1

### 野蛮装卸——行李问题的占航空公司投诉五分之一

民航局公布的 2015 年 5 月航空运输消费者投诉情况通报显示,受理消费者对国内航空公司的投诉 147 件,其中,行李问题占 21.77%,包括行李破损、内物损坏等。

其实,机场托运行李遭到野蛮装卸并非一个新话题,近年来媒体已经多次报道过类似问题。在百度上搜索"机场托运行李 野蛮装卸",可以得到约 5.25 万个搜索结果,其中不少是媒体对这一情况的报道。

2014 年 1 月,中央电视台就曾报道称,在网络上,关于旅客的行李遭遇暴力装卸的投诉案例近年更是频频出现。许多航空公司的托运工作被不约而同地指为"方式粗暴""野蛮装卸"。

当时的报道称,最近一次引发广泛关注的暴力托运案例发生在 2013 年 6 月中旬。当时,一名外国人拍摄的视频显示,广州白云机场货物装卸工作人员将一箱箱货物扔上传送带,不仅粗暴,而且效率也不高。视频里,可以看到该搬运工对待物品并不是轻搬轻放,而是漫不经心地往传输带上扔,随意地甩。或许是为了提高速度,该搬运工 2 个箱子并作一次或 3 个箱子并作一次地扔,但事与愿违,因为没有扔准,很多货物并没有被扔到传输带上,掉得满地都是。

(资料来源:http://news.163.com/air/15/0730/10/AVP2EH1T00014P42.html,有改动)

**分析提示:**

解决"野蛮装卸"要从导致其产生的原因上去分析,学生可以带着这个问题来学习后面的内容,了解如何提高装卸搬运的安全性及其重要程度。

5. 具有"伴生"性和"起讫"性

装卸搬运的目的总是与物流的其他环节密不可分的,因此与其他环节相比,它具有"伴生"性的特点。运输、储存、包装等环节,一般都以装卸搬运为起始点和终结点,因此它又有"起讫"性的特点。

6. 具有"保障"性和"劳务"性

装卸搬运制约生产与流通领域其他环节的业务活动,这个环节处理不好,整个物流系统将处于瘫痪状态。装卸搬运保障了生产与流通其他环节活动的顺利进行,具有保障性质,装卸搬运过程不消耗原材料,不排放废弃物,不占用流动资金,不产生有形产品,因此具有提供劳务的性质。

## 二、装卸搬运方式的分类

（一）按照装卸搬运作业对象分类

按照作业对象的不同，装卸搬运可分为单件作业法、集装作业法和散装作业法。

1. 单件作业法

单件作业法是指将货物单件、逐件进行装卸搬运的方法，这是人工装卸搬运阶段的主导方法。当前，即使当装卸机械涉及各种装卸搬运领域的时候，单件、逐件装卸搬运的方法也依然存在。单件作业法主要适用于：一是单件货物本身特有的安全属性要求必须单件装卸搬运；二是某些装卸搬运场合没有设置装卸搬运机械或不适宜采用机械装卸搬运；三是货物的形状特殊、体积过大，不便于采用集装化作业。

2. 集装作业法

集装作业法是指先将货物集零为整（集装化）后，再对集装件（箱、网、袋等）进行装卸搬运的方法。这种方法又可按集装化方式的不同，分为集装箱作业法、托盘作业法、货捆作业法、滑板作业法等。

（1）集装箱作业法。

集装箱的装卸搬运作业在港口是以跨车、轮胎龙门起重机、轨道龙门起重机为主进行垂直装卸，以拖挂车、叉车为主进行水平搬运；而在铁路车站则以轨道龙门起重机为主进行垂直装卸，以叉车、平移装卸机为主进行是水平搬运。

（2）托盘作业法。

托盘作业法是用叉车作为托盘装卸搬运的主要机械，即叉车托盘化。水平装卸搬运托盘主要采用搬运车辆和滚子式输送机；垂直装卸搬运托盘主要采用升降机、载货电梯等；而在自动化仓库中，则采用桥式堆垛机和巷道堆垛机完成在仓库货架内的取、存装卸。

（3）货捆作业法。

货捆作业法是先将货物货捆单元化（集装袋、网等），再利用带有各种框架集装化货物相配套的专用吊具的门式起重机、桥式起重机和叉车等进行装卸搬运作业，是颇受欢迎的集装化作业方式（如图 6-1 所示）。

图 6-1　货捆作业法

(4)滑板作业法。

滑板作业法是用与托盘尺寸相一致的带翼板的滑板承放货物,组成搬运作业系统,再用带推拉器的叉车进行装卸搬运作业(如图6-2所示)。

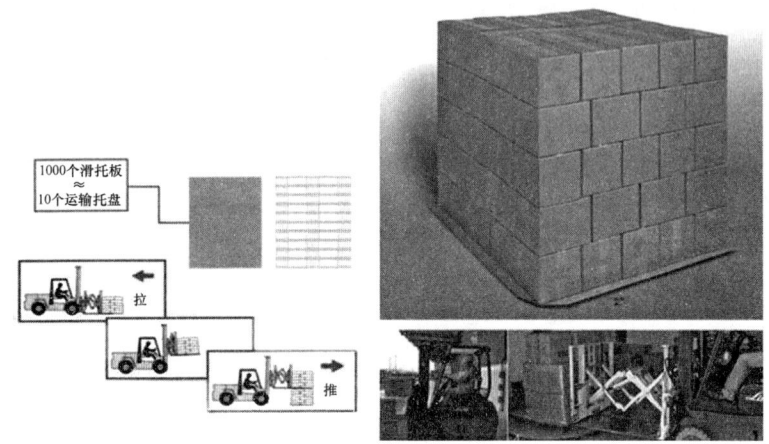

图 6-2　滑板作业法

3. 散装作业法

散装作业法是指对煤炭、建材、矿石等大宗货物,以及谷物、水泥、化肥、粮食、原盐等货物采用的散装、散卸的方法。其目的是提高装卸效率,降低装卸成本。散装作业法主要有重力法作业、倾翻法作业、机械作业法、气力输送作业法等。

(1)重力作业法。

重力作业法是指利用货物的势能来完成装卸作业的方法。例如,重力法卸车是指底开门车或漏斗车在高架线或卸车坑道上自动开启车门,煤炭或矿石等散装货物依靠重力自行流出的卸车方法。

(2)倾翻作业法。

倾翻作业法是指将运载工具的载货部分倾翻,从而将货物卸出的方法。例如,自卸汽车靠液压油缸顶起货箱实现货物卸载。

(3)机械作业法。

机械作业法是指采用各种装卸搬运机械(如带式输送机、链斗卸车机、单斗装载机、抓斗机、挖掘机等),通过舀、抓、铲等作业方式,达到装卸搬运目的的装卸搬运方法。

(4)气力输送作业法。

气力输送作业法是指利用风机在气力输送机内形成单向气流,依靠气体的流动或气压差来输送货物的方法。

(二)按照装卸搬运作业手段和组织水平分类

按照作业手段和组织水平不同,装卸搬运可分为人工作业法、机械化作业法和综合机械化作业法。

1. 人工作业法

人工作业法是一种完全依靠人力或使用无动力器械来完成装卸搬运的方法。

2. 机械化作业法

机械化作业法是指以各种装卸搬运机械,采用多种操作方法来完成货物的装卸搬运作业的方法。机械化作业法是目前装卸搬运作业的主流,其具体分类如表6-1所示。

表 6-1 机械化作业法的分类和具体说明

| 序号 | 装卸搬运方式 | 具体说明 |
| --- | --- | --- |
| 1 | 吊上吊下方式 | 采用各种起重机械从货物上部起吊,依靠起吊装置的垂直移动实现装卸,并在吊车运行的范围内或回转的范围内实现搬运或依靠搬运车辆实现搬运 |
| 2 | 叉上叉下方式 | 采用叉车从货物底部托起货物,并依靠叉车的运动进行货物的位移,搬运完全靠叉车本身,货物可不经过中途落地直接放置到目的地 |
| 3 | 滚上滚下方式(港口"滚装船") | 利用叉车或半挂车、汽车承载货物,连同车辆一起开上船,到达目的地后再从船上开下,称为滚上滚下方式。利用叉车的滚上滚下方式,在船上卸货后,叉车必须离船;利用半挂车、平车或汽车,则拖车将半挂车、平车拖拉至船上后,拖车开下船而载货汽车连同货物一起运到目的地,再原车开下或由拖车上船拖拉半挂车、平车开下 |
| 4 | 移上移下方式 | 是在两车之间(如火车和汽车)进行靠接,然后利用各种方式,不是货物垂直运动,而靠水平移动从一个车辆上推移到另一个车辆上,称移上移下方式 |
| 5 | 散装散卸方式 | 对散装物进行装卸,一般从装运点直到卸货点中间不再落地,这是集装卸和搬运于一体的装卸方式 |

3. 综合机械化作业法

综合机械化作业法要求作业机械设备和作业设施、作业环境的理想配合,要求对装卸搬运系统进行全面的组织、管理、协调,并采用自动化控制手段(如电子计算机控制与信息传递),以完成高效率、高水平的装卸搬运作业。这是代表未来装卸搬运作业发展方向的作业方式。

(三)按照装卸搬运作业特点分类

按照作业特点不同,装卸搬运可分为间歇作业法和连续作业法。

1. 间歇作业法

间歇作业法是指以间歇运动完成对货物装卸搬运的作业方法,即在两次作业中存在一个空程准备过程的作业方法,例如,门式和桥式起重机作业。间歇作业法的特点是有较强的机动性,装卸地点可在较大范围内变动。间歇作业法主要适用于货流不固定的各种货物,尤其适用于包装货物、大件货物,散装货物也可采用这种方法。

2. 连续作业法

连续作业法是指在装卸搬运过程中,通过连续输送机械,连续不断地进行装卸搬运作业的方法,例如,带式输送机、链斗卸车机作业。连续作业法的特点是作业线路固定,动作单一,输送均匀,中间无停顿,货间无间隔,便于实现自动控制。在装卸量较大、装卸对象固定、货物对象不易形成大包装的情况下,适宜采用这种方法。

（四）按照装卸搬运作业方式分类

按照作业方式不同,装卸搬运可分为垂直装卸法和水平装卸法。

1. 垂直装卸法

垂直装卸法也称吊装吊卸法,是指采取提升和降落的方式对货物进行装卸搬运的方法。这是采用比较多的一种装卸搬运方法,其所用的装卸搬运设备通用性较强,应用领域较广,如起重机、叉车、提升机等。但这种装卸搬运方法消耗的能量较大。

2. 水平装卸法

水平装卸法也称滚装滚卸法,是指采取平移的方式对货物进行装卸搬运的方法。这种装卸搬运方法不改变被装卸货物的势能,比较省力,但需要有专门的设施,如能和汽车水平接靠的适高站台、汽车和火车之间的平移工具等。

## 第二节　装卸搬运设备与系统

装卸搬运设备与系统可以分为四种类型：机械化系统、半自动化系统、自动化系统和信息控制系统。在机械化系统中,综合使用人力和装卸搬运设备完成货物的接收、处理与发货作业。通常,人工成本在机械化系统的总成本中占很大比重。自动化系统则与之相反,它通过投资机械设备代替了人工作业,将劳动力的使用降到了最低。当进行装卸搬运时,将机械化系统和自动化系统相结合,这样的系统便称为半自动化系统。信息控制系统使用信息技术控制机械处理设备进行作业。目前,机械化系统是最普遍的,但是,半自动化系统、自动化系统和信息控制系统的使用也在逐渐增加。

在选择和设计装卸搬运系统时,应考虑以下 6 个原则：

(1) 装卸搬运和仓储设备应该尽可能标准化；

(2) 当移动产品时,设计的系统应该使产品流最大可能地连续流动；

(3) 应投资于装卸搬运设备,而非静止的设备；

(4) 最大程度地利用装卸搬运设备；

(5) 在选择装卸搬运设备时,应选取静止载荷与有效负载比率最小的设备；

(6) 无论何时,在系统设计中都应该考虑重力方向的流动。

**案例 6-2**

**无锡中储物流有限公司的装卸搬运**

在无锡中储物流有限公司与张家港浦项不锈钢有限公司的合作中,无锡中储物流有限公司为了保证货物在运输过程中的安全,通过一系列科学的装卸搬运措施和方法,千方百计

使客户满意,其中主要采取的措施和方法有:

(1) 车辆配备足够数量的"井"字形木架底座;

(2) 卷板装入汽车后,加固并遮盖防雨篷布;

(3) 装卸时使用软索,落地时上盖下垫;

(4) 卷板被装火车时,车皮地板上铺满草垫,并按张家港图纸规定方式装车;

(5) 卷板与车皮间使用8号铁丝捆绑牢固,卷板与铁丝的接触部位全部使用橡皮垫加以保护。

无锡中储物流有限公司保证了货物运输安全,并真正做到了让客户满意。

(资料来源:杨明,曲建科.物流管理理论与实务[M].北京:中国人民大学出版社,2011,有改动)

**分析提示:**

物流装卸搬运的科学化,一方面体现在装卸搬运的理念上,另一方面则体现在装卸搬运的技术和操作方法上。

## 一、机械化系统

机械化系统中使用的装卸搬运设备种类很多。其中,最常用的设备有升降式装卸车、步行码垛车、拖缆、牵引拖车、传送带和旋转式传动带。

### (一) 升降式装卸车

升降式装卸车也称叉车,它能够水平或垂直移动主箱,但是只能处理单元装载货物(如图6-3所示)。根据产品的属性,包装容器可以是垫木、盒子或者货箱。

图6-3 升降式装卸车

叉车的类型有很多。高垛叉车的垂直移动距离可以达到12米。无托盘式或夹钳式叉车可以处理那些没有用托盘或滑板装载的货物。还有其他类型的叉车则在狭窄通道中作业或者进行侧面装载作业。近年来,能够在狭窄通道内作业的叉车逐渐引起了人们的关注,因为仓库设计者总是想提高仓库中的堆垛密度和总库存容量。由于每搬运一单元货物的人工费太高,因此,利用叉车进行长距离水平运输是不经济的。能够最有效地使用叉车作业是在收货和发货作业以及将货物堆放在货架高处时。叉车最常用的两种能源是丙烷气和电力。

（二）步行码垛车

步行码垛车为一般的装卸搬运提供了一种有效的方法,而且成本较低。步行码垛车通常用于运输工具的装载和卸货、订单分拣、集货以及仓库中的往返装载。目前,步行码垛车广泛应用于食品仓库的消费者包装作业(如图6-4所示)。

图6-4 步行码垛车

（三）拖缆

拖缆是指设置于地板或悬吊安装的缆绳或牵引设备,它们为四轮拖车提供持续的运行动力(如图6-5所示)。拖缆的主要优点是可以连续移动,常用于在仓库内拣选货物,经过分拣的商品被放在四轮拖车上,然后拖缆将拖车运到发货区。大量的自动配套设备可以引导拖车从主线到特定的发货站台的运行。

（四）牵引拖车

牵引拖车是指一个牵引车挂着几辆四轮拖车,挂车的尺寸一般为1.219米×2.438米(4英尺×8英尺)(如图6-6所示)。和拖缆的功能一样,牵引拖车也是为订单分拣服务的。其主要优点是灵活性强,但是它的成本却比拖缆要高,因为每辆牵引车需要配备一名驾驶员。

（五）传送带

传送带被广泛用于发货和收货作业,也是许多订单分拣系统的基本设施(如图6-7所示)。传送带可以分为电力传送带、重力传送带和滚轴或皮带传送带。在电力装置中,使用一根链条驱动传送带,电力结构装置限制了传送带的灵活性。当进行重新布置时,重力传送带和滚轴传送带易于布置和安装。便携式重力滚轴传送带通常用于装卸货物,有时可以把它放在正在运行的拖车上帮助卸货。传送带的效率非常高,因为它属于只移动产品,不需要归还设备的运输工具。

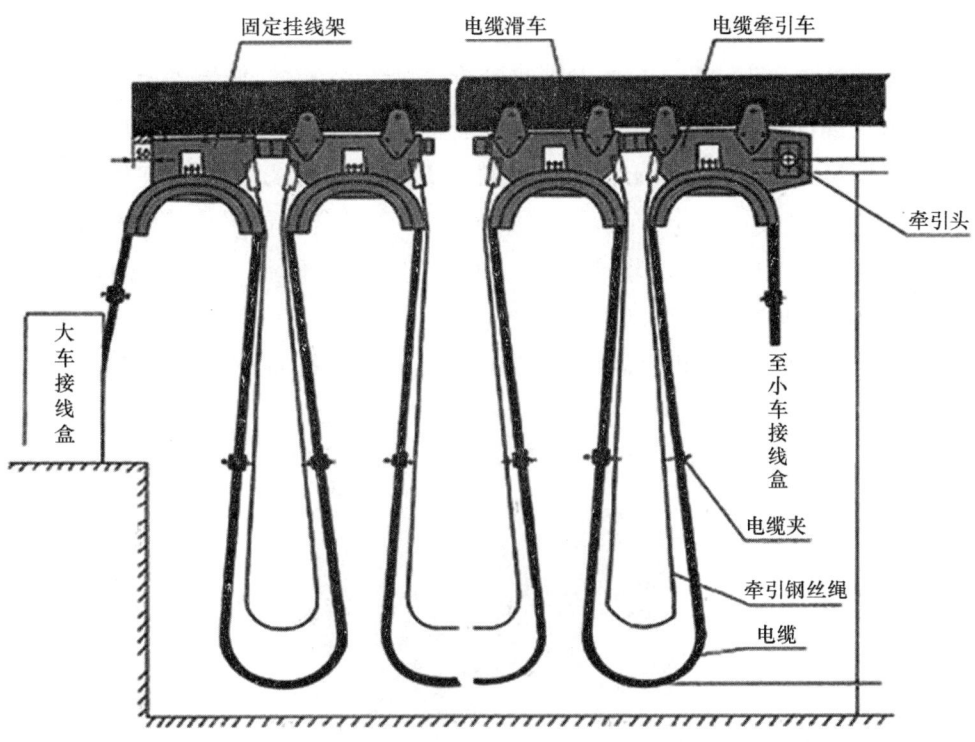

图 6-5 拖缆

图 6-6 牵引拖车

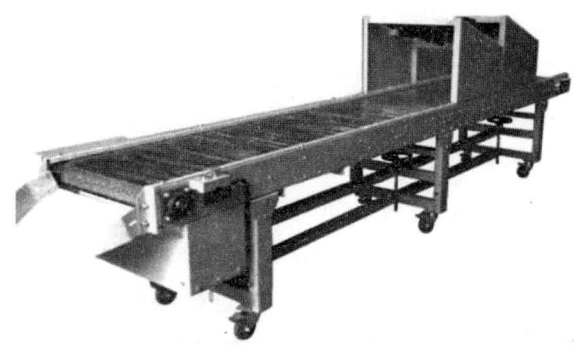

图 6-7 传送带

## (六)旋转式传送带

旋转式传送带的运作方式不同于其他机械化装卸搬运设备。它不需要订单分拣人员前往货物储存区域进行分拣,而是把库存货物运送到订单分拣人员面前。旋转式传送带由一系列堆放在椭圆形的轨道或货架上的货箱组成(如图6-8所示)。为了提高传送带堆放的密度,可以分几层存放货物。整个传送带通过旋转,把需要的货箱传送到原地不动的作业人员面前。这种传送带经常应用于包装、重新包装和配件的选择作业。该系统的合理性在于通过减少走动距离和时间,降低了货物分拣作业对人力的需求。一些旋转式传送带系统使用计算机生成分拣单,并由计算机控制传送带旋转。这样更加提高了订单分拣的效率,我们称这种系统为无纸化分拣系统,因为在这种系统中不存在降低工作效率的文书工作,例如,我国烟草公司的分拣系统就是此类设备。

图6-8 旋转式传送带

## 二、半自动化系统

机械化装卸搬运系统中通常有一些半自动化设备作为补充。在半自动化系统中经常使用的设备有自动导引运输车、自动分类设备、机器人以及各种各样的活动货架。

### (一)自动导引运输车

自动导引运输车能够取代机械化的牵引拖车,它们之间的主要区别在于自动导引运输车不需要驾驶员操作就可以自动运行和定位。

自动导引运输车通常依靠光导、磁导或无线电引导系统来运作。在光导车辆中,导向线安装在仓库地板上,通过聚焦在导向线上的光束引导车辆行驶。磁导车辆则沿着地面上的一根电线行驶。无线电引导采用的是高频率的电磁波。自动导引运输车最大的优点是减少了直接劳动力。使用无线电引导系统的自动导引运输车的运行路线很灵活,不局限于仓库中事先确定的运行路线。由于自动导引运输车的成本更低,并且灵活性更强,因此,在重复作业并且拥挤的仓库内,更多地使用自动导引运输车搬运货物。

(二)自动分类设备

自动分类设备经常和传送带结合使用(如图6-9所示)。当产品在仓库中完成分拣后,放在传送带上运送到发货站台时,必须按照特定的组合进行分类。例如,当对多个订单进行批量分拣时,要求对成批货物分拣的同时还要按照发货顺序排列货物。大多数分类控制设备能够根据定制流程和决策逻辑进行编程,以适应变化的要求。

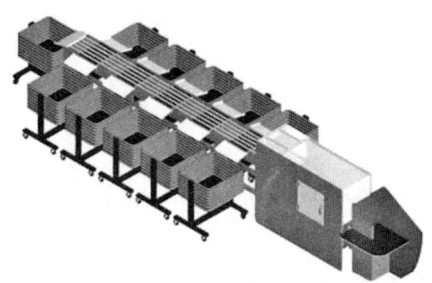

图6-9 自动分类设备

自动分类设备具有两个优点:其一,减少了使用的劳动力;其二,极大地提高了订单分拣的速度和准确度。联合包裹服务公司(UPS)使用的便是此类分拣设备。

(三)机器人

机器人是一种通过系统编程来完成一个或一系列动作的机械(图6-10为其中的两种),它的优势在于通过功能性的编程和决策逻辑能够控制处理流程。机器人的大量应用可以追溯到20世纪80年代初,那时美国的汽车工业使用机器人代替人工进行自动分拣。仓库作业对机器人提出了更高的要求,仓库作业的目标是有效地备齐客户订单的库存产品。不同的订单多要求的货物变化非常大,因此,仓库中机器人的使用少于在制造业中的使用。

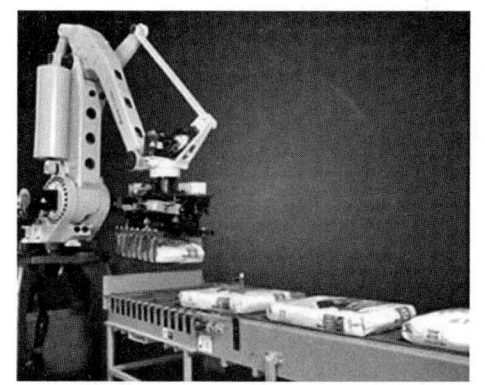

图6-10 机器人

在机械化的仓库中使用机器人进行分拣作业的可能性很大。由于能够对机器人进行逻辑编程,再加上机器人的速度、可靠性以及准确性,因此在重复作业或对人类非常不利的环境下(如噪声很大的地方、极端温度环境下等),机器人与传统的人工作业相比,具有更大的**优势**。

（四）活动货架

活动货架会让货架上的产品自动流向指定的分拣位置（如图 6-11 所示），一般装有几个滚轴传送带,并且通常是在尾部装载货物。由于货架的尾部比前部要高,因此重力会使产品向前流动,当货架前面的货物被移走时,该货架上的其他货物就会向前移动。尾部转载适用于先进先出（First In First Out, FIFO）的库存管理原则。

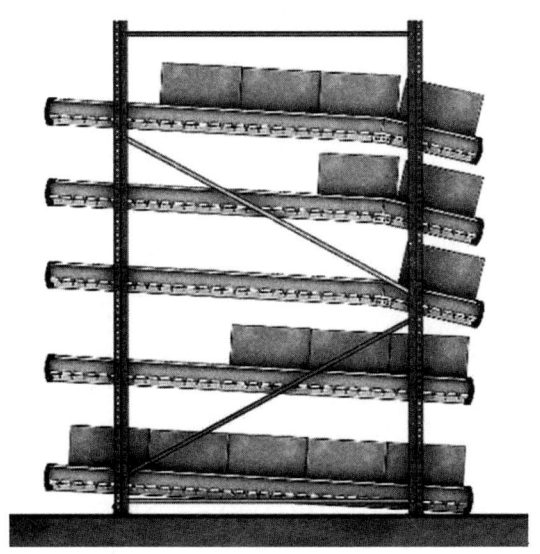

图 6-11 活动货架

### 三、自动化系统

几十年来,自动化处理的理念向我们展示了其巨大的潜力。最初的自动化处理系统关注重点是货物订单分拣系统,近年来研究重点转向了自动存取仓库系统。

（一）自动化系统的潜力

自动化的优势在于它用固定设备代替了人工作业。除了需要更少的直接人工外,自动化系统与机械化系统相比,它的作业效率更高,并且更准确。

到目前为止,大多数自动化系统都是为特殊用途设计并建立的。

信息技术在所有的装卸搬运系统中都发挥着重要的作用,在自动化系统里更是必需的。信息技术控制自动分拣设备,并且与仓储管理系统相连接。自动化的最大缺点是对专用信息技术网络的依赖。为了减少这种依赖,新一代的自动化系统被链接到互联网上,并通过标准浏览器控制仓库作业。自动化仓库要求仓储管理系统和装卸搬运系统之间进行集成。

## （二）订单分拣系统

最初，自动化在仓库中主要用于货物分拣或订单装配。当时分拣作业是劳动高度密集型作业，因此订单分拣系统的基本目标是将机械化、半自动化和自动化综合应用于整个系统，以便在劳动力投入最少的条件下，达到最高水平的生产力和准确度。

通常情况下，在自动化订单分拣设备开始作业时，里面就已经预装了货物。该设施由系列垂直堆放的活动货架组成。货物在货架的尾部进行装载，由于重力传动带的作用，货物在活动货架内向前流动，直到被货架门挡住。在这些货架的中部或向下的方向上，动力传送带形成了一条货物流动路线，几条流动路线相互垂直设置，每一条路线都与各层货架的货架门相连。当接到订单时，仓储控制系统就会按照顺序发出一系列的指令移动货架门，并使订单所要求的货物向前流向动力传送带。紧接着传送带将货物运到订单包装区域，放进运输货箱或进行组合，然后运到发货区。在理想情况下，货物按顺序进行分拣和装载，因此，在卸载时就能按照客户要求的顺序进行卸货。

然而，与现代的自动化相比，最初设计的自动包装处理作业的效率实在太低了。在这个系统中，首先需要大量的人工将货物预先装载到货架上，并且使用自动化分拣设备的成本很高。因此，这个系统只适用于那些价值很高的产品，并且这些产品还要装在通用或标准货箱内，或者用于其他指定这项投资的地方。

订单分拣系统在整箱货物的自动分拣上已经取得了很大进步。针对货箱内快速流通货物的装卸搬运作业已经实现了完全自动化，这种装卸搬运以越库式转运为代表，能够将产品从货物接收地点直接运输到待运拖车上。这种系统综合使用了动力和重力传送带将动力式货架连接起来。整个过程都是由计算机控制，并且配有订单和仓储管理系统。一旦货物到达以后，就被自动运送到活动货架，同时库存记录被及时更新。当收到订单时，系统就会根据包装或运输车辆尺寸对货物进行自动处理，并确定分拣进度表。在释放的时候，将按照装载顺序发送所有的货物，并通过传送带自动运输到装载码头。在某些情况下，只有当货物装载到配送车辆以后，仓库中才首次运用人工处理货物。

## （三）自动存取系统

自动存取系统中使用了高层储存，这是目前很流行的一种自动化系统。这种自动化系统特别适合一些货物，例如，很重的货箱或者必须在人工控制的环境中才能储存的产品（如糕点或冷冻食品）。高层储存中，从收货环节到发货环节都是自动化作业。自动存取系统的四个主要组成部分分别是储存货架、储存和取货设备、输入/输出系统和控制系统。

存取设备最重要的功能有两个：一是能快速到达指定的储存位置，二是向货架中放入或移出货物。装载货物的放置和移动在很大程度上都是通过穿梭运输的工作平台完成的，这些托盘进出货架的速度可以达到 30.48 米（100 英尺）/分钟。由于这些托盘的移动距离很短，因此，它必须能够快速地提速或停止。

自动存取系统在生产中的应用体现在生产出的产品自动形成装载单元，然后通过传动带将装载单元运送到仓库的储存区域。当装载单元到达储存区域后,就被放入储存箱,然后由传送带送到正确的取货站。同时,存取设备将转载单元移动到安排的储存地点。当收到订单时,控制系统协调取货作业,取出装载单元。通过传送带,装载单元从外运发货站一直被运输到适当的发货码头。随着取货和向外配送作业的完成,产品的发货作业也就结束了。

自动存取系统通过使每平方米地面的储存密度最大化和作业中使用的直接劳动力最小化,提高了装卸搬运系统的生产效率。该系统的高度控制性使仓库避免了偷窃和货损情况的发生,并且极大地提高了作业的准确度。但是,由于高层存取系统的储存功能要优于装卸搬运功能,因此,当仓库中对快速周转的要求大于较低的库存成本要求时,这种系统就不再那么合适了。由于其灵活性不高,因此,一些企业已经开始重新考虑是否该使用自动化系统。

**案例 6-3**

### 亚马逊仓库机器人每年可节省 9 亿美元人力成本

据财经网站报道,亚马逊公司近期在物流方面所下的力气引起了大众的注意。这家公司已经公开了无人机送货方案,申请了途中进行 3D 打印服务的送货卡车专利,而且还注册了从中国到美国的海运公司。

还有一项服务也能彰显电商巨头在物流领域的努力,不过却没有获得关注,那就是公司悄悄启用的物流仓库机器人。亚马逊公司在 2012 年收购了 Kiva Robotics 公司,从而获得了相关技术。

无论是从物流效率上来说,还是从利润上说,这项技术对亚马逊公司来说都非常宝贵。而且,随着公司打算不再为之前 Kiva Robotics 公司的客户提供服务支持,其他的竞争者也会纷纷涌入这一行业,推出类似的产品。

亚马逊公司最初斥资 7.75 亿美元收购 Kiva Robotics 公司时,它的目标是在仓库中实现自动化,让物流效率更高。亚马逊将该公司更名为 Amazon Robotics 部门,不过却很少谈及对这个部门的规划。

亚马逊公司披露的最新数据显示,公司在 13 个物流中心中拥有 3 万部机器人。对比之下,2014 年年末公司在 10 个物流中心有 1.5 万个机器人。亚马逊公司的发言人称,公司还计划在所有新建的物流中心中启用这项机器人技术。

这些机器人可以将装满各式货物的货架搬运至分拣中心,抵达后再由人力分拣,从而保证商品可以准确地发往目的地。

亚马逊公司 2016 年的首席财务官布莱恩·奥萨夫斯基(Brian Olsavsky)在 2015 年第三季度财报电话会议上称:"我们要更广泛地使用(机器人),而且会一直使用。"

公司投资者关系主管菲尔·哈丁(Phil Hardin)也表示:"这的确是一项会在很多方面影响成本结构的投资,不过我们很高兴投资了 Kiva Robotics 公司。把我们的雇员和 Kiva

Robotics 公司的机器人搭配在一起,完成仓库中的一些搬运工作,这对我们来说是一大创新。我们认为这样会让仓储的工作职位更合理,仓库运行也更有效率。"

虽说给仓库配上机器人并不便宜,但这项技术却能节省仓储员工的时间,不再需要他们把时间浪费在穿梭于货架间搬运商品上。物流咨询公司 MWPVL 国际称,在仓库中使用 Kiva Robotics 公司的机器人,亚马逊公司每发送一件商品可节省 21.3 美分,节省了 48% 的成本。

瑞银分析师则估计,Amazon Robotics 部门每年可以给亚马逊公司节省大约 9 亿美元的人力成本。

(资料来源:http://tech.163.com/16/0215/15/BFSIG6ED00094P0U.html,有改动)

**分析提示:**
高效的装卸搬运设备是怎么帮助物流系统节约费用的?

### 四、信息控制系统

信息控制系统的概念相对较新,它之所以有吸引力,是因为它综合了自动化系统的控制特点和机械化系统的灵活性。

#### (一)无线电射频与射频技术

无线电射频处理系统使用标准的机械化装卸搬运设备,同时信息系统为设备操作员提供实时的指导和控制信息。在无线电射频系统中经常会使用叉车,而且,该系统是通过信息控制叉车的运行路径,这样就组成了高度整合的装卸搬运系统。在进行仓库设计和布局时,仓库中的设备与任何其他机械化设备基本上是一样的。唯一的区别在于叉车的所有作业都是由安装在车上的计算机、笔记本电脑或声控通信设备来指导和监控的。实时信息交换实现了更大的灵活性和更高的利用率。

射频技术的主要优点是提高了叉车作业的速度和灵活性。叉车驾驶员不再根据手写指令或计算机批量生成的清单进行作业,他们通过笔记本电脑或安装在叉车上的射频终端接收作业安排。射频技术的使用为驾驶员和中枢数据处理系统提供了实时交流的可能。在作业过程中,仓储管理系统和作业控制计算机共同计划并启动所有活动,并且向装卸搬运人员发布作业要求,同时对所有任务的完成过程进行跟踪。决策支持系统在分析了所有的活动要求之后,安排设备作业,要实现的目的是使直接移动最大化、空驶移动最小化。向叉车分配连续作业任务的过程称为交叉分配。在交叉分配中,对叉车分配任务并不依据传统的工作区域划分方式,而是给每个叉车分配一项明确的工作,或将叉车分配给某个需要收货或发货作业的工作区。

应用射频技术以后,产品和叉车驾驶员之间可以实现双向的信息交互。仓储管理系统或驾驶员接收到装有射频装置的产品发出的信息后,就能够明确产品在仓库中的位置。这种识别功能对信息控制系统大有裨益。

由于不需要大量的资金投入就可以实现自动化带来的收益,信息控制系统有着巨大的发展前景。此外,通过对叉车的作业表现进行跟踪,可以大幅度地提高生产效率。信息控制系统的主要缺点是不能够确切地衡量作业任务。例如,一辆叉车在某个工作时间段内可能在几辆运输车辆上装载或卸货,或者完成了多个订单的分拣作业,也可能完成了几种不相关的作业任务。分配工作中的多样性增加了工作指导的复杂性,同时也降低了绩效的可衡量性。由于叉车的作业更加复杂,因此,对叉车驾驶员提出了更高的要求。

目前,人们对仓库设计和布局正在进行大量的研究,以充分挖掘信息控制装卸搬运系统的潜力。

（二）摘取式拣货系统和摘取式装货系统

目前,摘取式拣货系统的使用越来越普及,它是由旋转货架系统演变而来的。使用该系统时,订单分拣人员从指示灯亮着的货架或储存箱内取出指定的产品,直接放进货箱或传送带上,每个分拣区域前面都有一排指示灯,用于显示从相应位置分拣的产品数量。摘取式装货系统是对摘取式拣货系统稍做变化而成的,该系统将分拣后的产品放在亮灯处的容器内。每一个容器或货箱都分配给一个特定的订单或客户,指示灯显示哪个客户应该接收哪一种产品。

## 第三节 装卸搬运的目标、基本原则和合理化

### 一、装卸搬运的目标

为了实现装卸搬运的合理化,在满足装卸搬运作业要求的前提下,装卸搬运要尽量实现距离短、时间少、质量高、省费用的目标。

（一）装卸搬运距离要短

搬运距离的长短与搬运作业量的大小和搬运作业的效率是密切相关的。在装卸搬运作业中,货物装卸搬运不发生位移是不可能的。从合理搬运的角度看,搬运距离应该越短越好。移动距离越长,费用越大;反之,移动距离越短,费用越小。所以,装卸搬运距离尽量短,是装卸搬运的目标之一。其效果是节省劳动消耗,缩短搬运时间,减少搬运中的消耗。

（二）装卸搬运时间要少

这主要是指货物从开始装卸搬运到完成装卸搬运的时间要少。如果在装卸搬运作业中,通过机械化、自动化作业缩短装卸搬运时间,不但能节约费用、提高效率,而且能激活整体物流过程、及时满足客户的需求。所以,装卸搬运时间尽量少,是装卸搬运的又一重要目标。

（三）装卸搬运质量要高

质量高主要是指能够按客户要求的数量、品种,安全、及时地将货物装卸搬运到指定的

位置,这是为客户提供优质服务的主要内容之一,也是保证生产顺利进行的重要前提。所以,装卸搬运质量要高,是装卸搬运的核心目标。

(四)装卸搬运费用要省

在装卸搬运的目标中,既要求装卸搬运距离短、时间少、质量高,又要求费用省,这似乎不太容易实现。而实际上,如果真正实现装卸搬运作业机械化、自动化和物流现代化,既能大幅度削减作业人员、降低人工费用,又能提高装卸搬运效率、降低装卸搬运成本,装卸搬运费用肯定也能随之得到较大幅度节省。

**二、装卸搬运的基本原则**

根据装卸搬运的目标和特点,人们在长期的生产实践中,总结出了装卸搬运的基本原则,这对于提高物流系统的整体效用具有十分重要的意义。

(一)安全文明原则

所谓安全文明原则,是指在装卸搬运作业中,要坚持文明装卸,杜绝"野蛮装卸";要坚持按照装卸搬运工艺的要求进行操作,采取措施保证货物完好无损,保障作业人员的人身安全。同时,针对不同的装卸搬运作业,要科学组织管理,不能因装卸搬运作业而损坏装卸搬运及运载与存储的设备和设施。

(二)省力节能原则

现代装卸搬运作业强调要把装卸搬运成本费用控制到最低,其中,省力节能是最关键的因素。节约劳动力,降低能源消耗,是装卸搬运作业的最基本要求和原则。因此,在满足装卸搬运作业要求的前提下,应该尽量实现装卸搬运作业的省力化和节能化。例如,对火车、卡车进行卸车时,将滑板、滑槽或无动力的小型传送带倾斜安装在火车、卡车或站台上,使货物依靠本身重量完成装卸搬运作业。这种方法不需要复杂的设备,不消耗能源,可大大减轻作业人员的劳动强度,达到省力节能的目的,同时也降低了装卸搬运作业成本。

(三)装卸搬运次数最小化原则

虽然装卸搬运是物流过程中不可避免的作业活动,但是装卸搬运活动本身并不增加货物的价值和使用价值,相反却增加了货物损坏的可能性和成本。所以,企业应该将装卸搬运的次数控制在最小的范围内。动作即费用,最少的装卸搬运是最好的装卸搬运。减少装卸搬运次数,就意味着减少装卸搬运作业量,从而较少装卸搬运劳动消耗,节省装卸搬运费用。同时,还能减少货物损耗,加快物流速度,减少场地占用和装卸事故。因此,企业要通过合理安排作业流程、采用合理的作业方式、仓库内合理布局以及仓库的合理设计等,来实现货物装卸搬运次数最小化;同时,要通过分析各项装卸搬运作业环节的必要性,千方百计地取消、合并装卸搬运的环节和次数,消灭重复无效、可有可无的装卸搬运作业。例如,车辆不经换装直接过境,大型的发货点铺设专用线,门到门的集装箱等,都可以大幅度减少装卸搬运的环节和次数。又如,在港口码头上,如果在集装箱装卸桥上设置一个转运台,上面可以放置4个集装箱,通常装卸搬运桥可以直接从转运台上将集装箱运到堆场,不必通过底盘车转运,这样可以减少装卸作业次数,据称效率可以提高10%。

（四）装卸搬运程序化原则

装卸搬运作业应遵循一定的程序,尽量做到流水化作业,不间断、不停顿。在装卸搬运作业中,工序之间要相互协调、紧密衔接;作业路径应当最短和最直接;作业流程应尽量简化;作业过程中应尽量不要移船、调车,以免干扰装卸搬运工作的正常进行;必须进行换装作业的,应尽量不使货物落地,直接换装,以减少装卸次数,简化装卸程序。例如,铁路车辆的装卸,可组织1~2条流水线作业;船舶的装卸,根据吨位的大小,可组织一条到几条流水线作业。

（五）机械化原则

所谓机械化原则,是指在装卸搬运作业中用机械作业代替人工作业的原则。实现装卸搬运作业的机械化是实现省力化和效率化的重要途径。通过机械化,可改善装卸搬运作业环境,大大减轻劳动强度,增强作业的安全性,提高作业效率和效益。机械化原则同时也包含了将人与机械合理地组合到一起,充分发挥各自的优势的意思。在许多场合,简单机械的配合同样也可以达到省力化和提高效率的目的,而片面强调全自动化会造成装卸搬运作业费用的膨胀。例如,在发达工业国家,由于劳动力成本较高,大多采用机械化、自动化。而在发展中国家,由于劳动力廉价,经济落后,机械化程度就相对较低,但发展趋势是机械化程度将会越来越高。

（六）系统化原则

所谓系统化原则,是指将各个装卸搬运活动作为一个有机的整体,实施系统化管理。装卸搬运作业涉及物流过程的其他很多环节和装卸搬运系统内部的很多要素,都必须相互兼顾、协调统一,才能发挥装卸搬运系统的整体功能。所以,应该运用综合系统化的观点,对装卸搬运进行分析研究,以提高装卸搬运的协调性,提高装卸搬运系统的柔性,从而适应多样化、高度化的物流需求,提高装卸搬运的效率。例如,铁路车站在实践中总结的"进车为装车做准备,装车为卸车做准备,卸车为出货做准备"的作业原则,正是系统化原则的体现和应用。

## 三、装卸搬运的合理化

装卸搬运的基本原则是装卸搬运合理化经验的总结,也是装卸搬运合理化的基本要求。因此,要实现装卸搬运合理化,首先必须坚持装卸搬运的基本原则,其次是按照合理化的需求进行装卸搬运作业。

（一）不合理的装卸搬运

对于装卸搬运的合理化,很难有一个绝对的标准,但是在装卸搬运作业的同时,必须避免由于不合理的装卸搬运而造成的损失。不合理的装卸搬运主要表现在以下几个方面。

1. 过多的装卸搬运次数

在整个物流过程中,装卸搬运是反复进行、发生频率最高的活动,又是发生货损的主要环节。所以,过多的、不必要的装卸搬运必然导致损失的增加。同时,从发生的费用来看,一次装卸搬运的费用相对于几十千米的运输费用。所以,每增加一次装卸搬运,费用也就会加大比例地增加。此外,过多的装卸搬运次数,还会大大减缓整个物流的速度,影响物流效率。

2. 过大包装的装卸搬运

包装过大过重,在装卸搬运作业中,实际上就会反复在包装上消耗过多不必要的劳动,因而形成无效装卸,造成损失。

3. 无效物质的装卸搬运

进入物流过程的货物,有时混杂着没有使用价值或对客户来讲使用价值不对路的各种掺杂物,如煤炭中的矸石、矿石中的水分杂质、石灰中的未烧熟石灰及过烧石灰等。在反复装卸搬运中,实际上也是在对这些无效物质在反复消耗过多不必要的劳动,因而形成无效装卸搬运,造成损失。

由此可见,无效装卸搬运增加了装卸搬运的成本和货物损耗,降低了物流速度。防止和减少无效装卸搬运,可以节省装卸搬运劳动,提高装卸搬运效率,使装卸搬运合理化。

(二) 装卸搬运的合理化

装卸搬运合理化的主要目的是节省时间,节约劳动力,降低成本。装卸搬运的合理化可以从以下几个方面着手。

1. 防止无效装卸搬运

无效装卸搬运,即不合理的装卸搬运,可以采取多种措施尽量避免。例如,尽量减少装卸搬运次数、缩短搬运距离,以减少人力、物流的浪费和货物破损的可能性;增强包装的轻型化、简单化、实用化,避免过度包装,减少无效负荷;努力提高被装卸搬运货物的纯度,只装卸搬运必要的货物,对有些货物先去除杂质再装卸搬运;充分发挥装卸搬运机械设备的能力和装载空间,中空的物件可以填装其他的物品再进行搬运,以提高装载效率;采用集装方式,进行多式联运,避免对于单件货物的反复装卸搬运处理,等等。

2. 提高装卸搬运活性

装卸搬运活性是指把货物从静止状态变为装卸搬运运动状态的难易程度,提高装卸搬运活性是装卸搬运合理化的一项重要内容。

货物所处的状态不同,装卸搬运的难易程度也不一样,装卸搬运活性也就不同。如果很容易转变为下一步的装卸搬运而不需要做过多装卸搬运前的准备工作,则活性就高;反之,则活性低。为了区别装卸搬运活性的不同程度,可用"活性指数"来表示。活性指数从0—4共分为5个等级,分别表示活性程度从低到高。装卸搬运活性指数如图6-12所示。

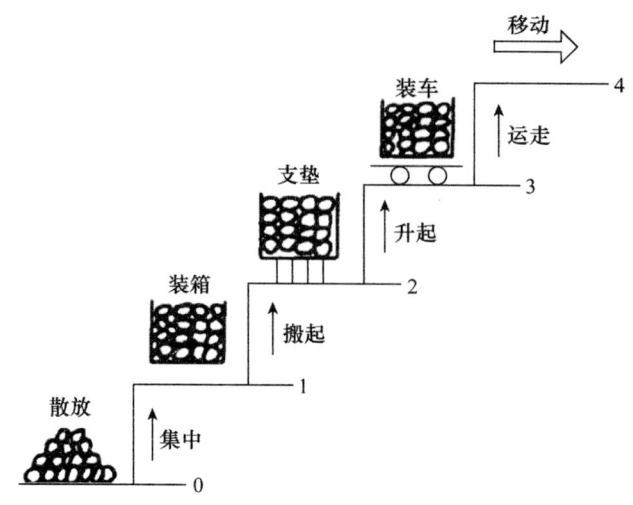

图 6-12　装卸搬运活性指数

0 级——货物杂乱地堆放在地面上的状态。

1 级——货物装箱或经捆扎后的状态。

2 级——箱子或被捆扎后的货物,下面放有枕木或其他衬垫后,便于叉车或其他机械作业的状态。

3 级——被放于台车上或用起重机吊钩钩住,即刻移动的状态。

4 级——被装卸搬运的货物,已经被动起,直接作业的状态。

从理论上讲,活性指数越高越好,但必须考虑到实施的可能性。

3. 集装单元化原则

所谓集装单元化原则,是指将货物集中扩大成一个作业单元进行装卸搬运的原则。集装单元化是实现装卸搬运合理化、降低物流费用的重要手段。为了提高装卸搬运和堆放效率,提高机械化、自动化程度和管理水平,应根据装卸搬运设备能力,尽可能扩大货物的物流单元(如采用托盘、集装箱等),这对装卸搬运作业的改善是至关重要的。集装单元化,不仅有利于实现装卸搬运机械化,提高装卸搬运效率;而且可以保证货物质量,防止货物在物流过程中的损坏和丢失,数量的确认也变得更加容易。

4. 合理选择装卸搬运机械、方式和方法

(1) 装卸搬运机械化是提高装卸搬运效率的重要环节。

首先,装卸搬运机械的选择必须根据装卸搬运货物的性质来决定。对以箱、袋或集装包装的货物,可以采用叉车、吊车、货车装卸;对散装粉粒体货物,可以利用传送带装卸;对散装液体货物,可以直接用装运设备或储存设备装取。

其次,要通过各种集装方式,形成机械设备最合理的装卸搬运量,使所选择的装卸机械能充分发挥自己的效能,达到最优效率,实现规模装卸搬运。追求规模效益的方法主要是通过各种集装,实现间歇装卸时一次操作的最合理装卸量,从而使单位装卸成本降低;同时,通过散装,实现连续装卸的规模效益。

(2) 根据货物的种类、性质、形状、重量来确定装卸搬运方式。

在装卸搬运时,对货物的处理大体有"分块处理""散装处理"和"单元组合处理"三种方式。例如,在货物的装卸搬运过程中,可按普通包装对货物进行逐个装卸,即"分块处理";对粉粒状货物不加小包装而进行原样装卸,即"散装处理";对包装的货物以托盘、集装箱、集装袋等为单位组合后再进行装卸,即"单元组合处理"。实现单元组合,可以充分利用机械进行操作,提高装卸搬运作业的有效程度。

(3) 合理分解装卸搬运活动。

合理分解装卸搬运活动,对于改进装卸搬运各项作业,提高装卸搬运效率有着重要的意义。所以,应尽量采用现代化管理方法和手段,如排队论、网络技术、人机系统的应用等,以改善作业方法,从而实现装卸作业的连贯、顺畅、均衡和装卸搬运的合理化及高效化。

5. 利用或清除重力影响

在装卸搬运作业中,货物的重力影响是不可避免的。首先应尽可能利用货物本身的重量,进行有一定落差的装卸,以节省劳动力和能耗,这是装卸搬运合理化的重要方式。

同时,还应尽可能消除货物重力的不利影响,同样也能减少装卸搬运时劳动力的消耗。例如,进行两种运输工具的换装时,采用不落地搬运就比落地搬运要好,如能通过适当安排,将甲、乙两种工具靠接,使货物从甲平移到乙,就能有效消除重力的影响,实现装卸搬运合理化。

此外,在保证货物装卸搬运和堆存安全的前提下,应尽可能减少附加工具的自重和货物的包装物重量,这也是减少重力影响的一个重要方面。

6. 保持物流均衡畅通

装卸搬运是整个物流过程中必不可少的重要环节。最为理想的情况是保持装卸搬运作业连续不断地进行,使货物顺畅地流动,将运输、保管、包装和流通加工等物流活动有序地连接起来,保持整个物流过程的均衡顺畅。然而,装卸搬运在某种意义上又是运输、仓储活动的辅助活动,要受运输等其他环节的制约,其节奏不能完全自主决定,必须综合各方面因素妥善安排,才能使物流量尽量均衡。

所以,近年来,工业发达的国家为了对运输线路的终端进行装卸搬运合理化的改造,创建了所谓的"复合终端",即对不同运输方式的终端装卸场所,集中建设不同的装卸搬运设施。例如,在复合终端内集中设置水运港、铁路站场、汽车站场等,这样就可以合理配置装卸搬运机械,使各种运输方式有机地联结起来,从而提高设备、设施的共同利用率;取消中转搬运,提高转运效率;减少装卸搬运次数,加快物流速度;使装卸搬运合理化,并保持整个物流过程的均衡畅通,提高物流系统的整体功能。

## 本学习情境小结

本学习情境讲述了装卸搬运的概念、特点和方式,介绍了装卸搬运的设备与系统,在以上两点的基础上对装卸搬运的目标、原则和合理化进行了说明。

**练习题**

1. 什么是装卸搬运?它在物流系统中的重要性是如何体现的?
2. 举例说明自动化装卸搬运系统的优点和缺点。
3. 不合理装卸搬运的方式主要有哪些?

 案例分析

**日日顺:快递快运做大件物流的两大痛点**

1. 大件物流服务提供商——海尔日日顺物流

2016年,日日顺正在成为零售领域的"当红炸子鸡",就像当年人们猛然发现巨头顺丰一样。在2015年12月初这场资本交易中,这家三四线的隐形渠道巨头也迅速浮出水面并进入大众视野。阿里巴巴发现,海尔这个老牌家电公司居然深入到电商到达客户的最后一公里。这让海尔遍布中国乡镇的物流和渠道资产被重新估价。

不过,即使对天猫来说,最初也并未认识到海尔的特殊价值。最开始,在2012年年初海尔刚在天猫开店时,菜鸟网络的副总裁谭飙跟海尔沟通的无非是开店和做促销的事情,在最开始的合作和促销中,也只是"朦朦胧胧感觉他们做出来的效果跟其他商家不太一样"。

转变发生在2012年的"双11"之前。2012年9月,天猫电器城尝试做C2B定制模式,其中一个合作伙伴就是海尔。

当时海尔推出的1万台定制液晶电视,仅仅48个小时就售罄。而这些都是由海尔自己送货上门并安装调试的,还提供免费检测家中其他家电产品的运行状态、用电安全的服务。谭飙发现,消费者对海尔每项指标的评分都要领先同行业很多。

从数据上来看,海尔在大家电品类中的确是个异类。以淘宝店铺可以直接查看到的三项指标来看,属于大家电类目的海尔官方旗舰店和海尔空调旗舰店,在"描述相符"指标上分别高出同行业约18%和30%,在"服务态度"上比同行业高出20%,"发货速度"更是高出同行业40%以上。

谭飙他们还发现,在海尔的天猫用户评价中,消费者会大段大段地描述经历,表示感谢和表扬。这也很特别,因为"如果生气,写很多很常见,满意的话,如果只是一般好,不会有人写大段评价的"。

大件商品，尤其是大家电的物流配送，首先难在尽量避免磕碰破损。而3名海尔的经销商都对《第一财经周刊》表示，海尔对物流送货的要求是没有破损，而多年下来的事实，也基本上能做到这一点。

2. 日日顺应对大件物流的两大痛点

谈到智慧物流时，日日顺物流总经理冯贞远透露，2016年日日顺的智能园仓主要基于海尔订单的大数据以及与菜鸟合作的大数据，以少量的仓储、合理的库存来实现全网的覆盖、按需送达，从而降低配送成本和库存成本。就如何使用大数据，他透露，可以根据大数据来预测市场，然后把货放在离客户最近的地方，从而缩短配送周期。他举例说，2015年"双11"期间，日日顺通过数据预测，提前把货放好，解决了七八十万单的配送问题。

冯贞远表示，日日顺与菜鸟网络的合作主要包括两方面：第一，阿里巴巴线上搭建的平台接入后端的日日顺物流系统，天猫品牌商可以选择菜鸟的物流系统或者自建，2016年冰、洗、空（冰箱、洗衣机、空调）商家中有95%使用前者；第二，资源共享、数据对接，"知道货放到哪些地方，放多少个仓，放多少"。

据了解，日日顺的园仓网络目前建设有10个前置仓、31个配送中心、100个转运中心，覆盖全国2 915个区县，整个仓储管理通过智能化仓库管理系统，完成管理、盘点、智能入库和分拣。

冯贞远指出，居家大件物流指的是家庭居家生活用的家电、居家器材，与小件的快递包裹和中件快运的包裹相比有以下特点：货物价值高、易破损、需要搬运技能、不但要搬运而且还要安装。快递快运企业做大件物流有两大痛点：第一，欠缺大件分布式仓储，物流成本高；第二，不同类型的货物多次中转换装破损比较多，而且搬运缺少专业技能。

冯贞远说："随着互联网发展，未来趋势一定不是随买随送，是网络化统一配送，需要物流＋服务的一体配送，这也形成较高的行业壁垒。"冯贞远把对未来的探索分为三个阶段：物流网、物联网和人联网。他说："以用户的需求为核心，来互联互通物流生态圈的各个要素，包括我们的整个平台、品牌客户和用户，以及资源方、车库，能够互联互通起来。我们认为未来不光是物流的服务，物流、售后、用户增值服务以及整个商务应该是一体化的。"

据冯贞远透露，目前，日日顺物流平台的基础是海尔集团的营销网、物流网、服务网和信息网，其营销网包括3万多家专卖店，服务网包括6 000多家服务网点，物流网包括100个地库。此外，平台上有9万辆车、2 000多家品牌客户；整个仓储面积500万平方米，其中200多万平方米是自建；每年配送的B2C用户6 600万单，目前的峰值能力一天90万单，连续7天作业能力是50万单，平时常备是28万单。

冯贞远指出，实际上，日日顺物流最大的优势在三、四级市场，以3万个海尔专卖店订单为基础，同时匹配同类型大件订单，这样既解决了集配时间长、送达慢的问题，又解决了大件行业的中转多次、中转混装导致的破损。

（资料来源：http://www.ebrun.com/20160509/175221.shtml，有改动）

**问题：**

1. 日日顺物流企业认为大件物流的两大痛点是什么？
2. 日日顺物流企业在装卸搬运系统中的优势有哪些？

 **实训项目**

**调查和收集提高各类物品装卸搬运活性的方法**

【实训目标】

通过调查，了解企业如何针对不同的物品采用不同的提高物流中装卸搬运效率的方法。

【实训内容与要求】

(1) 网上调查了解。

(2) 图书资料查阅了解。

(3) 通过在物流企业、生产企业、超市、码头、仓库等作业现场实地考察了解。

(4) 通过企业的朋友和同学跟踪了解。

(5) 通过其他渠道和途径了解。

【成果与检验】

(1) 将学生分组，每个组负责了解一类物品或负责到一个作业场所或通过一种手段途径了解。

(2) 准备相应的表格、记录本、笔和录音及摄影设备。

(3) 各小组可以同时展开工作。

(4) 结果汇总和总结评比，评比结果计入学生平时成绩。

(5) 写出考察报告。

**参考文献**

[1] 朱道立.现代物流管理[M].上海：复旦大学出版社，2014.

[2] 唐纳德·J.鲍尔索克斯.供应链物流管理[M].北京：机械工业出版社，2013.

[3] 崔介何.物流学概论理[M].北京：北京大学出版社，2006.

[4] 杨明，曲建科.物流管理理论与实务[M].北京：中国人民大学出版社，2011.

# 学习情境七　流通加工与包装

**【学习目标】** 通过本情境的学习,使学生认识什么是流通加工,包括流通加工的定义、目的、类型及地位和作用,以及流通加工与生产加工的区别、流通加工合理化,了解几种典型加工作业,并熟悉包装的含义、功能、分类、标志、合理化、技法等。

**【关键概念】** 流通加工(Circulate Processing)　包装(Packaging)

**【引导案例】**

### 阿迪达斯的流通加工

阿迪达斯公司在美国有一家超级市场,设立了组合式鞋店,摆放的不是做好了的鞋,而是做鞋用的半成品,款式花色多样,有6种鞋跟、8种鞋底,均为塑料制造的,鞋面的颜色以黑、白为主,鞋带的颜色有80种,款式有百余种,顾客进来可以任意挑选自己所喜欢的各个部位,交给职员当场进行组合。

只要10分钟,一双崭新的鞋便做好了。这家鞋店昼夜营业,职员技术熟练,鞋子的售价与成批制造的价格差不多,有的还稍便宜些。所以,该店顾客络绎不绝,销售金额比邻近的鞋店多10倍。

(资料来源：李联卫.物流案例与实训[M].北京：化学工业出版社,2009,有改动)

## 第一节　流通加工

### 一、流通加工概述

加工是指改变物质的形状或性质的生产活动,与流通本不属于同一范畴,但是,为了运输方便或适应用户多样化的需求,以及综合利用等目的,有些辅助性加工活动要在物流过程中进行,这种活动一般就称为流通加工。具体地讲,流通加工是指物品从生产地到使用地的过程中,根据需要所施加的包装、分割、计量、分拣、组装、价格贴付、商品检验等简单作业的总称。

目前,在世界许多国家和地区的物流中心或仓库经营中都大量存在流通加工业务。在日本、美国等物流发达国家,流通加工则更为普遍。

### 二、流通加工的作用

(一) 适应多样化的顾客需求

流通加工能实现在大规模生产的条件下,满足顾客的多样化、个性化需求。

### （二）保护商品质量

在食品加工方面，流通加工可以起到保护商品质量的作用。比如，食品的保鲜、保质、冷冻、防腐等流通加工可以保持并提高其保存机能，使得食品在提供给消费者时保证新鲜。

### （三）提高商品的附加价值

有的流通加工还能提高商品的附加价值。比如，商品房装修后进行销售能提高商品房的附加价值。

### （四）方便消费，促进销售

有的流通加工能起到方便顾客消费，从而促进销售的目的。比如，将过大包装或散装物分装成适合依次消费的小包装（米、茶）；将蔬菜、肉类、水果洗净切块以方便消费者消费等。

### （五）规避风险，使商品适应市场需求的变化

有的流通加工能规避风险，使商品适应市场需求的变化。比如，为了避免降价销售，对过时或积压的商品进行流通加工，使其适应市场需求的变化。

### （六）推进物流系统化，提高物流效率，降低物流成本

通过流通加工，可以实现大批量干线运输与小批量支线运输的有效结合，推进物流系统化，从而提高物流效率，降低物流成本。比如，在流通领域组装自行车、家具就能提高运输的效率，降低物流成本。

## 三、流通加工的类型

按流通加工目的的不同，流通加工可以分为以下几类。

### （一）为适应多样化需要的流通加工

生产部门为了实现高效率、大批量的生产，其产品往往不能完全满足客户的要求。所以，为了满足客户对产品多样化的需要，同时又要保证高效率的大生产，可将生产出来的单一化、标准化的产品进行多样化的改制加工。例如，对钢材卷板的舒展、剪切加工，平板玻璃按需要规格的开片加工，将木材改制成枕木、板材、方材等的加工。

### （二）为方便消费、省力的流通加工

这类流通加工指根据下游生产的需要将商品加工成生产直接可用的状态。例如，根据需要将钢材定尺、定型，按要求下料，将木材制成可直接投入使用的各种型材，将水泥制成混凝土拌合料，使用时只需稍加搅拌即可使用等。

### （三）为保护产品所进行的流通加工

在物流过程中，为了保护商品的使用价值，延长商品在生产和使用期间的寿命，防止商品在运输、储存、装卸搬运、包装等过程中遭受损失，可以采取稳固、改装、保鲜、冷冻、涂油等方式。例如，水产品、肉类、蛋类的保鲜、保质的冷冻加工、防腐加工等，丝、麻、棉织品的防

虫、防霉加工等。又如，为防止金属材料的锈蚀而进行的喷漆、涂防锈油等措施或运用手工、机械、化学方法除锈，木材的防腐朽、防干裂加工，煤炭的防高温自燃加工，水泥的防潮、防湿加工等。

（四）为弥补生产领域加工不足的流通加工

由于受到各种因素的限制，许多产品在生产领域的加工只能达到一定程度，而不能完全实现终极的加工。例如，木材如果在产地完成成材加工或制成木制品的话，就会给运输带来极大的困难，所以，在生产领域只能加工到圆木、板、方材等程度，进一步的下料、切裁、处理等加工则由流通加工完成。

（五）为促进销售的流通加工

流通加工也可以起到促进销售的作用。比如，将过大包装或散装物分装成适合依次销售的小包装的分装加工；将以保护商品为主的运输包装改换成以促进销售为主的销售包装，以起到吸引消费者、促进销售的作用；将蔬菜、肉类洗净切块以满足消费者要求，等等。

（六）为提高加工效率的流通加工

许多生产企业的初级加工由于数量有限，因而加工效率不高。而流通加工以集中加工的形式，解决了单个企业加工效率不高的弊病。它以一家流通加工企业的集中加工代替了若干家生产企业的初级加工，从而促使加工效率有一定的提高。

（七）为提高物流效率、降低物流损失的流通加工

有些商品本身的形态使之难以进行物流操作，而且商品在运输、装卸搬运过程中极易受损，因此，需要进行适当的流通加工加以弥补，从而使物流各环节易于操作，提高物流效率，降低物流损失。例如，将造纸用的木材磨成木屑的流通加工，可以极大提高运输工具的装载效率；自行车在消费地区的装配加工可以提高运输效率，降低损失；石油气的液化加工，使很难输送的气态物转变为容易输送的液态物，也可以提高物流效率。

（八）为衔接不同运输方式、使物流更加合理的流通加工

在干线运输和支线运输的节点设置流通加工环节，可以有效解决大批量、低成本、长距离的干线运输与多品种、少批量、多批次的末端运输和集货运输之间的衔接问题。在流通加工点与大生产企业间形成大批量、定点运输的渠道，以流通加工中心为核心，组织对多个用户的配送，也可以在流通加工点将运输包装转换为销售包装，从而有效衔接不同目的的运输方式。比如，散装水泥中转仓库把散装水泥装袋，或将大规模散装水泥转化为小规模散装水泥的流通加工，就衔接了水泥厂大批量运输和工地小批量装运的需要。

（九）生产-流通一体化的流通加工

依靠生产企业和流通企业的联合，或者生产企业涉足流通，或者流通企业涉足生产，形成的对生产与流通加工进行合理分工、合理规划、合理组织，统筹进行生产与流通加工的安排，这就是生产-流通一体化的流通加工形式。这种形式可以促成产品结构及产业结构的调

整,充分发挥企业集团的经济技术优势,是目前流通加工领域的新形式。

(十)为实施配送进行的流通加工

这种流通加工形式是配送中心为了实现配送活动,满足客户的需要而对物资进行的加工。例如,混凝土搅拌车可以根据客户的要求,把沙子、水泥、石子、水等各种不同材料按比例要求装入可旋转的罐中。在配送路途中,汽车边行驶边搅拌,到达施工现场后,混凝土已经均匀搅拌好,可以直接投入使用。

## 四、流通加工在物流中的地位和作用

(一)流通加工在物流中的地位

1. 流通加工有效地完善了流通

流通加工在实现时间效用和空间效用这两个重要功能方面,确实不能与运输和仓储相比,因而,流通加工不是物流的主要功能要素;另外,流通加工的普遍性也不能与运输、仓储相比,流通加工不是所有物流活动都必需的。但这绝不是说流通加工不重要,实际上流通加工也是不可轻视的,它具有补充、完善生产加工不足的作用,能起到运输、仓储等其他功能要素无法起到的作用。所以,流通加工的地位可以描述为:提高物流效率,有效地完善了流通。

2. 流通加工是物流业的重要利润来源

流通加工是一种低投入、高产出的加工方式,往往以简单加工解决大问题。在实践中,有的流通加工通过改变商品包装,使商品档次升级而充分实现其价值;有的流通加工可将产品利用率大幅提高30%,甚至更多。实践证明,流通加工提供的利润并不亚于从运输和保管中挖掘的利润,因此,我们说流通加工是物流业的重要利润来源。

3. 流通加工在国民经济中也是重要的加工形式

流通加工在整个国民经济的组织和运行方面是一种重要的加工形式,对推动国民经济的发展和完善国民经济的产业结构具有一定的意义。

(二)流通加工在物流中的作用

1. 提高原材料的利用率

流通加工可将生产企业直接运来的简单规格产品,按客户的要求进行集中下料。例如,将钢板进行剪板、切裁,将木材加工成各种长度及大小的板材、方材等。集中下料可以优材优用、小材大用、合理套裁,提高原材料的利用率,有很好的技术经济效果。

2. 方便用户

流通加工还能起到方便客户的作用。例如,将过大包装或散装物分装成适合依次消费的小包装;将蔬菜、肉类洗净切块等流通加工都为用户提供了便利。

3. 提高加工效率及设备利用率

在分散加工的情况下,由于生产周期和生产节奏的限制,加工设备利用时松时紧,使得加工过程不均衡,设备加工能力不能得到充分发挥。

而流通加工面向全社会,加工数量大、范围广、任务多。这样可以通过建立集中加工点,采用一些效率高、技术先进、加工量大的流通加工设备,一方面可以提高加工效率和加工质量,另一方面还可以提高设备利用率。

### 五、流通加工与生产加工的区别

流通加工具有生产制造活动的一般性质,与一般的生产加工在加工方法、加工组织、生产管理等方面并无显著区别。但是,流通加工与生产加工在加工对象、加工程度等方面的差别却较大。

(一)加工对象的区别

流通加工的对象是进入流通过程的物品,具有商品的属性。流通加工的对象是商品,而生产加工的对象不是最终产品,是原材料、零配件、半成品。

生产加工处于生产制造环节,而流通加工则处于流通环节。

(二)加工程度的区别

流通加工大多是简单加工,而不是复杂加工。一般来讲,如果必须进行复杂加工才能形成人们所需的商品,那么,这种复杂加工应专设生产加工过程,生产过程理应完成大部分加工活动,流通加工则是对生产加工的一种辅助及补充。特别需要指出的是,流通加工绝不是对生产加工的取消或代替。

(三)附加价值的区别

从价值观点看,生产加工的目的在于创造价值及使用价值。流通加工则在于完善其使用价值,并在不做大改变的情况下提高价值。

(四)加工责任人的区别

流通加工的组织者是从事流通工作的人,能密切结合流通的需要进行各种加工活动,从加工单位来看,流通加工由商业或物资流通企业完成,而生产加工则是由生产企业完成的。

(五)加工目的的区别

商品生产的目的是为了交换和消费,流通加工的一个重要目的也是为了消费(或再生产),这一点与商品生产有共同之处。但是,流通加工有时候也是以自身流通为目的,纯粹是为流通创造条件,这种为流通所进行的加工与直接为消费进行的加工从目的来讲是有区别的,这又是流通加工不同于一般生产加工的特殊之处。

根据以上分析,流通加工和生产加工之间的区别如表7-1所示。

表 7-1　流通加工与生产加工的区别

| 区别 | 流通加工 | 生产加工 |
| --- | --- | --- |
| 加工对象 | 进入流通过程的商品 | 原材料、零配件、半成品,而非最终产品 |
| 加工程度 | 简单的、辅助的、补充性的加工 | 复杂的、完成大部分加工 |
| 附加价值 | 完善其使用价值,并在不做大变的情况下提高价值 | 创造价值和使用价值 |
| 加工单位(责任人) | 流通加工由商业或物资流通企业完成 | 由生产企业完成 |
| 加工目的 | 消费、流通 | 交换、消费 |

### 六、流通加工合理化

流通加工合理化是实现流通加工的最优配置,也就是对是否设置流通加工环节?在什么地方设置?选择什么类型的加工?采用什么样的技术装备等问题做出正确抉择。

流通加工合理化不仅要避免各种不合理的流通加工形式,而且要求做到最优。

(一)不合理流通加工的形式

1. 流通加工地点设置不合理

为衔接单品种、大批量生产与多样化需求的流通加工,加工地点应设置在需求地区,如果将加工地点设置在生产地,就属于流通加工地点设置的不合理形式。为方便物流的流通加工环节,有时设置在产出地(如散装货物的包装),有时设置在需求地(如家具的组装),如果将应该设置在产出地的流通加工设置在需求地,或将应该设置在需求地的流通加工设置在产出地,都属于流通加工地点设置的不合理形式。另外,流通加工点与生产企业或客户之间的距离设置不合理也属于流通加工地点设置的不合理形式。

2. 流通加工方式选择不当

流通加工不是对生产加工的代替,而是对生产加工的补充和完善。

所以,一般来说,如果工艺复杂,技术装备要求较高,或加工可以由生产过程延续或轻易解决的,都不宜再设置流通加工,而应该由生产加工环节来完成,否则就属于流通加工方式选择不当。

3. 流通加工作用不大,形成多余环节

有的流通加工过于简单,或者对生产和消费的作用都不大,甚至有时由于流通加工的盲目性,未能解决品种、规格、包装等问题,相反却增加了作业环节,这也是流通加工不合理的重要表现形式。

4. 流通加工成本过高,效益不好

流通加工的一个重要优势就是具有较大的投入产出比。如果流通加工成本过高,则不能实现以较低投入获得更高使用价值的目的,势必会影响它的经济效益。

(二)流通加工合理化的途径

1. 根据客户的需要,流通加工应适应多样化的需求

流通加工的首要目的就是要使得产品在经过流通加工后能满足客户多方面的具体要求。因此,流通加工的首要工作就是要能根据客户的需要对产品进行相应的处理,使得产品适销对路。

2. 进行集中的流通加工,提高加工质量,更有效地提高产品利用率

用集中加工来代替分散在各使用部门的分别加工,这样可以减少原材料的消耗,提高产品加工的质量,从而大大提高企业的生产效率和经济效益。

3. 有效进行商品预处理,提高物流效率,降低物流损失

对于某些物资材料,由于其自身的特殊形状,在装卸搬运、运输作业过程中极易损坏和流失,而通过流通加工这个环节则可以弥补这些产品的物流缺陷,减少其在物流过程中的损失。同时,对产品进行的预处理作业,还能大大提高物流效率。

例如,将自行车在消费地区进行集中装配加工,可以防止整车运输过程中因占据空间过大而降低运输的效率;对易碎货物、散装货物进行合理包装能有效降低物品在运输、装卸搬运过程中的损失,还能有效提高装卸搬运的物流效率。

4. 与合理的运输方式有效结合,进行更为合理的流通加工

通过流通加工,可以有效解决流通过程中出现的生产相对集中而消费相对分散的问题。以流通加工为分界点,从生产部门到流通加工点可以采用大批量、高效率的定点运输;而从流通加工点到客户则可以形成多品种、多用户的灵活配送。

5. 为节约资源,应根据企业的出货计划对流通加工作业进行调配

企业的出货计划会根据不同销售期的销售情况而改变,因此企业的流通加工应根据企业各个销售期的出货计划灵活地安排,并进行资源调配。

### 七、几种典型的流通加工作业

(一)钢材的流通加工

剪板加工是在固定地点设置剪板机进行下料加工,或设置种种切割设备将大规格钢板裁小或切裁成毛坯,降低销售起点,方便客户。

(二)木材的流通加工

1. 磨制木屑、压缩输送

这是一种为了实现流通并提高流通效率的加工形式。

2. 集中开木下料

实行集中下料,按客户要求供应规格料,可以使原木利用率提高到95%,有相当好的经济效果。

(三) 煤炭的流通加工

1. 除矸加工

这是以提高煤炭纯度为目的的加工形式。

2. 煤浆加工

流通的起始环节将煤炭磨成细粉,本身便有了一定的流动性,再用水调和成浆状,则具备了流动性,可以使其像其他液体一样进行管道输送。

3. 配煤加工

在使用地区设置集中加工点,将各种煤及一些其他发热物质,按不同配方进行掺配加工,生产出各种不同发热量的燃料,称为配煤加工。

(四) 食品的流通加工

1. 冷冻加工

这是为了解决鲜肉、鲜鱼在流通中保鲜及装卸搬运的问题而采取的低温冻结方式的加工。这种方式也用于某些液体商品、药品等。

2. 分选加工

这是为了提高物流效率而进行的对蔬菜和水果的加工,如去除多余的根叶等。农副产品规格、质量离散情况较大,为获得一定规格的产品,采取人工或机械分选的方式加工称为分选加工。这种方式广泛用于果类、瓜类、谷物、棉毛原料等。

3. 精制加工

农、牧、副、渔等产品的精制加工是在产地或销售地设置加工点,去除无用部分,也可以进行切分、洗净、分装等加工,甚至可以分类销售。这种加工不但大大方便了消费者,而且还可以对加工过程中的淘汰物进行综合利用。比如,鱼类的精制加工所剔除的内脏可以制成某些药物或用作饲料,鱼鳞可以制成高级黏合剂,头尾可以制成鱼粉等。蔬菜的加工剩余物可以制成饲料、肥料等。

4. 分装加工

许多生鲜食品零售起点较小,而为了保证高效输送出厂,包装一般比较大,也有一些是采用集装运输方式运达销售地区的。为了便于销售,往往会在销售地区按所要求的零售起点进行新的包装,如大包装改小包装、散装改小包装、运输包装改销售包装等,以满足消费者对不同包装规格的需求,从而达到促销的目的。

# 第二节　包装认知

## 一、包装的含义

包装是指在物流过程中为了保护商品、方便储运、促进销售,按一定的技术方法采用容器、材料及辅助物等将物品包封,并在包装物上进行适当地标志(标记)的工作总称。包装既是生产的终点,又是物流的起点。

## 二、包装的功能

（一）保护商品

商品从生产领域进入到消费领域,中间要经过多次不同情况、不同条件的移动。在商品移动的过程中,要经过装卸搬运、堆码等各种作业,并经受运输工具的震动及意外的跌落。合理的包装可以起到保护商品的作用,避免商品在移动过程中发生损坏。

为了保护商品在移动过程中不发生损坏,在设计包装时,就要仔细分析商品在移动过程中可能会受到哪些因素的影响,然后针对这些因素,设计商品的包装。

如果商品在运输途中可能会受到外力的侵袭、碰撞,那么,就需要对商品进行防震包装或缓冲包装；如果商品比较容易生锈,就要采用防锈包装,如涂防锈油或进行真空包装；如果商品比较害怕蚊虫的侵蚀,那么可以在商品中加入一定的防虫剂。

（二）方便流通,提高物流效率

包装具有方便商品的运输、装卸搬运、计数等各种作业的功能,能够提高物流作业的效率。

（三）降低流通费用

合理的商品包装,不仅可以起到保护商品的作用,而且还具有节约包装材料、节省包装费用、提高运输工具装载率、降低流通费用等多方面的作用。

（四）促进销售

商品的外包装要直接面对消费者,所以,美观大方的外包装往往能起到吸引消费者、促进销售的作用。

杜邦定律（由美国杜邦化学公司提出）认为：63%的消费者是根据商品的包装来购买商品的,国际市场和消费者是通过商品包装来认识企业的。因此,商品的包装就是企业的面孔,优秀、精美的商品包装能够在一定程度上促进商品的销售,提升企业的市场形象。

消费者首先能够看到的就是商品的包装。只有商品包装吸引人,消费者才会有兴趣继续了解有关商品的其他信息,进而产生购买的行为。

### （五）方便顾客消费，提高客户服务水平

有的包装还具有方便顾客消费的功能，便于顾客使用时的搬运、储存等，能够更多地为顾客着想，视顾客为真正的上帝。比如，手提牛奶箱便于搬运，盒装牛奶便于直接饮用，首饰盒便于存放首饰等。

## 三、包装的分类

### （一）按照包装功能划分

按照包装的功能不同，包装可以分为生产领域的包装和流通领域的包装。一般将生产领域的包装称为销售包装，或称为小包装、内包装、商业包装；流通领域的包装则被称为运输包装，或大包装、外包装、工业包装。

1. 销售包装

销售包装是指直接接触商品，随商品进入零售市场，直接和消费者见面的包装。销售包装的作用主要体现在两方面：① 保护商品；② 美化、宣传商品，便于消费者识别、选购、携带和使用，以促进销售。

2. 运输包装

运输包装是指以满足商品的运输、存储、装卸搬运等物流需要为目的的包装。运输包装通常不随商品卖给顾客，也不与商品直接接触，而是由许多小包装（销售包装）集装而成。商品先装进小包装，然后集装于运输包装容器内。这类包装的主要作用是在运输、仓储等物流作业过程中保护商品，减少货损货差，方便储运、检验、计数和分拨。

### （二）按照包装形态划分

按照包装形态的不同，包装可以分为个装、内装和外装。

1. 个装

个装是指物品按个进行的包装，目的是为了提高商品的价值、保护商品或方便销售。

2. 内装

内装是指包装货物的内部包装，目的是防止水、湿气、光热和冲击碰撞对物品造成的损坏。

3. 外装

外装是指货物的外部包装，即将物品放入箱、袋、罐等容器中，或直接捆扎并做上标记，其目的是保护物品，便于物品的运输、装卸和保管。

### （三）按照包装方法分类

按照包装的技术方法不同，包装可以分为防碎包装、防晒包装、防湿包装、防锈包装、缓冲包装、收缩包装和真空包装等。

### （四）按照包装材料分类

根据包装物所使用的材料不同，包装可以分为纸箱包装、木箱包装、金属包装、纸袋包装、玻璃瓶包装和塑料袋包装等。

### （五）按照物品状态分类

根据物品状态不同，包装可以分为液体包装、粉末体包装、颗粒体包装和固体包装等。

## 四、包装的标志

### （一）包装标志

包装标志，又称标记，是指根据商品本身的特征，用文字、图形和阿拉伯数字等在包装上的明显位置注明规定的记号。如一般描述性标记、表示商品收发货地点和单位的标记、牌号标记、等级标记等。

**1. 一般描述性标记（商品标志）**

一般描述性标记（商品标志）是用来说明商品实体基本情况的，如商品名称、规格、型号、数量、重量、出厂日期、地址等。

**2. 表示商品收发货地点和单位的标记（货物标志或运输包装标志）**

这是用来表明商品起运、到达地点和收发货单位等的文字记号。

### （二）运输包装标志

运输包装标志是指用来指明被包装商品的性质和物流活动安全以及理货分运需要的文字和图像的说明，由识别标志、运输标志、操作标志和危险品标志构成。运输包装标志便于工作人员辨认识别货物，利于交接、装卸、分票、清点、查核，避免错发、错卸、错收。另外，运输包装标志还可以指示工作人员正确操作，以保证货物完整。

## 五、包装的合理化

商品包装的合理化是商品包装追求的最终目标。

### （一）合理包装的含义与具体内容

**1. 合理包装的含义**

合理包装是指能适应和克服流通过程中的各种障碍，是在极限范围内的最好的包装。

**2. 合理包装的具体内容**

（1）妥善保护内装的商品，使其质量不受损伤。

（2）包装材料和包装容器安全无害。

（3）包装容量要适当，便于装卸和搬运。

（4）包装标志要清楚、明了。

(5) 包装内商品外围空闲容积不应过大。

(6) 包装费用要与内装商品相适应。

(7) 提倡节省资源的包装。

(8) 包装要便于废弃物的治理。

(二) 合理包装是克服物流故障的主要办法

物流常见的故障有四大类,即运输中的故障,搬运时的故障,储存中的故障,气候环境故障。其中有70%的故障是由于包装不当引起的,因此,克服上述物流故障的对策,基本上要落实到包装上来。所以,从一定意义上讲,包装的合理化是克服物流故障的主要措施。

### 六、商品包装技法

(一) 商品包装技法的含义

商品包装技法是指在包装作业过程中所采用的技术和方法。

(二) 商品包装技法的分类

**1. 针对产品的不同形态采用的包装技法**

(1) 对内装物的合理置放、固定和加固。

对内装物的合理置放、固定和加固,目的是为了缩小体积、节省材料、减少损失。例如,对于外形规则的产品,要注意套装;对于薄弱的部件,要注意加固;包装内重量要注意均匀;产品与产品之间要注意隔离和固定。

(2) 对松泡产品体积进行压缩。

一般采用真空包装技法来压缩体积,从而减少运输空间和储存空间,降低运输和储存费用。

(3) 外包装形状尺寸的合理选择。

在外包装形状尺寸的选择中,要注意避免过高、过扁、过大、过重包装。过高的包装会重心不稳,不易堆码;过扁的包装则给标志刷字和标志的辨认带来困难;过大包装量太多,不易销售,而且体积大也给流通带来困难;过重包装则容易使纸箱破损。

(4) 内包装形状尺寸的合理选择。

内包装在选择形状尺寸时,要与外包装形状尺寸相配合。另外,内包装主要是作为销售的包装,因此更重要的是要考虑有利于商品的销售,有利于商品的展示、装潢、购买和携带。

(5) 包装外的捆扎。

外包装捆扎对包装起着重要作用,有时还能起到关键性作用。捆扎的直接目的是将单个物件或数个物件捆紧,以便于运输、储存和装卸。此外,捆扎还能防止失窃,从而保护内装物;能压缩容积而减少保管费和运输费;能加固容器,使容器的强度增加。常见的捆扎方法有井字捆、十字捆、双十字捆和平行捆等。

2. 根据产品的不同物性而采用的不同包装技法

（1）防震缓冲包装。

防震缓冲包装是指将缓冲材料适当地放置在内装物和包装容器之间，用以减轻冲击和震动，保护内装物免受损坏的包装。常用的缓冲包装材料有泡沫塑料、木丝、弹簧等。

（2）防潮包装。

防潮包装是指为了防止潮气侵入包装件，影响内装物质量而采取一定防范措施的包装。

（3）防霉包装。

防霉包装是指防止包装和内装物霉变而采取的有一定防护措施的包装。它除防潮措施外，还要对包装材料进行防霉处理。

（4）防锈包装。

防锈包装是指为防止金属制品锈蚀而采用一定防护措施的包装。防锈包装可以采用在金属表面进行处理的方法，如镀金属。

（5）保鲜包装。

保鲜包装是指通过采用固体保鲜剂和液体保鲜剂而对果实、蔬菜等进行保鲜的包装。

（6）脱氧包装。

脱氧包装是指利用无机系、有机系、氢系三类脱氧剂，除去密封包装内的氧、降低氧气浓度，从而有效地阻止微生物的生长繁殖，起到防霉、防褐变、防虫蛀和保鲜目的的包装。脱氧包装主要适用于某些对氧气特别敏感的制品。

（7）充气包装和真空包装。

充气包装是指采用二氧化碳气体或氮气等不活泼气体置换包装容器中空气的包装技术方法；真空包装是指将制品装入气密性容器后，在容器封口前将容器内抽为真空，使密封后的容器里基本上没有氧气的包装。

（8）高温短时间灭菌包装。

高温短时间灭菌包装是指将食品充填并密封于复合材料制成的包装内，然后使其在短时间内保持135℃左右的高温，以杀灭包装容器内细菌的包装方法。

（三）集合包装

1. 集合包装的概念

集合包装就是将许多小型单件物品或未包装货物，通过一定的集装容器和技术措施集合成尺寸规格较大、重量较重的大型标准化的组合体。常用的集合包装方式有托盘集合、集装箱、集装袋等。

2. 集合包装的作用

（1）集合包装可以提高装卸搬运和堆积作业的效率。

（2）集合包装可以使包装合理化。

(3) 集合包装便于运输和仓储管理。

(4) 集合包装可以使物流系统合理化。

## 本学习情境小结

本学习情境主要介绍了流通加工的定义、目的、地位和作用,以及包装的含义和功能,讲述了流通加工与生产加工的区别、典型的流通加工作业、包装标志及商品包装的技法,并重点介绍了流通加工的类型、流通加工合理化的途径、包装的分类及包装合理化的内容。

**练习题**

1. 分组进行包装设计。3~4个学生组成一个小组,任选一种产品,对其销售包装进行设计,要求满足包装合理化的要求,并能起到保护商品、促进销售的作用。

2. 小组评比,选出最具创意、最别出心裁、最能促进销售的包装设计小组。

**案例分析**

天然气是气体,虽然可以通过管道进行输送,但往往由于输送距离遥远、投资金额巨大、投资期限长而显得困难重重,只好就地燃烧和使用,造成了浪费和污染。对天然气进行液化加工,就可以用容器装运,实现天然气的远距离运输和储存,扩大天然气的使用范围,大大提高天然气的使用价值。目前,国内液化天然气的利用刚刚开始,已建成投产了中原油田的天然气液化工厂、上海浦东的天然气液化工厂及新疆广汇集团在吐哈油田的天然气液化工厂。

(资料来源:兰书彬.液化天然气气化站的预冷技术[J].城市燃气,2006(03)19-22,有改动)

问题:

1. 除天然气的液化加工外,你还能举出对其他工业原材料进行加工以提高物流效率、方便物流的例子吗?

2. 实际上,对天然气进行液化加工的投资规模也相当巨大,请你查找相关资料,试比较一下用管道输送天然气和用容器装运经过液态加工后的天然气,哪一个投资规模更大?

3. 以天然气的液化加工为例,试分析流通加工会带来哪些经济效益?

**设计某超市的流通加工方案**

【实训目标】

(1) 加强学生对流通加工的理解。

(2) 提高学生对包装方法的实际应用能力。

(3) 培养学生独立思考问题、分析问题和解决问题的能力。

【实训内容与要求】

实训内容：

针对超市商品的特性，思考怎样将上面学到的流通加工及包装方法应用于超市的库存管理及销售中。是选择某一种流通加工及包装方法？还是结合使用几种不同的方法？能否针对超市的特性对这些方法进行改进？请自建一个虚拟的大型超市或选择某一个实际的大型超市，思考以上问题，设计出具体的流通加工及包装方案（重点放在生鲜及冷冻食品上）。

实训要求：

(1) 结合流通加工的定义和自己对这一定义的理解，自建一个虚拟的大型超市或选择一个实际的大型超市作为实训设计的基础。

(2) 分析自己选择或自建的大型超市有什么特点。

(3) 根据以上分析思考并讨论实训内容中提出的问题，设计出该大型超市的流通加工及包装方案。

(4) 把设计出的流通加工及包装方案写成一份实训报告。

【成果与检验】

该实训设计可分小组进行，教师通过检阅实训报告，对每个小组设计出的库存控制方案进行评阅，并选择一两个小组把设计方案制作成PPT，在课堂上进行展示。

## 参考文献

[1] 段云鑫.基于系统动力学的电子商务退货物流管理研究[D].天津：天津职业技术师范大学，2016.

[2] 刘京.铁路物流中心仓库平面设计研究[D].北京：北京交通大学，2016.

[3] 武静怡.基于作业成本法的物流成本控制研究[D].锦州：辽宁工业大学，2016.

[4] 齐佳婷.城市农产品冷链物流配送车辆路径问题研究[D].杭州：浙江理工大学，2016.

[5] 吴镜.基于顾客视角的生鲜电商物流服务评估指标体系研究[D].杭州：浙江理工大学，2016.

[6] 周小宁.电子商务下供应链应急物流决策探究[D].天津：天津职业技术师范大学，2016.

# 学习情境八　物流信息管理

**【学习目标】**通过本情境的学习,使学生了解信息与数据的概念,掌握物流信息的定义、特点、作用和分类,相关的物流信息技术和物流管理信息系统的基本内容。

**【关键概念】**物流(Logistics)　　信息管理(Information Management)
技术(Technology)

**【引导案例】**

中海:完善的物流信息化系统

在中海物流分管营销和信息化业务的总经理助理肖国梁看来,中海物流能在与中远物流、中外运、宝供物流等公司的激烈角逐中脱颖而出,很大程度上是因为先人一步建立了比较完善的信息化系统。

1. 转型:实现三级管理

中海集团与中远集团、中外运被称为中国航运市场的三巨头,在集装箱运量取得突飞猛进的2002年,中海物流应运而生。按照中海集团的发展规划,物流业是发展重点和支柱性产业,并形成了以航运为核心,船代、货代、仓储堆场、集卡、驳船、空运、海铁联运等业务并举的大物流发展框架。

肖国梁介绍说,调整后的中海物流采用三级管理的业务模式:总部管片区、片区管口岸。总部代表集团领导,管理、计划、协调中海的物流业务,加强对整个物流业务总成本的控制,建立物流供应链;片区公司在总部的领导和管理下,经营各所属片区的配送业务、仓储业务、车队业务、揽货业务等,建立所属各片区的销售网点以及对该片区进行成本控制;口岸公司在片区公司的管理下,进行揽货、配送的具体业务操作,并负责业务数据采集。

而要实现这一点,没有强大的信息系统支撑是不可能的。中海物流的公司领导一致认为,要做一流的物流企业,首先要有一流的IT。为实施集团制定的"大物流"战略,中海物流最终选择了招商迪辰为软件供应商。

2. 模式:"一个心脏跳动"

虽说招商迪辰是首家在国内将地理信息系统(GIS)、卫星定位系统(GPS)、无线通信(Wireless Communication)与互联网技术集成一体,应用于物流、交通和供应链管理领域的软件供应商。但为中海物流这样规模的企业建立全国性的物流信息化系统,在国内并无先例可循。招商迪辰上海公司总经理曾辉军说:"现在不是一个点上看单个物流系统,而是要在整个物流网络的高度,从供应链衔接的角度设计整套系统。"

经过反复论证,双方一致认定,要在全国范围内应用一套企业级集成的系统,能实现信息的共享与交换,并保持数据的一致。曾辉军介绍说,该系统的核心就是以市场需求为驱动,以计划调度为核心,使物流各环节协同运作。它需要集成管理企业的计划、指标、报表、结算等,可层层细化与监控,并有统一的企业单证、报表、台账格式,而且有良好的扩展性和开放结构。更为关键的是,系统建成后应当是一套面向订单流的信息系统,从接受客户委托订单开始,到订单管理,围绕订单制订物流方案、落实相关运力或仓储等物流资源、调度直至物流作业、质量监控等环节,都要有一个平滑共享的信息流。

曾辉军坦言,软件项目最大的困难在于业务变更。中海物流的业务繁杂、需求众多且不断变化,信息系统也必须随之改进。他清楚地记得,项目开始时做调研主要是为了海运业务,关注的主要是货物从这个港拖到那个港,真正涉及的项目物流非常少,在经过战略转型后,中海物流已经将海运、货代业务剥离出去,专做第三方物流。

"一个心脏跳动",曾辉军用了一个形象的比喻来描述中海现有的业务模式。他解释说:"中海物流集团总部是一个利润中心,底下八大片区视为成本中心,资源统一调配,全国一盘棋。现在拿到第三方物流单子,多少货发到什么城市、什么仓库,完全由中海物流自己来决策。仓储资源、运输资源、人力资源统一调配。当前,中海物流完全按这种模式运作,第三方物流强调一个心脏跳动、集中式管理、集中式调度,统一核算,客户进来不是面对你单个分公司,而是面对你整个物流体系,整个体系通过一套信息系统协同作业。"

(资料来源:http://www.wangxiao.cn/wl/78901562327.html,有改动)

## 第一节 信息与物流信息

现代社会,信息是一个非常流行的词汇,就像空气一样,不停地在人们身边流动,并为人们服务。人类通过信息认识各种事物,沟通人与人之间的联系,从而推动社会进步。但迄今为止,学术界尚未对信息做出一个准确完整的定义,对信息的解释也是众说纷纭。1948年,美国数学家、信息论的奠基人香农在其发表的《通讯的数学理论》一文中认为:信息是"熵的减少",即信息是用来"消除不确定的东西"。我国信息论学者钟义信教授认为信息是"事物运动的状态和方式,也就是事物内部结构和外部联系的状态和方式"。也有专家学者认为:信息是对事物运动的状态和方式的表征,它能够消除认识上的不确定性。

信息描述的是事物运动的状态或存在方式,而不是事物本身,它必须借助于某种形式表现出来,即数据。数据是客观世界中记录下来的可以被鉴别的物理符号及其组合。信息和数据是两个相互联系、相互依存又相互区别的概念。数据是信息的具体物理表现形式,反映了信息的内容;信息是数据所表达的含义,是抽象出来的逻辑意义,是对数据的解释。数据经过处理仍然是数据,但只有经过解释后才有意义,才能成为信息。

## 一、数据与信息

### (一) 数据

数据是人们用来反映客观事物而记录下来的可以鉴别的符号,是客观事物的基本表达。数据的本质是可以鉴别的符号,而不仅仅是数。

### (二) 信息

**1. 信息的定义**

信息是指由客观事物发生的能被接收者接收的数据,在这些数据被接收的过程中,接收者对所接收的信息要进行分析和过滤,以达到对事物了解和认识的目的。

从抽象概念的角度看,信息是由实体、属性、值所构成的三元组。其具体形式为

实体(属性 1,值 1;……;属性 $n$,值 $n$),

例如:卡车(品牌,"东风";载重:"10 吨")。

**2. 信息的属性**

(1) 可感性。信息能够被人和其他生物通过器官或感测工具感知。不能被感觉到的东西不能叫信息。

(2) 传播性。信息可以通过其载体的转换和运动向外传播。正是由于具有可传播性,信息才可以突破空间的限制,而且也只有在传播中才能发挥其各种功能。

(3) 共享性。这是信息区别于物质和能量的主要特征。它主要表现在同一内容的信息可以在同一时间由两个或两个以上的使用者共同使用。与物质、能量的交换不同,在信息交流中,信息的共享性表现为信息的提供者并不失去所提供的信息内容和信息量。

(4) 歧义性。对信息内容的理解可产生歧义。对同一信息对象,不同的接收者可能会由于观察能力、思维模式、理解方式、关注角度等的不同而形成不同的理解。

(5) 可耗散性。信息内容具有可耗散性。信息载体的特定结构模式的改变、损害或丧失都可能造成特定信息内容的改变、模糊、丧失。

(6) 时效性。信息具有很强的时效性,因为信息是对事物存在方式和运动状态的反映。信息如果不能反映最新的变化状态,它的效用就会降低。一般情况下,信息的价值随时间延长而变小。

(7) 等级性。信息具有势差,存在强势信息和弱势信息的差别。信息的传播可以看作是信息的"流动",而信息的"流动"必须要有势差。从势能传递的角度看,在没有人为干涉的情况下,信息发源处的势能总比信息接收处的势能高,即前者比后者的信息量大。任何情况下,信息都将从信息富集区流向信息稀缺区。

### (三) 信息与数据的关系

信息与数据既有联系、又有区别,主要表现在以下三个方面。

(1) 信息是加工后的数据。

信息是一种经过选摘、分析、综合的数据,它使用户可以更清楚地了解正在发生什么事。所以,数据是原材料,信息是产品,信息是数据的含义。

(2) 数据和信息是相对的。

数据和信息的相对性表现在一些数据对某些人来说是信息,而对另外一些人而言则可能只是数据。例如,在运输管理中,运输单对司机来说是信息,这是因为司机可以从该运输单上知道什么时候要为什么客户运输什么物品;而对负责经营的管理者来说,运输单只是数据,因为从单张运输单中,他无法知道本月的经营情况,他并不能掌握现有可用的司机、运输工具等。

(3) 信息是观念上的。

因为信息是加工后的数据,所以采用什么模型(或公式)、多长的信息间隔时间来加工数据以获得信息,受人对客观事物变化规律的认识制约,并由人确定的。因此,信息揭示数据内在的含义,是观念上的。

## 二、信息与决策

决策是决策者根据相关的信息,针对问题做出选择的过程。

企业的经营决策是一个复杂的过程,根据信息完全的程度,决策可以分为确定型决策、不确定型决策、风险型决策。根据决策目标所涉及的规模和影响程度不同,决策可以分为事务性决策、战术性决策和战略性决策。一般而言,在企业的经营决策中,事务性决策掌握的信息充分,决策难度小;而战略性决策掌握的信息相对较少,决策难度大。

决策的类型、管理者或决策者所处的层次,以及管理者占有确定信息的数量之间的关系(如图 8-1 所示)。

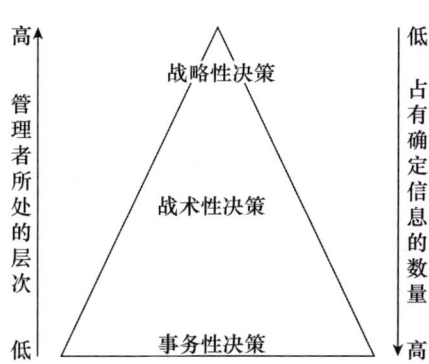

图 8-1 根据决策目标所涉及的规模和影响程度不同分类

### 案例 8-1

#### "大数据"

2010年10月23日,其国的《卫报》利用维基解密的数据做了一篇"数据新闻"。将伊拉克战争中所有的人员伤亡情况均标注于地图之上。地图上一个红点便代表一次死伤事件,鼠标点击红点后弹出的窗口则有详细的说明,包括伤亡人数、时间,造成伤亡的具体原因。密布的红点多达39万,显得格外触目惊心。一经刊出立即引起朝野震动,推动英国最终做出撤出驻伊拉克军队的决定。

(资料来源:http://www.isccc.gov.cn/xwdt/xwkx/02/373833.shtml,有改动)

**分析提示:**
通过有效的数据可以做出准确的决策。

### 三、物流信息

#### (一)物流信息的定义

物流信息是指反映物流过程中各种活动内容的知识、资料、图像、数据及文件的总称。物流信息包括物流活动中所有环节所生成的信息和从生产到消费的各个中间环节所产生的各种信息流。

商流、物流和信息流是从流通内部结构描述流通过程的"三流"概念。其中,物流信息在物流系统中既处于与其他子系统同等的地位,又有所不同。因为物流信息总是伴随着其他物流职能的运作而产生。

物流信息的内涵:从狭义上讲,物流信息是与物流活动有关的信息;从广义上讲,物流信息是与所有流通活动有关的信息。

#### (二)物流信息的特点

(1)物流信息量大、分布广。

(2)物流信息动态性强、时效性强。

(3)物流信息种类繁多。

(4)物流信息逐渐趋于标准化。

#### (三)物流信息的作用

(1)与物流管理活动共同作用,使物流真正成为一个有机的整体系统。

(2)帮助企业进行有效规划,达到企业内部系统整体优化的目标。

(3)有助于提高物流企业的科学管理和决策水平,辅助管理人员进行位置决策、生产决策、库存决策、采购决策、运输配送决策。

(4)物流信息可以将企业涉及物流的各种具体活动综合起来,增强企业的整体综合能力。

(四) 物流信息的分类

1. 按功能分类

按信息产生和作用所涉及的不同功能领域的不同,物流信息可分为仓储信息、运输信息、加工信息、包装信息、装卸信息等。对于某个功能领域还可以进行进一步细分,例如,仓储信息又可以分为入库信息、出库信息、库存信息、搬运信息等。

2. 按环节分类

根据信息产生和作用的环节不同,物流信息可分为输入物流活动的信息和物流活动产生的信息。

3. 按作用层次分类

根据信息作用的层次不同,物流信息可分为基础信息、作业信息、协调控制信息和决策支持信息。基础信息是物流活动的基础,是最初的信息源。例如,物品基本信息、货位基本信息等。作业信息是物流作业过程中发生的信息,信息的波动性大,具有动态性。例如,库存信息、到货信息等。协调控制信息主要是指物流活动的调度信息和计划信息。决策支持信息是指能对物流计划、决策、战略具有影响以及有关的统计信息或有关的宏观信息。例如,科技、产品、法律等方面的信息。

4. 按加工程度的不同分类

按加工程度的不同,物流信息可以分为原始信息和加工信息。原始信息是指未加工的信息,是信息工作的基础,也是最有权威性的凭证性信息。加工信息是指对原始信息进行各种方式和各个层次处理后的信息,这种信息是原始信息的提炼、简化和综合,利用各种分析工作在海量数据中发现潜在的、有用的信息和知识。

## 第二节 物流信息技术

### 一、信息技术与物流信息技术

(一) 信息技术

信息技术泛指能拓展人的信息处理能力的所有技术。

通过运用信息技术,可以替代或辅助人们完成对信息的检测、识别、变换、存储、传递、计算、提取、控制和利用。

(二) 物流信息技术

物流信息技术是指运用于物流各环节中的信息技术。

现代物流认为,物流活动不是单个部门或企业的内部事务,而是包括生产商、各层销

售商等多个关联企业在内的统一体的共同活动,这就势必要求进行有效的信息交换和传输。

物流信息技术通过切入物流企业的业务流程,并提供迅速、及时、准确、全面的物流信息,来实现对物流企业的各生产要素进行合理组合与高效利用,降低经营成本,直接产生明显的经济效益。

(三)物流信息技术的应用

1. 条形码与射频技术

条形码技术可以准确识别物品信息,并快速跟踪物品历程,主要应用于物流的数据采集、快速响应等方面。

射频技术则主要用于物料跟踪、运载工具和货架识别等要求非接触数据采集和交换的场合。

2. 电子数据交换

电子数据交换按照协议的标准结构格式,将经济信息通过网络传输,在贸易伙伴的计算机系统之间进行交换和自动处理。

3. 数据库技术

数据库技术将信息系统中大量的数据按一定的结构组织起来,并提供存储、维护、查询等功能。

4. 地理信息系统

地理信息系统以地理空间数据为基础,采用地理模型分析方法,适时提供多种空间和动态的地理信息。

5. 全球定位系统

全球定位系统利用空中卫星对地面目标进行精确导航与定位,以达到全天候、高准确度地跟踪地面目标移动轨迹的目的。

## 二、条码技术概述

(一)条码的概念、优越性和符号构成

1. 条码的概念

条码是由一组规则排列的条、空以及对应的字符组成的标记。"条"是指对光线反射率较低的部分,"空"是指对光线反射率较高的部分,这些"条"和"空"组成的数据共同表达一定的信息,并能够用特定的设备识读,转换成与计算机兼容的二进制和十进制信息。

通常每一种物品的编码是唯一的,并且还要通过数据库建立条码与商品信息的对应关系。

## 2. 条码的优越性

条码的优越性主要体现在以下几个方面。

(1) 可靠准确。

(2) 数据输入速度快。

(3) 经济便宜。

(4) 灵活实用。

(5) 自由度大。

(6) 设备简单。

(7) 易于制作。

## 3. 条码符号的构成

以 EAN-13（欧洲物品编码，由 13 位代码组成，主要应用于超级市场和其他零售业）为例，商品条码由左侧空白区、起始符、左侧数据符、中间分隔符、右侧数据符、校验符、终止符、右侧空白区及供人识别字符组成（如图 8-2 和图 8-3 所示）。

图 8-2 EAN-13 商品条码符号结构

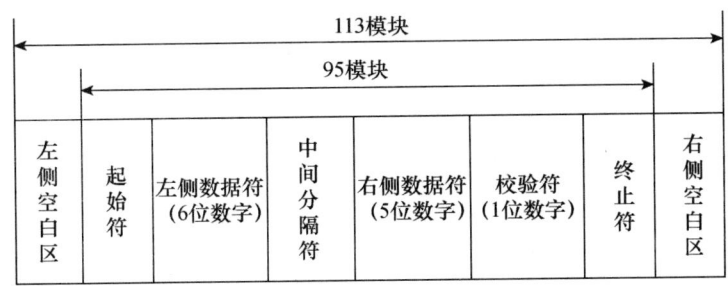

图 8-3 EAN-13 商品条码符号构成示意图

其各组成部分如下：

(1) 左侧空白区，位于条码符号最左侧的与空的反射率相同的区域，其最小宽度为 11

个模块宽。

（2）起始符，位于条码符号左侧空白区的右侧，表示信息开始的特殊符号，由3个模块组成。

（3）左侧数据符，位于起始符右侧，中间分隔符左侧，表示6位数字信息，由42个模块组成。

（4）中间分隔符，位于左侧数据符的右侧，是平分条码字符的特殊符号，由5个模块组成。

（5）右侧数据符，位于中间分隔符右侧，校验符左侧，表示5位数字信息，由35个模块组成。

（6）校验符，位于右侧数据符的右侧，是表示校验码的条码字符，由7个模块组成。

（7）终止符，位于校验符的右侧，是表示信息结束的特殊符号，由3个模块组成。

（8）右侧空白区，位于条码符号最右侧的与空的反射率相同的区域，其最小宽度为7个模块宽。为保护右侧空白区的宽度，可在条码符号右下角加">"符号，该符号的位置如图8-4所示。

图8-4　EAN-13商品条码符号右侧空白区中">"的位置及尺寸

（二）条码的编制

1. 条码的编制方法

条码的编制方法是指条码中条、空的编码规则以及二进制的逻辑表示设置。条码的编制目的就是要通过设计条码中条与空的排列组合来表示不同的二进制数据。

2. 常用的一维条码及其应用领域

常用的一维条码有以下五种。

（1）EAN码：主要用于商品标识。

(2) 39码和128码：主要用于工业生产线领域、图书管理等。

(3) 93码：39码的替代码。

(4) 25码：主要用于包装、运输以及国际航空系统的机票顺序编号。

(5) 库德巴码：主要用于血库、图书馆、包裹等的跟踪管理。

（三）物流条码的标准体系

条码标准是指为了便于物品跨国家和地区的流通，并适应物品现代化管理的需要以及增强条码自动识别系统的相容性而设定的统一的条码形式。条码标准主要包括条码码制标准、应用标准和产品包装标准。条码标准具有地区性和行业性。

目前国际上公认的用于物流领域的条码标准主要有通用商品条码、储运单元条码以及贸易单元128条码。

1. 通用商品条码

(1) 通用商品条码的分类。

通用商品条码是指用于标识国际通用的商品代码的一种模块组合型条码。目前，我国标准与国际标准兼容，采用EAN码结构，分为13位标准版商品条码(EAN-13)和8位缩短版商品条码(EAN-8)（如图8-5所示）。其中，EAN-13由于具有更长的位数，适用性更强。

图8-5　EAN-13与EAN-8示例

(2) EAN-13码的结构。

EAN-13标准码共13位数，由国家代码(3位数)、厂商代码(4~7位数)、商品代码(2~5位数)，以及校验码11位数组成。其中，国家代码由国际商品条码总会授权，我国的国家代码为690~699；厂商代码由国家商品编码中心核发给申请厂家，占4个码，代表申请厂家号码；商品代码占5个码，代表单项产品的号码，由厂商自由编制；校验码占1个码，系为防止条码扫描器误读的自我检查，如图8-5中的EAN-13码，"690"为国家代码，"1234"为厂商代码，"56789"为商品代码，"2"为校验码。

(3) EAN-8码的结构。

EAN-8码共8位数，由国家代码(3位数)、商品代码(4位数)和校验码(1位数)组成，是EAN-13码的缩短版。在如图8-5中的EAN-8码中，"690"为国家代码，"1234"为商品代码，"1"为校验码。

2. 储运单元条码

储运单元条码是指专门表示储运单元编码的条码，通俗地说就是商品外包装箱上使用的条码标识(俗称箱码)。

储运单元是指为便于搬运、仓储、订货、运输等,由消费单元组成的商品包装单元。储运单元条码分为定量储运单元条码和变量储运单元条码。定量储运单元条码是指由定量消费单元组成的储运单元,如牙膏、服装等。变量储运单元条码是指由变量消费单元组成的储运单元,如布匹、肉类等。

储运单元条码可以在全球范围内唯一地识别某一包装单元的物品,从而做到在物品的运输、配送、订货收货中方便地跟踪、统计,保证数据的准确性和及时性。使用储运单元条码可以使企业方便地实现进、销、存自动化管理。商业批发、零售则可以实现物流、配送的自动化,大大提高工作效率,降低企业成本。

最常见的储运单元条码为ITF-14码,用14位数字代码进行标识。其信息结构如图8-6所示,编码如表8-1所示。

图8-6 ITF-14码示例

表8-1 定量储运包装商品的编码

| 定量储运单元包装指示符 | 定量消费单元代码(不含校验字符) | 校验字符 |
| --- | --- | --- |
| 定量单元包装指示符(V) | ××××××××××× | C |

定量单元包装指示符(V)用于指示定量储运单元的不同包装,取值范围为:V=1,2,…,8。

凡是中国商品条码系统成员都应该在产品的外箱上印制储运单元条码,这不仅有利于国家物流业和配送中心的发展,而且也有利于企业自身的仓储和进、销、存自动化管理。

(1)储运单元条码编码分类和编码方法如表8-2所示。

表8-2 储运单元条码编码分类和编码方法

| 项目 | 编码分类 | 编码原则 | 编码方法 | 制作 |
| --- | --- | --- | --- | --- |
| 定量储运单元 | 与内装消费单元同为一体的(例如,冰箱、洗衣机、微波炉等) | 可用内装消费单元上的商品条码,编码原则按GB 12904—2003 | EAN-13条码 | 由编码机构提供编码和制作 |
| | 内装不同种类消费单元的(不常见) | 重新编制一个区别于内部消费单元的13位的储运条码,编码原则按GB 12904—2003 | 按EAN-13条码,在其前面加"0"构成14位的交叉二五条码 | 由编码机构提供编码和制作 |

续表

| 项目 | 编码分类 | 编码原则 | 编码方法 | 制作 |
|---|---|---|---|---|
| | 内装相同种类消费单元的<br>（最常见，是绝大多数商品的外包装） | 1. 重新编制一个区别于内部消费的13位的储运条码，编码方法按GB/T 16830—2008 | 按EAN-13编码，在其前面加"0"构成14位的交叉二五条码 | 由编码机构提供编码和制作 |
| | | 2. 重新编制一个区别于内部消费单元的14位的储运条码，编码方法按GB/T 16830—2008 | 取内装消费单元条码的前12位，在前加1、2…中的任意一位 | |
| 变量储运单元 | 变量储运条码是由变量消费单元组成的储运单元（不常见） | 需要企业或编码机构，根据产品的种类和数量编制，编码原则按GB/T 16830—2008 | 由前14位和后6位的交叉二五条码构成。以首位为"9"的前14位表示储运产品的分类，后6位附加代码表示该产品的数量 | 由编码机构提供编码和制作 |

注：消费单元——通过零售渠道直接销售给最终用户的商品包装单元。
   储运单元——为便于搬运、仓储、订货、运输等，由消费单元组成的商品包装单元。
   定量储运单元——由定量消费单元组成的储运单元。
   变量储运单元——由变量消费单元组成的储运单元。
   参考标准：GB/T 16830—2008《储运单元条码》、GB 12904—2003《商品条码》。

（2）储运单元条码编制与使用流程如图8-7所示。

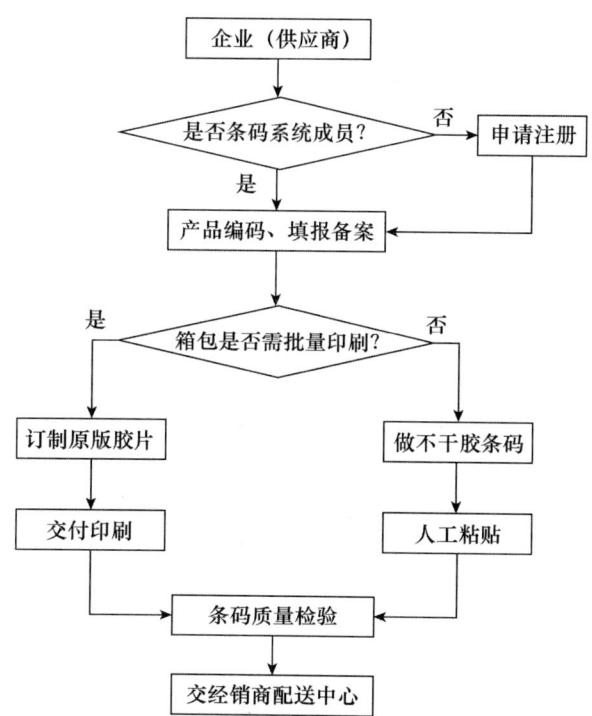

图8-7　储运单元条码编制与使用流程

其中,系统成员指已取得《中国商品条码系统成员》证书的企业,申请注册机构指各省物品编码中心、当地质量技术监督局。

考虑到箱包的储运和保证条码的扫描识读,条码符号应印刷在储运单元外包装的四个垂直面(四个侧面)上;至少应印刷在相邻的两个侧面上。

条码符号的下边缘距箱包底部至少为32毫米;条码符号左右两边的第一条的外边缘距箱包垂直边的最小距离为34毫米;条码保护框外边缘距箱包垂直边的最小距离为19毫米(如图8-8所示)。

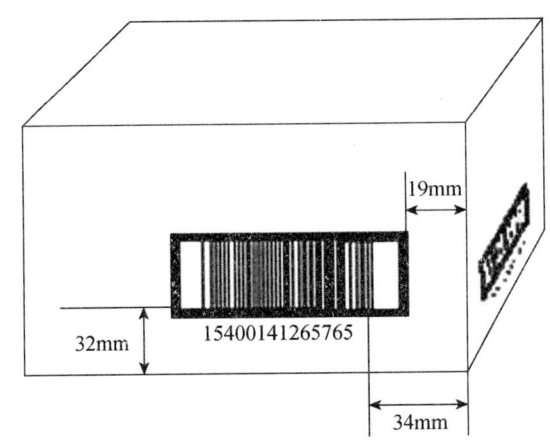

图8-8 储运单元条码符号印刷位置示例

**3. 贸易单元128条码**

贸易单元128条码与通用商品条码和储运单元条码不同,是可以携带信息的标识码。随码可以传递诸如生产日期、有效日期、运输包装序号、重量、尺寸、体积、送出地址以及送达地址等信息(如图8-9所示)。

EAN-128条码是一种可变长度的连续型条码,主要应用于制造业的生产流程控制、批发物流业或运输业的仓储管理、车辆调配、货物追踪、医院血液样本的管理以及政府对管制药品的追踪等方面,其结构如表8-3和图8-9所示。

表8-3 EAN-128条码的结构

| 代码 | 码别 | 长度(位) | 说明 |
| --- | --- | --- | --- |
| A | 应用识别码 | 18 | 00代表其后的资料内容为运送容器序号,为固定18位数字 |
| B | 包装形态指示码 | 1 | 3代表无定义的包装指示码 |
| C | 前置码与公司码 | 7 | 代表EAN前置码与公司码 |
| D | 自行编定序号 | 9 | 由公司指定序号 |
| E | 检查码 | 1 | 检查码 |
| F | 应用识别码 | 3 | 420代表其后的资料内容为配送邮政编码 |
| G | 配送邮政编码 | 4 | 代码配送邮政编码 |

图 8-9　EAN-128 条码的结构

EAN-128 条码的优越性在于：

（1）可使生产过程中一些经常变化的产品信息条码化；

（2）采用国际通用的协议标准可在全球通用；

（3）使产品的运送过程得到更好的品质管理；

（4）可以更有效地控制生产及配销；

（5）提供更安全可靠的供给线。

EAN-128 条码中最广泛的编码内容是运输包装序号，用以识别不同的运输包装。

EAN-128 条码的内容组成视实际需要携带的信息而定，并将所携带的信息联结串接在一起，以应用识别码加以区隔，但每个信息单元以不超过 48 个字元为原则（含应用识别码及信息码两个部分）。

（四）二维条码

1. 二维条码概述

在水平和垂直方向的二维空间存储信息的条码称为二维条码。

传统的一维条码通常具有以下局限性：

（1）信息要通过与数据库相连才能提取；

（2）只能表达字母和数字；

（3）大信息容量的一维条码通常受到标签尺寸的限制。

二维条码能够在横向和纵向两个方位同时表达信息，可以在面积相同的情况下表达更多的信息，并且可以携带汉字和图像。

2. 二维条码的分类、特点和优势

（1）二维条码的分类。

① 线性堆叠式二维条码：将多个一维条码在纵向堆叠产生，信息容量可以达到 1k。

② 矩阵式二维条码：具有更高的信息密度，但只能被 CCD 图像式阅读器识别，并能以全向的方式扫描。

（2）二维条码的特点。

① 信息容量大。

② 纠错能力强。

③ 印制要求不高。

④ 与多种阅读设备兼容。

⑤ 尺寸可调。

⑥ 码制公开,并形成标准。

(3) 二维条码的优势。

① 数据容量更大。

② 超越了字母与数字的限制。

③ 条码的尺寸相对较小。

④ 具有抗损毁的能力。

3. 二维条码的应用

(1) 用于运输行业。

运输行业中的二维条码主要是流转单据,包括发货人信息、收货人信息、货物清单、运输方式等大量信息。

(2) 用于身份识别。

用于身份识别中的二维条码能够及时采集数据、防伪、抗磨损。

(3) 用于文件和表格。

(4) 用于资产跟踪。

(五) 物流条码技术的应用

1. 条码技术在生产管理中的应用

在生产产品的车间内,会产生大量实时的有用数据,这些生产数据将对企业的快速决策起重要作用。在这种情况下,条码软件在生产上的应用就应运而生。条码生产管理系统强调对生产作业现场的管理,应用条码技术实现对生产作业过程中产生的大量的实时数据的自动化快速收集,并对实时事件及时处理。同时,条码生产管理系统又与计划层保持双向通信,从计划层接收相应数据并反馈处理结果和生产指令。生产管理条码解决方案有效解决了制造企业在对生产现场作业管理的难题,使企业更轻松地管理生产数据,实现对生产控制、产品质量追溯以及后续的库存及销售追踪的有效管理。采用条码技术,企业可方便地获取订单在某条生产线上的生产工艺路线及所需物料。同时,通过数据采集可对单个部件、整个部件、半成品等处于不同状态的商品进行跟踪,充分地实现生产实时监控。

2. 条码技术在库存管理中的应用

条码技术在库存管理上的运用,是将无线网络技术和条码自动识别技术嵌入到企业产成品库存管理中去。从成品入库开始,就用固定式扫描设备,扫描入库流水线的成品包装条码,记录下入库时间以及入库的产品数量,形成产品库的入库登记,仓库库存增加。在产品出库时,按照出库计划扫描整机包装箱的条码、检验出库产品的信息,包括产品的种类、数量等是否与计划出库的产品的信息相吻合,最后完成产品出库操作。在整个存取过程中,应用条码技术可以有效地防止出现产品登记错误的现象,避免产品出现缺漏或者是产品被错拿,从而提高产品存货和拣货的准确性。

在每个流程点中,都将人工操作完全电子化地在手持终端中实现,从而提高了人工的效率,确保库存管理、运输过程的统一性和准确性。但是,条码技术在库存管理中的应用也存在如条码误读率低、标准体系不完善、管理不规范等一系列问题。

3. 条码技术在配送管理中的应用

条码应用几乎出现在整个配送中心作业流程中的所有环节,包括配送中心的业务处理中的收货、摆货、仓储、配货、补货等。配送中心在接到客户的送货订单后,首先对信息进行汇总,并对配送信息进行分析,然后决定配送的时间段、配送的路线,等等。配送中心将货物从仓库中拣出后,在装车之前对商品条码进行扫描,可以确保所发送商品的准确性,避免发错商品。在整个发货运输过程中,每到一个地点,都用条码阅读器读取信息,输入计算机,实时监控商品的动态状况,有利于配送中心对商品进行实时跟踪,及时地对商品的运输做出调整。条码和计算机的应用,大大提高了信息的传递速度和数据的准确性,从而可以实现实时物流跟踪,实现仓库的进货、发货、运输中的装卸自动化管理,整个配送中心的运营状况、商品的库存量也会通过计算机及时反映到管理层和决策层。

**案例 8-2**

### 物联网条码技术

某公司电器生产流水线的生产效率比较低,容易产生混乱,公司经过考虑,决定采用物联网条码技术对生产进行管理。采用条码技术后,首先将订单号、零件种类、产品数量编号形成条码,在产品零件和装配的生产线上打印并粘贴条码。这样就可以很方便地获取产品订单在某条生产线上的生产工艺及所需的物料和零件。产品在生产线上完成后,由生产线质检员检验合格后扫入产品条码、生产线条码号,并按工序顺序扫入工人的条码(可一次确定后不变)。对于不合格的产品要送维修,由维修确定故障的原因(工序位置)。

条码在生产管理上的应用优势主要体现在以下三方面。

(1) 产品的生产工艺在生产线上能即时、有效地反映出来,省却了人工跟踪的劳动。

(2) 产品(订单)的生产过程能在计算机上显现出来,有助于找到生产中的瓶颈;快速统计和查询生产数据,为生产调度、排单等提供依据。

(3) 对于检验中的不合格产品,能记录下是工人人为的问题或者是零件的问题,提供实用的分析报告。

条码技术应用后要达到以下四个主要目标。

(1) 质量跟踪,能跟踪整机及主要基板(PCB 板)的型号(主板、电源或其他主要配件)、生产场地、生产日期、班组生产线、PCB 板版本号、工程变更单(ECO)、批量和序号等信息。

(2) 生产实时动态跟踪,能随时从计算机中得知实际生产的情况。

(3) 客户跟踪,能从计算机中随时得到客户的姓名、地址和发货数量。

(4) 报表功能,提供各类管理报表供管理层复审。

(资料来源:http://solution.eccn.com/solution_20110706l4003951.htm,有改动)

**分析提示:**

条码在生产、流通环节的应用,能够加快生产效率,使得成品可追溯。

### 三、物流 EDI 概述

(一) 物流 EDI 的定义和优点

1. EDI 的定义

EDI 就是将贸易、运输、保险、银行和海关等行业的信息用一种国际公认的标准格式,形成结构化的事务处理的报文数据格式,通过计算机通信网络,使各有关部门、企业与企业之间进行数据交换与处理,并完成以贸易为中心的全部业务过程。

EDI 用于电子计算机之间商业信息的传递,包括日常咨询、计划、采购、到货通知、询价、付款、财政报告等,以及安全、行政、贸易伙伴、规格、合同、生产分销等信息交换。目前仍在开发的领域包括政府、保险、教育等多个方面。

物流 EDI 是指货主、承运业主以及其他相关单位之间,通过 EDI 系统进行物流数据交换,并以此为基础实施物流作业活动的方法。

物流 EDI 的参与对象有货主、承运业主、协助单位以及其他物流相关单位。

2. 物流 EDI 的优点

(1) 迅速准确。

在国际、国内贸易活动中使用 EDI 技术,以电子文件交换取代了传统的纸面贸易文件(如订单、发货票、发票),双方使用统一的国际标准格式编制文件资料,利用电子方式将贸易资料准确迅速地由一方传递到另一方,是发达国家普遍采用的"无纸贸易手段",也是世贸组织成员国将来必须使用和推广的标准贸易方式。

(2) 方便高效。

采用 EDI 技术可以将原材料采购与生产制造、订货与库存、市场需求与销售,以及金融、保险、运输、海关等业务有机地结合起来,集先进技术与科学管理为一体,极大地提高了工作效率,为实现"金关"工程奠定了基础。在 EDI 系统中每个环节都建立了责任制,每个环节上信息的出入都有明确的签收、证实的要求,以便为责任的审计、跟踪、检测提供可靠的保证。在 EDI 技术的安全保密系统中广泛应用了加密技术,以提供防止流量分析、防假冒、防否认等安全服务。

EDI 业务减少了许多重复劳动,提高了工作效率。如果没有 EDI 技术,即使是高度计算机化的企业,也需要经常将外来的资料重新输入本企业的电脑。调查表明,从一部电脑输出的资料有多达70%的数据需要再输入其他的电脑,既费时又容易出错。EDI技术使贸易双方能够以更迅速有效的方式进行贸易,大大简化了订货或存货的过程,使双方能及时地充分利用各自的人力资源和物力资源。如美国DEC公司应用了EDI技术后,使存货期由5天缩短为3天,每笔订单费用从125美元降到32美元。EDI技术还可以改善贸易双方的关系,使企业可以准确地估计日后商品的需求量,货运代理商可以简化大量的出口文书工作,商户可以提高存货的效率,大大提高各方的竞争能力。

(3) 降低成本。

EDI系统规范了信息处理程序,信息传递过程中无须人工干预,在提高了信息可靠性的同时,大大降低了成本。根据联合国组织的一次调查,进行一次进出口贸易,双方约需交换近200份文件和表格,其纸张、行文、打印及差错可能引起的总开销等大约为货物价格的7%。据统计,美国通用汽车公司采用EDI技术后,每生产一辆汽车可节约成本250美元,按每年生产500万辆汽车计算,可以产生12.5亿美元的经济效益。

(4) 区别电子信箱。

EDI技术是电子信箱技术的自然发展,电子信箱的应用和发展大大提高了人们的办公效率,将它应用于商业事务的愿望促进了EDI技术的发展。

EDI和电子信箱之间既有联系又有区别。从通信的角度来说,EDI和电子信箱是相似的,但是它们也有比较明显的区别。例如,电子信箱是通过交换网络将人与人联系起来,使人和人之间可以通过交换网络快速准确地交换信息,而EDI则是通过交换网络将两个计算机系统联系起来,例如,将服装进出口公司的电脑系统与海关的电脑系统联系起来,以简化报关手续。所以,EDI是计算机之间通过交换网络传递商务信息。此外,电子信箱与EDI的另一个不同是,电子信箱存储和传递的信息是用户(人)之间的信息,这种信息只要人能读懂即可,不要求有一定的格式;而EDI不一样,EDI的双方是计算机,说本质一点,是计算机上的软件。软件可没人那么聪明,什么格式都能看懂,软件之间的通信需要格式化信息内容,况且,EDI的内容主要是贸易中的文件和报表,使格式化信息成为可能。

电子信箱传递的是普通的信件,EDI传递的是文件、表格,但是无论传递的是何种内容的信息,都要将这些待传递的内容装入信封,写上收信人地址,贴足邮票,丢入邮筒。也就是说通信的过程是一样的。

EDI不是用户间的简单的数据交换系统,EDI用户需要按照国际通用的消息格式发送消息,接收方也需要按照国际统一规定的语法规则对消息进行处理,并引起其他相关系统的EDI综合处理,整个过程都是自动完成,不需要人工的干预,减少了差错,提高了效率。例如,有一个工厂采用了EDI系统,通过计算机通信网络接收到来自用户的一笔EDI方式的订单,工厂的EDI系统随即检查订单是否符合要求和工厂是否接收订货,然后向用户回送确认信息。工厂的EDI系统根据订单的要求检查库存,如果需要则向相关的零部件和配套设备厂商发出EDI订单;向铁路、海运、航空等部门预订车辆、舱位和集装箱;以EDI方式与保险公司和海关联系,申请保险手续和办理出口手续;向用户开 EDI 发票;同银行以 EDI 方式结算账目等。从订货、库存检查与零部件订货,办理相关手续及签发发货票等全部过程都由计算机自动完成,既快速又准确。

### (二) EDI 的工作流程及应用

**1. EDI 的工作流程**

EDI 的实现过程就是用户将相关数据从自己的计算机信息系统传送到有关交易方的计算机信息系统的过程。这个过程因用户应用系统以及外部通信环境的差异而有所不同。具体工作过程为:

(1) 发送方将要发送的数据从信息系统数据库中取出,转换成平面文件;

(2) 发送方将平面文件翻译为标准 EDI 报文,并组成 EDI 信件;

(3) 发送方将 EDI 信件传送到接收方的 EDI 信箱;

(4) 接收方从 EDI 信箱收取信件;

(5) 接收方将 EDI 信件拆开并翻译成平面文件;

(6) 接收方将平面文件转换并送到信息系统中进行处理。

**2. EDI 的应用**

一个传统企业简单的购货贸易过程为:买方向卖方提出订单;卖方得到订单后,进行内部纸张文字票据处理,准备发货,纸张票据中包括发货票等;买方在收到货和发货票之后,开出支票,寄给卖方;卖方持支票至银行兑现;银行再开出一个票据,确认这笔款项的汇兑。

而一个生产企业的 EDI 系统,就是要把上述买卖双方在贸易处理过程中的所有纸面单证由 EDI 通信网来传送,并由计算机自动完成全部(或大部分)处理过程。具体过程为:企业收到一份 EDI 订单,系统自动处理该订单,检查订单是否符合要求;订单如果符合要求,通知企业内部管理系统安排生产;向零配件供销商订购零配件等;有关部门申请进出口许可证;通知银行并给订货方开出 EDI 发票;向保险公司申请保险单等。使用 EDI 系统后整个商贸活动过程在最短时间内准确地完成。一个真正的 EDI 系统是将订单、发货、报关、商检和银行结算合成一体的,从而大大加速了贸易的全过程。因此,EDI 对企业文化、业务流程和组织机构的影响是巨大的。

**3. EDI 的应用领域**

(1) 商业贸易领域。

在商业贸易领域,通过采用 EDI 技术可以将不同的制造商、供应商、批发商和零售商之间的生产管理、物料需求、销售管理、仓库管理、商业电子收款机系统有机地结合起来,从而使这些企业大幅度地提高其经营效率,并创造出更高的利润。商贸 EDI 业务特别适用于那些具有一定规模、具有良好计算机管理基础的制造商,采用商业 POS 系统的批发商和零售商,为国际著名企业提供产品的供应商。

(2) 运输行业。

在运输行业,通过采用集装箱运输 EDI 技术,可以将航运、空运、陆运、外轮代理公司、港口码头、仓库、保险公司等企业之间各自的应用系统联系在一起,从而解决传统单证传输过程中的处理时间长、效率低等问题;可以有效地提高货物运输能力,实现物流控制电子化,实现国际集装箱多式联运,进一步促进集装箱运输事业的发展。

(3) 外贸领域。

在外贸领域,采用 EDI 技术可以将海关、商检、卫检等口岸监管部门与外贸公司、来料加工企业、报关公司等相关部门和企业紧密地联系起来,从而避免企业多次往返于多个外贸管理部门进行申报、审批等,大大简化进出口贸易程序,提高货物通关的速度。最终起到改善经营投资环境,加强企业在国际贸易中的竞争力的目的。

(4) 其他领域。

在其他领域,如税务、银行、保险等贸易链路的多个环节之中,EDI 技术同样也有着广泛的应用前景。通过 EDI 和电子商务技术,可以实现电子报税、电子资金划拨等多种应用。

### 四、GPS 概述

(一) GPS 的概念

GPS,即全球定位系统。是利用通信卫星、地面控制部分和信号接收器对对象进行动态定位的系统。GPS 可以对静态或动态的对象进行动态空间信息的获取,能够快速、精度均匀、不受天气和时间限制地反馈空间信息。

(二) GPS 的特点

1. 定位精度高

实践证明,GPS 相对定位精度在 50km 内可达 10—6,100—500km 可达 10—7,1 000km 可达 10—9。

2. 观测时间短

随着 GPS 系统不断完善,软件不断更新,目前 20km 内相对静态定位,仅需 15~20 分钟。快速静态相对定位测量时,每个流动站与基准站相距在 15km 以内时,流动站观测时间需 1~2 分钟,然后可随时定位,每站观测只需几分钟。

3. 测站间无须通视

GPS 测量不要求测站之间互相通视,只需测站上空开阔即可。

4. 可提供三维坐标

GPS 可精确测定站点的三维坐标。

5. 操作简单

随着 GPS 接收机不断改进,已达到"傻瓜式"的程度。

#### 6. 全天候作业

GPS 观测可在 24 小时内进行。

#### 7. 功能多、应用广

GPS 系统不仅用于测量、导航,还可用于测速、测时。

### (三) GPS 的组成

GPS 利用无线电传输特性来定位,具有发射信号覆盖全球和定位精确度高的优点。系统的用户并不需要给卫星发射任何信号,卫星也不必理会用户的存在,因而系统对用户的数量没有限制。GPS 包括以下三个重要组成部分。

#### 1. 空间部分或 GPS 卫星

GPS 空间部分由系统中的所有卫星(共计 21 颗工作卫星和 3 颗备用卫星)共同组成,统称为 GPS 星座。轨道平面的卫星数随着时间和地点的不同而不同,一般可见 4~11 颗不等,其发射信号的范围覆盖了全球面积的 38%。

在使用 GPS 时,至少要能够观测到 4 颗卫星,即定位星座,它们的分布直接影响定位的精度。在某些特殊情况下,对某些地点难以精确定位,即为"间隙段"。

#### 2. 地面监控部分或地面支持系统

地面监控部分负责监测和控制工作。用于监测卫星的健康状况和空中定位精度,定时向卫星发送控制指令、轨道参数和时间修正数据。

#### 3. 用户设备部分的主要功能

(1) 采集数据。

(2) 编辑导航电文。

(3) 诊断功能。

(4) 调整卫星。

### (四) GPS 的工作原理

GPS 的工作原理是由地面主控制站收集各监测站的观测资料和气象信息,计算各卫星的星历表及卫星钟改正数,按规定的格式编辑导航电文,通过地面上的注入站向 GPS 卫星注入信息。测量定位时,用户可以利用接收机的储存星历得到各个卫星的粗略位置。根据这些数据和自身位置,由计算机选择卫星与用户连线之间张角较大的 4 颗卫星作为观测对象。观测时,接收机利用码发生器生成的信息与卫星接收的信号进行相关处理,并根据导航电文的时间标和子帧计数测量用户和卫星之间的伪距。将修正后的伪距和输入的初始数据及 4 颗卫星的观测值列出 3 个观测方程式,即可解出接收机的位置,并转换为所需要的坐标系统,以达到定位目的。GPS 又叫 GPRS,简单来说,GPS 是靠车载终端中内置一张手机卡,通过手机信号传输到后台来实现定位,GPS 终端就是这个后台,可以实现一键导航、后台服务等各种人性化服务(如图 8-10 所示)。随着社会的发展,GPS 已被应用到越来越多的行业,起到前期监督,后期管理的作用,还提高了工作效率,降低了管理成本。

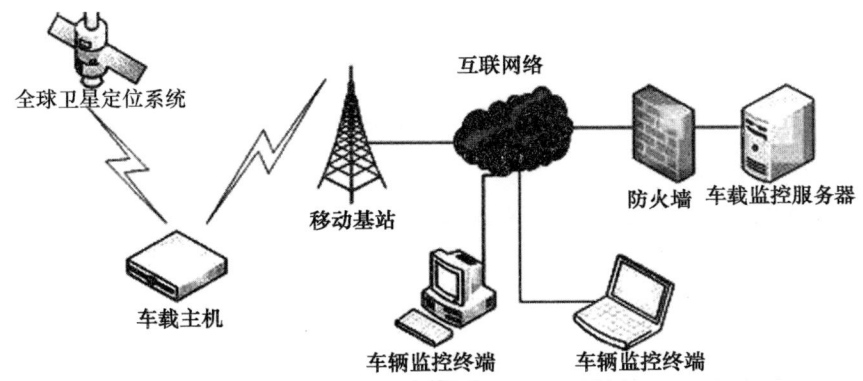

图 8-10　GPS 工作原理

(五) GPS 在货物运输系统中的应用

GPS 定位技术的出现,为交通工具的导航定位提供了具体的实时定位能力:通过车载 GPS 接收机,驾驶员能够随时知道自己的准确位置;通过车载电台将 GPS 定位信息发送给调度指挥中心,使其可以随时掌握各车辆的具体位置,并在大屏幕的电子地图上显示出来。

1. 车辆 GPS 定位管理系统

监控中心的主要功能有:

(1) 数据跟踪功能;

(2) 图上跟踪功能;

(3) 模拟显示功能;

(4) 决策指挥功能。

车载部分的主要功能有:

(1) 定位信息的发送功能;

(2) 数据显示功能;

(3) 调度命令的接收功能;

(4) 报警功能。

2. 应用差分 GPS 技术的车辆管理系统

在实际工作中,多采用集中差分技术。目前,GPS 系统提供的定位精度是优于 25 米,而为得到更高的定位精度,我们通常采用差分 GPS 技术:将一台 GPS 接收机安置在基准站上进行观测,根据基准站已知精密坐标,计算出基准站到卫星的距离改正数,并由基准站实时将这一数据发送出去,用户接收机在进行 GPS 观测的同时,也接收到基准站发出的改正数,并对其定位结果进行改正,从而提高定位精度。

### 案例 8-3

#### GPS 系统在冷链运输中的应用

如果在冷藏(冷冻)车内几个温区中安装温度传感器,就可以将温度传感器采集的冷藏(冷冻)车内温度通过车载 GPS 终端的无线通信模块传送到易流 GPS 服务器上。货主可通过登录 GPS 监控平台,得到冷藏(冷冻)车内准确的温度信息。这样,司机就不敢沿途随意关停制冷设备,从而保障全程运输实现真正"冷链"。所有的温度信息还可以以温度曲线的形式记录下来,以备必要时使用。

某跨国连锁快餐投资机构应用这种管理模式,真正实现了半成品食品配送的全程"冷链",保证了食品质量,维护了消费者的利益和品牌声誉。

该跨国连锁快餐投资机构在中国有 3 个全国性的快餐品牌。其基本运行模式是,由全国的半成品加工中心将加工好的半成品用"冷链"运输的形式配送到各个门店,各个门店再做最后的加工处理。对这样一个模式,控制好运输过程中的温度就控制好了食品安全和品质。在没有使用 GPS"冷链"运输监控模式以前,"冷链"运输不"冷链"的现象时有发生,极大影响了食品品质。使用 GPS"冷链"运输监控后,每个车辆都有完备的温度记录,根据温度记录对司机提出有针对性的要求,有效避免了"冷链"变"冷端"。

(资料来源:http://www.58kt.com/newsdetails-2424/,有改动)

**分析提示:**

GPS 在物流管理中可以应用到各个环节。

### 五、GIS 概述

地理信息系统是一门综合性学科,结合地理学与地图学以及遥感和计算机科学,已经广泛地应用在不同的领域,是用于输入、存储、查询、分析和显示地理数据的计算机系统(如图 8-11 所示)。随着地理信息系统的发展,也有人称地理信息系统为"地理信息科学"(Geographic Information Science)。近年来,也有人称地理信息系统为"地理信息服务"(Geographic Information Service)。地理信息系统是一种基于计算机的工具,它可以对空间信息进行分析和处理(简而言之,是对地球上存在的现象和发生的事件进行成图和分析)。地理信息系统技术把地图这种独特的视觉化效果和地理分析功能与一般的数据库操作(例如,查询和统计分析等)集成在一起。

地理信息系统可以分为以下五部分。

(1) 人员。开发人员必须定义地理信息系统中被执行的各种任务,并开发处理程序。熟练的操作人员通常可以克服地理信息系统软件功能的不足。

(2) 数据。精确的、可用的数据可以影响查询和分析的结果。

(3) 硬件。硬件的性能影响软件对数据的处理速度、使用是否方便及可能的输出方式。

(4) 软件。软件不仅包含地理信息系统软件,而且还包括各种数据库和绘图、统计、影像处理及其他程序。

(5) 方法。这里的方法指应用模型,它是对专业领域的具体对象及过程进行大量研究的基础上总结出的规律的表示。

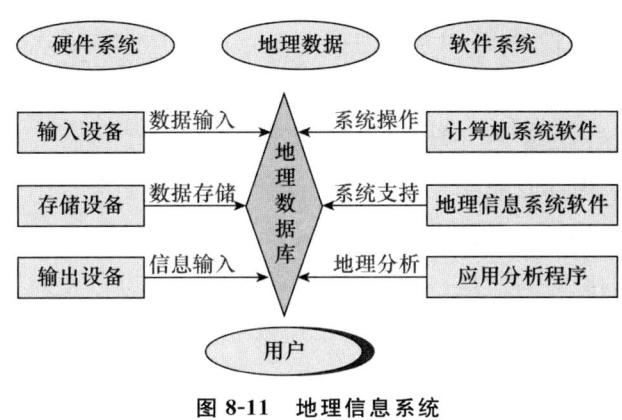

图 8-11 地理信息系统

## 第三节 物流管理信息系统

信息系统是对信息进行采集、加工处理、存储和传输,并向有关人员提供有用信息的系统。信息系统的基本结构如图 8-12 所示。

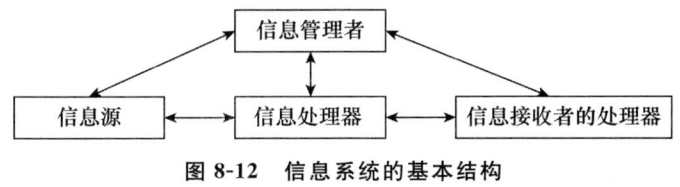

图 8-12 信息系统的基本结构

信息系统的工作包括收集数据、传输数据、存储数据、处理数据、输出信息和人机交互几个方面。

### 一、物流管理信息系统概述

管理信息系统是一个基于管理科学理论,使用计算机、网络通信和信息处理技术的人机系统。管理信息系统具有以下一些基本特征:
① 以解决组织所面临的问题为目的;
② 以数据库和数据处理为基础;
③ 能够向组织的各层次、各部门提供所需的信息。

## 二、物流管理信息系统的定义、特点及所要解决的问题

**1. 物流管理信息系统的定义**

物流管理信息系统又称物流信息系统，是使用系统的观点、思想和方法建立起来的，以电子计算机为基本信息处理手段，以现代通信设备为基本传输工具，并且能够为管理决策提供信息服务的人机系统。

物流管理信息系统的主要应用环境主要包括以下几点。

（1）改善物流企业内部业务流程和信息交换方式，满足业务部门对信息处理和信息共享的需求，使物流信息更有效地发挥效力。

（2）通过对货物的跟踪与监控，物流企业的各层管理者可以及时掌握业务进展情况及经验业务数据，增强对业务的控制，为决策提供数据支持。

（3）为客户提供实施的货物跟踪，提供个性化服务，提高业务水平。

（4）按照现代化管理思想和理念的要求，为运作企业提供可靠的信息处理支撑环境。

**2. 物流管理信息系统的特点**

物流管理信息系统具有以下几个方面的基本特点。

（1）是一个人机系统，由人和机器构成并依赖于人机之间相互作用而完成的一定功能的系统。

（2）是一个综合系统，具体体现在多学科交叉、多种人才结合、软硬件的集成。

（3）是一个动态系统，具体体现在系统的开发与维护处在连续不断的动态过程之中，系统本身应当具有实时动态的处理能力。

**3. 物流管理信息系统所要解决的问题**

物流管理信息系统的最终目标是为提高对客户的服务水平和降低物流总成本，要达成该目标应从以下几个方面着手。

（1）缩短从接受订单到发货的时间。

（2）库存适量化。

（3）提高搬运和装卸的作业效率。

（4）提高运输效率。

（5）使接受订货和发出订货更为省力。

（6）提高接受订货和发出订货的精度。

（7）防止发货、配送出现差错。

（8）调整需求和供给。

（9）信息咨询。

（10）提高成本核算与控制能力。

### 案例8-4

**菜鸟网络："大数据"+"大物流"背后的企图**

菜鸟网络计划首期投资人民币1 000亿元，希望用5—8年的时间，努力打造遍布全国的开放式、社会化物流基础设施，建立一张能支撑日均300亿元（年度约10万亿元）网络零售额的智能骨干网络。其目标是"让全中国任何一个地区都做到24小时内送货必达"。

阿里巴巴、银泰、复星、富春、顺丰和"三通一达"等共同组建"菜鸟网络"，同时启动"中国智能骨干网"项目建设。这是智能大数据、物联网、云计算、自动化等技术在国内的大规模商业实践。

在近期，在全国打造搭建形成一个网状的、物理的智能骨干体系，把它做成一个平台。

在中期，"中国智能物流骨干网"将通过信息系统深度融合和处理、整合社会第三方物流企业，计划用5—8年的时间建立一个支撑日均300亿元网络零售额的物流网络。

在远期，智能骨干体系将不断完善其物流信息系统，并向制造商、电商、第三方物流开放，可以基于大数据和云计算等技术，建立服务于整个"生态系统"的供应链管理体系，整合商流、物流、信息流，实现大物流发展战略。

（资料来源：http://b2b.toocle.com/detail--6257165.html，有改动）

**分析提示：**

有效的物流信息系统可以使物流管理更具有竞争力。

### 三、物流系统功能信息需求与数据处理过程

（一）物流系统功能信息需求

1. 运输功能及信息需求

物流系统应充分考虑运输距离、运输环节、运输工具、运输时间和运输费用这"五要素"，制订出经济合理的实施方案，以发挥物流的最大功效。系统努力消除不合理运输，同时对货物的要求、运输工具的运用效率以及各运输方式的协作加以考虑。

2. 储存功能及信息需求

以合理利用仓库资源为最终目标，要求系统完成具体相关信息的分析，包括库存物品周转速度、仓储服务水平、物品需求预测、库存分析、占用资金等方面。

3. 物流加工功能及信息需求

以实现物流加工合理化为目标，重点考虑配送、配套、合理运输、合理商流、节约等几个方面的需求。

4. 物流配送及信息需求

要求物流信息系统对相关问题做出辅助决策。相关问题主要包括选择最佳的运输路

线、配装和路线的有效搭配等。

（二）物流数据处理过程

（1）数据收集，采集所需数据。

（2）数据存储，将原始数据的计算结果保存起来，供以后使用。

（3）数据加工，通常包括数据缺失值处理，数据的分组、基本描述统计量的计算，基本统计图形的绘制、数据取值转换、数据的正态化处理等，它能够帮助人们掌握数据的分布特征，是进一步深入分析和建模的基础。

（4）数据传输或共享，数据从一个地方传送到另一个地方的通信过程。

（5）数据输出，计算机对各类输入数据进行加工处理后，将结果以用户要求的形式输出。

**四、物流管理信息系统的基本组成和结构**

（一）物流管理信息系统的基本组成

物流管理信息系统的基本组成包括硬件、软件、数据库与数据仓库和人员。

1. 硬件

硬件是实现物流管理信息系统的基础。

2. 软件

软件具体包括系统软件和应用软件两大类。

3. 数据库与数据仓库

作为软件实现的必要基础，数据库是按照数据结构来组织、存储和管理数据的仓库。数据仓库是企业所有级别的决策制定过程，提供具有类型数据支持的战略集合。

4. 人员

物流管理信息系统是一个人机系统，合理的人员配制是能否完成管理信息系统目的的关键。

（二）物流管理信息系统的结构

物流管理信息系统的结构可以从功能和层次两个方面分别进行讨论。

1. 物流管理信息系统的功能结构

物流管理信息系统的功能结构主要包括信息处理、事物处理、预测、计划、控制、辅助决策和决策优化。

（1）信息处理。信息处理功能具体要实现以下几个方面的细节：① 数据的收集；② 信息的存储；③ 信息的传输；④ 信息的处理。

（2）事务处理。事务处理功能旨在节省人力资源，提高管理效率，并且提高准确率。

(3) 预测。物流管理信息系统不仅能实测物流状况,而且能利用历史数据,运用适当的数学方法和科学的预测模型进行预测。

(4) 计划。物流管理信息系统针对不同的管理方提出不同的要求,能为各部门提供不同的信息,并对其工作进行合理的计划与安排,如库存补充计划、运输计划、配送计划等,从而有利保证管理工作效果。

(5) 控制。物流管理信息系统对物流系统的各个环节的运作情况进行监测、检查,比较物流过程实际执行情况与其计划的差异,从而及时发现问题,然后根据偏差分析原因,采用适当方法纠正,从而保证系统预期目标的实现。

(6) 辅助决策和决策优化。物流管理信息系统能为管理者提供相关的决策信息,达到辅助决策的目的。

2. 物流管理信息系统的层次结构

物流管理信息系统的层次结构主要包括作业层、管理层和决策层。

(1) 作业层。

作业层的任务是有效地使企业现有的人力资源和物力资源在预算的范围内执行各项活动。作业层主要负责进行事务处理、报表处理和查询处理。

作业层的主要功能包括:

① 原始数据的采集与处理;

② 业务管理;

③ 财会管理;

④ 人事管理;

⑤ 物业管理;

⑥ 办公管理;

⑦ 考核管理;

⑧ 综合查询管理;

⑨ 统计分析与决策支持管理。

(2) 管理层。

管理层的任务是保证企业经营所需要的人财物的调用,综合衡量企业的生产经营状况,检查企业的主要经济技术指标的完成状况,并将其与计划值进行比较,从中观察其发展趋势,找出偏差及其原因,提出相应的解决方案。具体来讲,管理层主要负责根据有关部门的计划或使用预算模型来编制企业的计划和预算;定期提供企业经营情况的综合报告;使用数学方法分析执行计划的偏差;为管理人员提供满意的行动方案。

(3) 决策层。

决策层的任务是确定企业的目标,制订达到该目标所应采用的战略计划。具体来讲,决策层主要负责建立数学模型,用模拟法去探索企业的目标以及达到该目标的各种可能途径。

### 五、物流管理信息系统功能模块划分实例

按照价值链的概念,物流企业的主要活动有运输、仓储、装卸、搬运、包装、流通加工和配送等,根据物流企业的经营管理内容,可将物流管理信息系统划分为物品管理子系统、配送管理子系统、运输与调度子系统、客户服务子系统、财务管理子系统、人力资源管理子系统和质量管理子系统(如图 8-13 所示)。

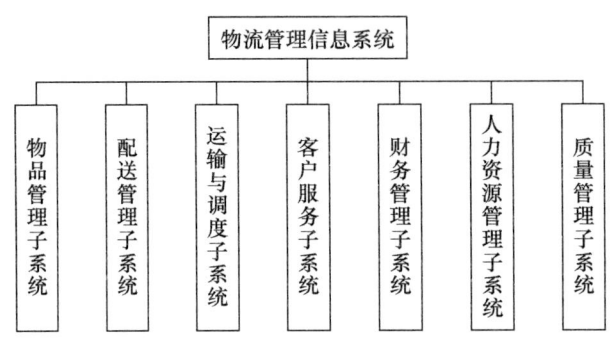

图 8-13 物流管理信息系统功能模块

(一)物品管理子系统

鉴于物品管理在物流企业中的重要性及实际功能,物品管理子系统可以分为采购计划管理模块、采购合同管理模块、物品出入库管理模块和物品进销存查询模块。

(二)配送管理子系统

根据配送管理子系统的实际功能,配送管理子系统可以分为备货管理模块、配送加工管理模块、分拣配货管理模块、配装管理模块、配装运输管理模块和送达服务模块。

(三)运输与调度子系统

根据运输与调度子系统的实际功能,运输与调度子系统可以分为运输任务产生模块、运输过程管理模块、服务结算模块、运输跟踪模块和运输信息查询模块。

(四)客户服务子系统

根据客户服务子系统的实际功能,客户服务子系统可以分为网上下单模块、货物跟踪模块、合同更改模块和网上支付模块。

(五)财务管理子系统

根据财务管理子系统的实际功能,财务管理子系统可以分为资料管理模块、账薄管理模块、物流成本模块和财务分析等模块。

(六)人力资源管理子系统

根据人力资源管理子系统的实际功能,人力资源管理子系统可以分为人员属性记录模块、工作经验记录模块、岗位经验记录模块和奖惩记录模块。

（七）质量管理子系统

根据质量管理子系统的实际功能，质量管理子系统可以分为质量数据模块、质量文件模块和质量工具模块。

## 本学习情境小结

本学习情境主要介绍了什么是信息，什么是数据，信息与数据之间的关系，物流信息的相关内容；物流涉及的信息技术有很多，本学习情境主要介绍了条码技术、EDI技术、GPS技术、GIS技术等；最后，还介绍了物流管理信息系统的相关内容。

**练习题**

1. 什么是信息？什么是数据？
2. 在物流管理中主用使用哪几种条码？
3. 物流管理信息系统有哪些功能模块？

案例分析

**海尔物流：不断增强核心竞争力**

当今，被誉为中国第一品牌并跻身世界品牌100强的海尔，从品牌战略，到多元化战略，再到国际化战略，海尔的每一次跨越都有很多经验可圈可点。

海尔在美国设厂遇到的第一个问题就是必须和美国市场联网，信息化和物流的瓶颈困惑使海尔意识到从海尔的国际化到国际化的海尔，首先要做的事情是建立全球供应链网络，而支撑这个网络体系的正是现代物流。于是，海尔下决心建立现代物流体系，这对当时的中国企业来说无疑是一项前所未有的创举。海尔的首席执行官张瑞敏也因此被誉为"中国物流觉醒第一人"。

1. 海尔物流的做法

海尔的物流革命经历了物流资源重组、供应链管理、物流产业化三个发展阶段。每个阶段都有侧重点，环环紧扣螺旋上升。物流资源重组阶段的任务是，建立组织机构，整合集团内部物流资源，降低物流成本。供应链管理阶段的任务是，实施供应链一体化管理，提高核心竞争力。物流产业化阶段的任务是，海尔物流推进本部在做好企业内部物流、增强企业核心能力的基础上，向物流企业转化，致力于社会化业务的拓展，使之成为企业新的经济增长点。

2. 一流三网，实现同步流程

现代物流区别于传统物流的是信息化和网络化，海尔物流创新实施了"一流三网"同步模式,即以订单信息流为核心,建立全球供应链网络、全球配送网络、计算机网络,三网同步流动,为订单信息流提供增值。

正是因为有"一流三网"的支撑,海尔得以用JIT采购、JIT原材料配送、JIT分拨物流,实现同步流程。即商流与海外推进本部从全球营销网络获得的订单可以同步传递到产品事业部和物流推进本部,物流本部按照订单安排原材料采购、配送,产品事业部组织安排生产;产品下线后再通过物流的配送网络送到用户手中。比如美国海尔销售公司在网上下达一万台的订单,订单在网上发布的同时,所有的部门都可以看到,并同时准备到位。不用召开会议,不用层层传递,每个部门都会同步接收到与订单有关的信息,大大缩短了订单的响应周期。

3. 信息化贯穿于海尔物流发展的全过程

(1) 海尔信息化建设的演进过程。

建立ERP系统是海尔实现高度信息化的第一步。在成功实施ERP系统的基础上,海尔建立了SRM(招标、供应商关系管理)、B2B(订单互动、库存协调)、扫描系统(收发货、投入产出、仓库管理、电子标签)、定价支持(定价方案的审批)、模具生命周期管理、新品网上流转(新品开发各个环节的控制)等信息系统,并使之与ERP系统连接起来。这样,用户的信息可同步转化为企业内部的信息,实现以信息替代库存,零资金占用。

海尔通过搭建电子采购平台(BBP),实现了全球供应商网上查询计划、网上接收订单、网上查询库存、网上支付等活动,使供应商足不出户就可以完成一系列的业务操作。

随着全球化信息网络和市场的形成,海尔物流开始着眼于全球供应链资源网络。

在物流产业化阶段,海尔通过研用信息集成化一流的物流执行系统LES(Logistic Execution System,LES),成功地搭建起第三方物流运作管理的系统架构,实现了包括全国42个配送中心的订单管理、条码扫描、GPS运输管理、仓储管理在内的基本业务流程系统管理。通过实时取数、透明追踪、条码扫描、成本管理和决策支持来实现对多仓库、多客户、跨地域管理、复杂的仓位控制、安全存量设置、自动补货警示等先进技术,搭建起高效的第三方物流操作平台。

在此基础之上,海尔又在自己物流实践和优化业务流程之上,吸取先进仓储管理系统的经验,利用计算机及网络技术开发出针对市场需求的物流执行软件——海尔物流执行系统(HLES)。目前,以信息化为基础的海尔物流正在迅速拓展社会化业务。

(2) 条码和射频(RF)技术支持下的"五个按单"。

由于海尔信息化的提前推广,使网络共享解决了基础设施的瓶颈,同时也为条码和RF技术在物流的各个环节、各个部门的数据采集和普遍应用做好了准备。

海尔应用最为广泛的条码主要分为7种:托盘条码、物料条码、仓位条码、成品条码、操作人员条码、工位条码及设备条码。托盘条码由6位阿拉伯数字组成,具有唯一性。物料条码相当于物资标签,每个容器外部都有一张物料条码,包含物料号、物料描述、批号、供应商及送货数量等信息。仓位条码相当于一个三维坐标,用来标识海尔青岛物流中心每个仓位的具体位置,如01-09-03,01代表第1巷道,09代表第9列,03代表第3层。成品条码主要用来标记出厂成品,用于整个成品下线、仓储及配送。成品条码共计20位,包括产品大类、版本号、流通特征、生产特征、序列号等信息。操作人员条码是海尔集团所有员工的编码,与其他条形码结合能够及时追溯到责任,同时也是海尔集团进行工资分配的依据。工位条码是海尔集团将所有的生产线统一编码,这使产品可追溯到生产线的生产工艺与质量。设备码是集团所有设备的编码,为全面设备管理提供依据。条码和RF技术在海尔的广泛采用,使海尔的"五个按单"——按单采购、按单分拣、按单配送、按单核算、按单计酬成为可能。

4. 先进的物流技术和设备是物流高效率的实现手段

海尔物流中心包括原材料、成品两个自动化物流系统,采用了激光导引、条码识别、无线数字通信、红外通信、智能充电、工业控制、现场总线和计算机网络等国际先进技术,成功集成了具有国际先进水平的工业机器人、巷道堆垛机、环行穿梭车、激光导引车、摄像及语音监控等先进的自动化物流设备。该系统对原材料和成品自动化仓储与收发的全过程实施完全的控制、调度、管理和监控,并与海尔集团的ERP系统实现了信息集成,以最少的人机接口实现了最大的物流自动化。

5. 物流革命带来显著成效

海尔在对企业进行全方位流程再造的基础之上,依托强大的全球配送网络,利用先进的信息技术与物流技术,打造现代物流体系,实现了物流全过程的精细化管理,使企业的运营效益发生了奇迹般的变化。

(1) 提高了效率,降低了成本。

海尔通过实施现代物流,保证了集团业务的高速增长,实现了采购成本持续环比降低6%以上、仓储面积减少90%、原材料库存资金周转天数降低77%、物流成本下降10%~15%,整个供应链的运作费用将下降10%~25%,实现了两个高、三个零——高速度、高效率以及零库存、零运营成本和与顾客的零距离。

(2) 整合资源,优化供应链。

海尔通过整合全球化的采购资源,建立起双赢的供应链,多产业的积聚促成一条完整的家电产业链,大大地提高了核心竞争力。

(3) 打造物流核心竞争力,社会化物流显成效。

2003年,海尔物流在发展企业物流的同时,成功地向物流企业进行了转变,以客户为中心,为客户提供增值服务。目前,海尔第三方物流服务领域正迅速拓展至IT业、食品业、制造业等多个行业,并取得一定成效。例如,海尔通过LES第三方物流系统操作平台,向某高科技企业集团提供全方位物流服务时,客户可以从网上查询库存,进行BOM管理,可以管理到货物的批次号、序列号、保修期等,帮助客户实现了增值,获得客户满意。在不断拓展第三方物流业务的同时,海尔开始提供第四方物流服务,帮助客户规划、实施和执行供应链的程序,并先后为制造业、航空业等领域的企业提供了物流增值服务。物流业务已成为海尔新的经济增长点。

(资料来源：http://www.wangxiao.cn/wl/29611563314.html，有改动)

**问题：**

1. 海尔使用了哪些物流信息技术，效果如何？
2. 海尔的信息化是如何进行的？

### 实训项目

**【实训目标】**

(1) 通过实训，使学生了解仓储管理系统、配送管理系统、运输管理系统、供应链管理系统的模块、功能及操作。

(2) 培养学生独立思考问题、分析问题和解决问题的能力。

**【实训内容与要求】**

先由教师讲解信息管理系统各个系统模块的基本概念、功能、操作及应用，然后由教师演示信息管理系统的操作过程，学生根据教师的示范，分好小组，用角色扮演的方式完成信息管理系统的操作过程。

**【成果与检验】**

实训过程中教师现场指导并及时纠正错误，实训完成后师生间进行互相评价。

### 参考文献

[1] 刘幺和.物联网原理与应用技术[M].北京：机械工业出版社，2011.

[2] 郑颖.现代信息技术在物流管理中的应用[J].现代经济信息，2016(05).

[3] 戴定一.物流信息化与智能物流[J].办公自动化，2012(21).

[4] 陶云.信息化在物流管理中的应用研究[J].商场现代化，2013(30).

[5] 杨芳琼.我国电子商务物流发展出路探讨[J].合作经济与科技，2014(21).

[6] 王盛,张铁强.电子商务下的物流信息化问题分析[J].电子技术与软件工程，2016(15).

[7] 马方方.电子商务发展测度研究[D].杭州：浙江工商大学，2015.

# 学习情境九　现代物流运作模式

**【学习目标】**通过本情境的学习,使学生了解不同物流运作模式对应的服务对象,熟悉现代物流运作模式的概念及要素,掌握现代物流运作模式的基本类型,并重点理解电子商务环境下的现代物流运作模式。

**【关键概念】**现代物流(Modern Logistics)　电子商务(Electronic Commerce)　运作模式(Operational Mode)

**【引导案例】**

安泰达:家电业第三方物流

1. 安泰达简介

广州安泰达物流有限公司(以下简称"安泰达")是以第三方物流机构为中心,由家电行业中的多家企业投资入股构建,安泰达在家电生产企业与销售商之间构建了家电物流平台。

2. 安泰达的运营模式

(1)物流信息平台。

根据小天鹅和科龙的资料和信息调研,选择供应商,选用运输工具,确定运输路线,确定每次运货批量,跟踪在途货物,有效利用仓库,确定最佳库存量,确定库存时间,提高服务水平,做好自动补货、订单管理等,有效地控制物流成本。

(2)两个整合。

第一,仓储系统整合。小天鹅和科龙原有的仓储管理比较混乱,主要体现在租用仓库分散不均匀,租用面积利用率低,仓库信息化程度低,仓库存货不合理。安泰达和快步公司整合仓储系统,建立了一套物流中心、物流基地选址模式,分析规划、优化物流中心布局。同时利用仓库储存模型,对仓库的高效利用、最佳库存量的确定、库存时间的确定、自动补货的设置等进行了科学规划,主要包括商品订货量的确定,盘点(循环盘点、总盘点),商品转库,调拨,脱销、断档商品分析,超过最大、最小库存预警,商品保质期预警等。

第二,运输系统整合。安泰达的运输管理并不是简单地将运输任务交给原企业自备车队或社会运输服务机构。而是经过认真的综合分析,确定设计运输批次、规模,确定规划运输路径,确定选择运输单位和控制运输质量的标准,以及提高装载率和实车率等,在满足客户需要的前提下达到物流成本最低的目标。

(3)有效控制三个流动。

安泰达物流做到了供应商、制造商、分销商、终端用户的物流、信息流和资金流的有效控制和管理,实现了产品需求链全过程的价值和经营行为的最优化。

(4) 安泰达公司四个方面的服务监控。

安泰达物流做到了对到货率、经济性、信息性和安全性的有效监控,确保客户利益。安泰达物流以品牌为基础,向加盟者收取加盟费。通过物流连锁网络,安泰达向企业提供第三方物流服务,利润产生于提供全程物流价格与内部控制实际分项成本(仓储、运输、配送)的差额。

3. 安泰达的运营成效

小天鹅受益颇多,得到了四个优化和两个延伸。

(1) 四个优化。第一,整合物流部门,人员由20多人减至4人。第二,运输系统整合运输可靠率达99.2%,物流成本有所降低(平均降低38%),资金周转速度提高5%。第三,仓储整合和资源优化,调整了作业半径,形成4大产品仓储发运片区。第四,整个信息资源整合,降低了内部运营成本,特别是监督成本。

(2) 两个延伸。第一,物流向二次配送延伸。家电在大城市的竞争非常激烈,二次延伸将拓展农村市场。第二,向外部物流的延伸。安泰达以小天鹅的物流为平台开拓了伊莱克斯、惠尔普等业务。

(资料来源:牛鱼龙.中国物流百强案例[M].重庆:重庆大学出版社,2007,有改动)

## 第一节　现代物流运作模式

现代物流运作模式是现代物流企业在应对市场变化、为客户创造价值、保证企业运营、实现企业战略目标的过程中,所采用的思维方式、运营机制和行为模式的统称。

### 一、现代物流运作模式的概念及要素

(一) 现代物流运作模式的概念

现代物流运作模式即在专业化的物流管理人员和技术人员的运作下,以先进的物流技术设备为基础,在一定管理理念的指引下,使整个物流活动获得最优结果的运作机制。

(二) 现代物流运作模式的要素

现代物流运作模式涉及诸多要素,主要包括市场、企业要素资源、业务运作、运营管理等。

1. 市场

市场环境的变化影响物流需求变化,包括贸易方式、经营理念、经营方式等多方面的改变,这些都是物流企业运作的牵引性要素。

2. 企业要素资源

企业要素资源包括基础设施、资金、技术、人才、信息等,是企业运作的内应性要素。

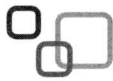

3. 业务运作

业务运作是指业务运作形式和业务流程重组的状况,包括业务种类、业务流程优化等,是整合性要素。

4. 运营管理

运营管理体现了企业在实现物流服务目标过程中的管理价值,是制动性要素。

这些要素相互联系,相互作用,在物流企业的运作中体现出不同的特征,这些特征组合在一起构成了物流企业的运作模式。外部环境对现代物流运作模式的影响往往也通过这些要素来发生作用,并通过要素之间相互关联的关系而使整个运作模式受到影响。

## 二、现代物流运作模式的类别

(一)按照运作模式的主体分类

1. 自营物流模式

自营物流是指企业利用自有的物流资源自行组织和经营的物流活动。企业主要利用已有的物流资源,采用先进的物流管理系统和物流技术,不断优化物流运作流程,为生产经营过程提供高效、优质的服务。

自营物流的优势是企业对供应链有较强的控制能力,容易与其他业务环节密切配合,全力且专门服务于本企业的运营管理。

自营物流的劣势是对于物流的规模和投入有一定要求,并且面对一个庞大的物流体系,需要工作人员具有专业的物流管理能力。

 案例 9-1

### 凡客诚品的如风达

为了满足客户对于凡客诚品主要商品(衣物鞋帽类)配送的及时性和试穿要求,2008年凡客诚品成立了如风达快递。

如风达快递又称北京如风达快递有限公司,成立于 2008 年 4 月 15 日,原属凡客诚品旗下全资自建的快递公司,专业经营最后一公里(门到门)配送业务。

如风达在北京开展当日达、当场试穿不满意直接退等服务,深受顾客好评。

2011 年,如风达快递已经拥有 26 座城市约 150 余个站点,全部接受凡客诚品的订单,并由最初对如风达快递的使用率从不到 10% 达到近 60%,这被凡客诚品总裁陈年称为"内部创业"。

如风达快递的配送成本年年高涨,2009 年全年物流费用率为 8.08%,2010 年为 8.50%,2011 年为 13.58%,2012 年第三季度为 18.97%,而同为自建物流的京东显示 2011 年仓储、配送的整体物流费用率为 6.6%。

2012年9月,如风达快递裁员2 000人,原先覆盖的26个城市将裁至6个,大部分业务将由第三方物流公司柏松物流接手。

**分析提示:**

自营物流能够为企业带来定制化的服务和市场战略优势,但是自营物流存在的成本和管理问题也不容小觑,对于目标市场的细分是实行物流策略的前提条件。

2. 第三方物流模式

第三方物流是指由供应方与需求方以外的物流企业提供物流服务的业务模式。第三方就是指提供物流交易双方的部分或全部物流功能的外部服务提供者。从某种意义上说,它是物流专业化的一种形式。

第三方物流的优势是便于企业集中精力于核心业务;灵活运用新技术,实现以信息换库存,降低成本;减少固定资产投资,加速资本周转;提供灵活多样的顾客服务,为顾客创造更多的价值等。

第三方物流的劣势是企业不能直接控制物流职能,不能保证供货的及时和准确,不能保证顾客服务的质量和维护与顾客的长期关系,企业将放弃对物流专业技术的开发等。

3. 物流联盟模式

物流联盟是以物流为合作基础的企业战略联盟,它是指两个或多个企业之间,为了实现自己的物流战略目标,通过各种协议、契约而结成的优势互补、风险共担、利益共享的松散型网络组织。在现代物流中,是否组建物流联盟,作为企业物流战略的决策之一,其重要性是不言而喻的。在我国,物流水平还处于初级阶段,组建联盟便显得尤为重要。

物流联盟的优势是可以降低经营风险和不确定性,减少投资,获得物流技术和管理技巧。

物流联盟的劣势是更换物流伙伴比较困难。

(二) 按照运作模式的管理方式分类

1. 现代企业物流一体化运作管理模式

物流一体化是指不同的职能部门之间或不同的企业之间形成的物流合作,达到提高物流效率、降低物流成本的效果。物流一体化又可以分为以下三种运作形式。

(1)垂直一体化物流。垂直一体化物流的关键是建立从原材料到供货商和用户的合作关系,形成一种联合力量,通过对从原料、半成品和成品的生产、供应、销售,直到最终消费者的整个过程中的物流与资金流、信息流的协调,以满足顾客的需要。

(2)水平一体化物流。水平一体化物流是通过同一行业中各企业之间物流的合作以获得整体上的规模经济,从而提高物流效率。不同的企业可以用同样的装运方式进行不同类型商品的共同运输。

(3)网络一体化物流。网络一体化物流是垂直一体化物流与水平一体化物流的综合体。

2. 现代企业物流精益化运作管理模式

精益化物流是通过消除生产和供应过程中的非增值的浪费,以减少备货时间、提高客户满意度。精益化物流管理强调的是,不断改善、精益求精,达到以最小的成本向客户提供最大价值和最满意的服务。

3. 现代企业物流服务导向运作管理模式

(1) 物流服务成为企业物流运作的导向。物流服务是企业竞争优势的构成要素。现代企业的竞争不是单个企业的竞争,现代企业的竞争优势不是单一企业的优势,而是一种网络优势。只有形成企业的优质物流服务,企业才会在市场中拥有竞争力。

(2) 建立物流服务导向运作管理系统。企业的物流服务应充分考虑客户需求,并根据市场环境的变化和竞争格局加以调整,要积极地通过与客户沟通、进行客户需求调查来确定物流服务的目标。对直接利益的相关企业应当采取支援型策略;对经营规模小的专业型客户,可以采取维持型策略;对经营规模小的综合性客户,应采取被动型策略,即在客户提出物流服务要求后才开展相应的物流服务。

(三) 按照运作模式的系统结构分类

1. 多阶式

物流系统所具有的阶梯结构指的是当产品从起点流向终点时,产品通常在常规的企业和设施中进行加工。企业选择多阶式结构的原因在于,根据总成本分析,在供应链中维持一定水平的库存或者连续进行某种具体的运作是非常必要的。

在多阶式系统中,仓库的作用是进行库存的分拣,以及实现大批量集中运输带来的经济利益。企业对仓库中的库存产品进行快速调配,以满足客户需求。典型的多阶式结构供应链如图 9-1 所示。

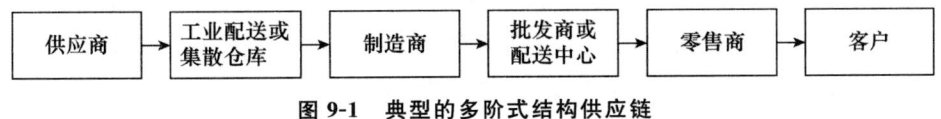

图 9-1 典型的多阶式结构供应链

典型的多阶式系统通常使用杂货仓库或者集散仓库。杂货仓库通常接受来自于多个供应商的大批货物,然后基于对消费者需求的预测情况,对货物进行分类和储存。这种杂货仓库最典型的例子就是由主要的食品供应商和批发商管理的食品分销中心。集散仓库则按照相反的方式进行运作。有些制造企业在不同的地区设有工厂,因此,这些企业常常希望能够将产品合并起来进行运输。在集并运输模式下,企业将不同工厂生产出来的产品放在一个中心仓库中,然后根据客户需求,将其所需的全部产品一次性发送给客户。主要的消费品制造商是使用多阶式系统的典型代表,他们利用集散仓库完成全部产品的集并运输。

## 2. 直接式

与多阶式系统形成对比的是一种将产品从一个或几个仓库集中起来,直接运送到最终消费者手中的方式,这种方式被称为直接配送。它将高质量、高效率的运输服务与信息技术结合起来,可以快速完成客户订单的处理以及相应的产品配送。这种方式将各种能力有机地结合在一起,既减少了时间延迟,又克服了由于客户地理位置的分散带来的问题。应用直接式物流运作模式的例子很多,比如将产品从工厂送往客户所在地的货车运输的方式,直接在商店发货的方式,以及为了实现电子商务将多种产品直接发送给消费者的服务方式等。同样,直接式物流运作模式在制造厂的物料采购活动中也非常普遍,这是因为每次采购的平均批量都非常大,所以进行直接运输比较有利。

在经济实力允许时,物流管理者们通常倾向于采用直接式物流运作模式,因为这有助于降低库存,简化中间环节的处理。但是,应用直接式物流运作模式会导致运输成本的增加,并带来管理失控的潜在风险。总之,大多数企业现在已经不再使用以前惯用的仓库管理方式了,它们对多阶式结构进行了逐步调整,并把直接式物流运作模式融入了进去。图 9-2 显示了如何将直接式物流运作模式融入多阶式物流运作模式中。

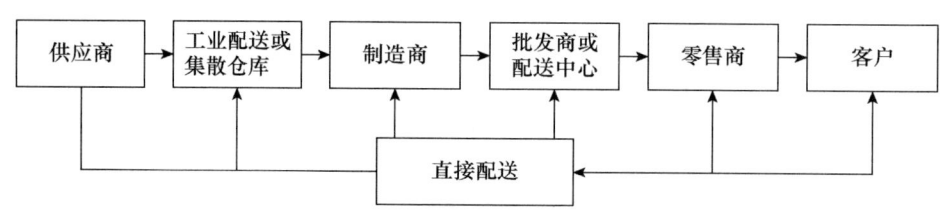

图 9-2　多阶式物流运作模式与直接式物流运作模式相结合

## 3. 混合式

最理想的物流运作模式是将多阶式和直接式物流结构各自的内在优势有机地结合在一起,构成一种混合模式。在理想情况下,企业应该尽可能长时间地实施延迟策略以应对产品的预期承诺。企业在运用库存战略时,通常将移动迅速的产品或物料存放在靠近客户端的仓库中,而把那些高成本或高风险的物品储存在中心仓库,采取直接配送的方式将其发送给客户。基本的服务承诺和订单大小的经济效益,决定了企业向特定客户提供的最合适、最经济的物流运作模式。

举例来说,企业通常采用混合式的物流运作模式将汽车备件配送给客户。以客户的需求特点和需求频率作为考虑基础,企业将特定的汽车部件储存在位于不同地点的仓库中。一般而言,部件的周转速度越低,需求越不稳定,集中库存就能带来更大的收益。周转速度最低的产品意味着需求量最少,因此,企业只用在一个地方储存这种产品,同时保证能为全球范围内的客户提供满意的服务即可。而那些需求可预测、周转速度快的部件,通常被储存在离批发商和零售商比较近的仓库中,以便完成快速、低成本的交货。

与此相反的例子是企业将机器部件销售给工业企业的业务,它的本质在于采用与混合式完全相反的分销策略。为了给机器出现故障或因遭受意外而生产中断的客户提供高质量的服务，企业把那些周转速度较慢的部件大量地储存在当地所有的仓库中。与汽车行业相反，该行业具有较高的需求以及快速的部件周转率，这有助于他们将这些周转速度快的部件储存在靠近制造工厂的中心仓库中，然后从中心仓库直接送往客户所在地。

上述这些例子都使用了不同形式的物流运作模式。因此，企业要综合考虑客户的特定需求、提供服务所需的总成本以及自身所面临的竞争情况，再决定应该采取何种物流运作模式。例如，在新车的保修期内，汽车的制造商是维修部件的唯一供应商，因此，必须为经销商提供快速的供货服务，以便及时完成汽车的维修工作。经销商则需要在对部件库存进行快速补货和满足客户需求的同时，尽可能降低在库存上的投资。经过一段时间以后，汽车过了保修期，客户对配件的需求有所增长，其他的汽车制造商也会加入到配件市场的竞争中，为客户提供所需的配件。那么，在汽车的寿命周期中，当竞争进入了白热化阶段后，企业物流所具有的快速响应能力就成为竞争的焦点。而当汽车的款式落伍后，配件市场的竞争逐步减弱，最终只剩下汽车的制造厂作为该市场中唯一的供应商。

与汽车供应商不同，生产工业部件的供应商提供具有高度竞争力的标准化机器部件。虽然企业能够预测普通产品的需求情况，但却很难对周转速度慢或需求不稳定的产品进行预测。这就使客户在评价供应商服务水平的高低时，通常以企业修复出现意外故障的机器所需时间长短作为一项主要的衡量指标。如果企业无法达到客户期望的服务水平，那么可能会失去该客户，同时为竞争对手创造了展示实力的机会。

所有企业都面临特殊的客户需求，为了在竞争中获胜，它们必须使用不同的物流运作模式。那些能够以低的总成本提供满足客户期望的运作模式，往往是结合了多阶式与直接式两者优点的混合式运作模式。

除了上述基本的结构之外，企业还可以通过开发新项目，将柔性能力囊括到物流系统中，同时使用其他设施为客户提供服务。

## 第二节　电子商务环境下的现代物流运作模式

在世界经济形势的深刻变化和发展过程中，电子商务已经显示出巨大的现代经济管理的价值和社会变革的影响力。

在电子商务环境下，传统的物流业已不能适应发展的要求，满足电子商务环境下用户的购物需求，是现代物流业正在探索的问题。

### 一、电子商务对现代物流运作模式的影响

互联网和电子商务对整个经济环境和具体的商务活动都产生了巨大的影响。例如，像戴尔电脑和亚马逊网上商店这样的行业巨人采用的直销模式，使顾客可以通过互联网来订购产品，从而使企业可以不通过第三方分销商直接出售它们的商品。同样，很多企业指出

B2B的电子商务能够实现更便捷和成本下降的目标。

互联网和正在出现的电子商务模式让人们产生了一种期望,就是许多物流问题可以通过采用这些新技术和商务模式被轻松解决。电子商务战略可以降低成本,提高服务水平并提高灵活性,当然还能提高利润。在现实中,这些期望还没有完全实现,在许多情况下,电子商务的失败都应归咎于他们的物流策略。

### 案例 9-2

**生活在线网站的破产**

1999年3月,当生活在线网站的主管决定从北卡罗来纳第10大家具商店——"杂木家具廊"进行采购时,他认为家具行业已具备了进行现代化和电子交易的条件。这次采购的目的是给该网站一个能接近一线家具制造商的机会。在投资了7 000万美元并成为亚马逊网上商店的家具链接站点后,生活在线网站于2000年8月29日宣布破产。这次失败的主要原因是投入大量资金建成的信息系统不能正常运行,而且在没有任何家具运输经验的情况下涉足了运输业,从而导致高达30%的退货率。

**分析提示:**

我们可以从时代局限性入手分析其信息系统和家具物流配送的不足,找到导致生活在线网站破产的原因。

当然,有一些企业开发的新的商务模式使它们获得了较高的利润并占有了较大的市场份额,从而取得了成功。这些企业将互联网作为进行业务转型的驱动器。

### 案例 9-3

**亚马逊的转型**

1995年,本着成为世界上最大的书店的理想成立的亚马逊网上商店,很快变成了世界上最大的商店。在公司的主页上可以找到数以百万计的图书、CD、DVD、玩具、工具和电子产品。除此以外,亚马逊还能指导进行从艺术品到不动产的竞拍,并提供日程安排表、地址薄和在线贺卡。亚马逊公司还进入了宠物用品、处方类药品、汽车、日用品以及更多的市场。亚马逊把大力扩展市场份额作为比利润和资本运作更为重要的目标,从而成为互联网公司的一个典范。1996年,公司销售额为1 600万美元,亏损600万美元;1999年销售额和亏损额分别上升到16亿美元和7.2亿美元;到2000年,销售额上升到27亿美元而亏损14亿美元;2005年,收入达到了84.9亿美元,利润为3.59亿美元,从而完成了非凡的转型。

**分析提示:**

亚马逊网上书店的商务模式开启了电子商务的序幕,我们可以从经营范围的发展来分析电子商务对现代物流行业发展的要求。

电子商务使得物流服务订单的满足策略发生了变化——从成批运输向单业务、小规模运输转变;从送货给少量的门店向为地理分布更广的单个消费者服务转变。这种转变也提高了逆向物流的复杂性。

表 9-1 总结了传统订单和电子商务订单对物流行业的不同需求。电子商务的新形式对包裹和零担运输业而言是个绝好的消息。拉动和推拉式系统都更加依赖单件运输而不是整车送货。电子商务订单对于运输行业的另一个影响是逆向物流的迅速增加。事实上,在 B2C 领域,对电子订单的满足意味着供应商必须处理更多的退货,而每一笔退货必须进行一次小型的运输活动。由于在线零售商必须通过大方的退货来建立一定的客户忠诚度,因此,这项活动非常必要。零担运输就可以处理这部分退货,这种 B2C 市场中的问题有时也会发生在 B2B 市场上。这是对零担运输业的一个挑战和机遇。

表 9-1　传统订单和电子商务订单对物流的要求对比

| 物流参数 | 传统订单 | 电子商务订单 |
| --- | --- | --- |
| 供应链战略 | 推动式 | 推拉式 |
| 运输 | 整车 | 包裹 |
| 逆向物流 | 业务的一小部分 | 更重要且负责 |
| 送货终端 | 少数门店 | 大量且分散的客户 |
| 提前期 | 相对较长 | 相对短 |

电子商务要求现代物流模式满足较短的提前期、能为全球分散客户服务的能力和轻松实现 B2C 到 C2B 逆向物流的能力。只有快递行业的包裹运输能够做到这一点。实际上,快递业的一个重要优势在于拥有实现实时跟踪的信息系统设备。因此,对于快递业,尤其是那些能够调整自己的系统与客户的供应链并实现一体化的运输企业来说,前景非常光明。

## 二、国内电子商务环境下的现代物流运作模式

在中国,电子商务企业一般采取自营物流或第三方物流的方式解决物流问题。采取自营物流的企业多是原先的零售企业和物流公司,新兴的网络公司一般采用第三方物流。

(一)我国电子商务环境下第三方物流的规模

我国电子商务飞速发展,对物流的需求也随之不断增大,电子商务推动快递业发展数据如表 9-2 所示。

表 9-2　电子商务带来的快递业发展

| 项目 | 2011 年 | 2012 年 | 2013 年 | 2014 年 | 2015 年 |
| --- | --- | --- | --- | --- | --- |
| 快递业务量(亿件) | 36.7 | 56.9 | 91.9 | 139.6 | 206.7 |
| 快递业务收入(亿元) | 758 | 1 055.3 | 1 441.7 | 2 040 | 2 770 |

(数据来源:中国物流产业发展报告 2011—2015)

(二)国内电子商务企业的物流模式

电子商务的具体实施有多种模式可以选择。完整的电子商务应该包括商流、物流、信息

流和资金流四个方面组成。在商流、信息流、资金流都可以在网上完成的情况下,物流体系的建立应该被视为电子商务的核心竞争力之一。

目前,我国国内进行电子商务的企业主体分为三类:一是制造商、经销商、零售商;二是信息服务提供商(Information Service Provider,ISP)、互联网内容提供商(Internet Contents Provider,ICP)组建的电子商务公司;三是物流企业。

1. 制造商、经销商等采用的物流模式

(1) 利用原有设施自营物流。

从专业分工的角度看,制造商的核心业务是产品开发、设计制造,经销商的主业是流通。然而,越来越多的制造商在不断发展中拥有了庞大的销售网络,获得了覆盖整个销售区域的物流和配送网,有些制造企业的物流设施甚至比专业流通企业更专业。

这样的制造商在开展电子商务时,会利用原有的物流资源承担电子商务的物流业务。使用物流网络和设施支持电子商务业务的开展,对于新的电子商务业务避免了物流方面前期的资本投入,只需要设计物流系统、规划物流资源。例如,海尔集团的日日顺物流,其物流业务一般都与销售物流一起安排。

(2) 外包给第三方物流企业。

制造商从事电子商务,仅保留自己的核心业务,将其他非核心业务(如物流业务)外包,以便更好地提升核心竞争力。例如,戴尔(中国)公司将其在中国的物流业务外包。

2. ISP、ICP 等采用的物流模式

由于从事的专业不同,ISP、ICP 及其他信息服务提供商更多地从如何建立电子商务信息服务网络、如何提供更多的信息内容、如何保证网络的安全性、如何方便消费者接入、如何提高信息传输速度等方面考虑问题。对于电子商务在线服务背后的物流体系的建立问题则不擅长。

(1) 重新组建自营物流。

因为国内的物流公司大多是由传统的储运公司转变过来的,跟不上电子商务的前进步伐,所以一些电子商务企业选择了自营物流以满足其对物流的需求,尤其是从事 B2C 业务的电子商务企业,更是具备了自营物流的资本基础。

(2) 外包给第三方物流企业。

物流外包是跨国公司管理物流的通行做法。中国境内的跨国公司在从事电子商务业务时,由于外资物流企业在国内的开放程度不足,主要是外包给本地的第三方物流服务商。例如,当当网上书店的配送业务都是外包给第三方物流的,当当只需要进行后台的物流管理,满足客户需求。

(3) 自营与外包相结合。

中国的第三方物流服务提供商处于高速发展期,在跑马圈地的同时无法有效地提升服务品质。某些电子商务企业认为电子商务的物流系统是一个复杂的工程,又涉及唯一与顾客的实际接触,把该问题推给不成熟的第三方,这种急于求成的方式会损害消费者的利益,进而损害商家的自身信誉,也危害了这个需要尽心培育的市场。将顾客群体进行进一步分类,在北京、上海、广州、深圳等一线城市自营物流,而在二线及欠发达城市选择第三方物流,并挑选三五个资质好的第三方物流,可以降低物流运营风险,加快物流行业在内部竞争中的成长速度,保障主要客户群体能享受到优质的物流服务。

3. 物流企业采用的物流模式

从物流企业的角度来看,物流企业在电子商务中可以扮演两种角色:一是自己建立电子商务网站,独立从事电子商务业务;二是为电子商务企业提供物流服务,成为其发展中的物流运营伙伴。

区域性或全球性的第三方物流企业具有物流网络上的优势,它们达到一定规模后,也想将其业务沿着主营业务向供应链的上游或下游延伸,向上延伸到制造业,向下延伸到零售业,参与电子商务之争。比如说顺丰优选,凭借其物流的优势开拓电子商务领域的服务。

### 三、跨境电商环境下的现代物流运作模式

#### (一)跨境电子商务与国际物流

1. 跨境电子商务的界定

(1) E贸易的定义。

"E贸易"(即E-business)是指基于保税物流,以快件或邮件为物流配送方式,在互联网上完成的小额跨境电子商务业务。

(2) 跨境电子商务的界定。

跨境电子商务(Cross-Border e-Business)是指分属于不同关境的交易主体(个人或企业),通过电子商务平台达成交易、进行支付结算,并通过跨境物流送达商品、完成交易的一种国际商业活动。

2. 国际物流与跨境电子商务的关系

在整个跨境电子商务交易中,有一条"链子"至关重要,即国际物流(如图9-3所示)。国际物流是指采用现代物流技术,利用国际化的物流网络,选择最佳的方式与路径,以最低的费用和最小的风险,实现货物在国际的流动与交换的物流。

(1) 国际物流服务水平是跨境电子商务发展的保证。

跨境电子商务运作过程中涉及信息流、商流、资金流和物流,其中信息流、商流和资金流均可通过计算机和网络通信设备在虚拟环境下实现,但物流环节是不能在虚拟环境下实现的。国际物流系统包括仓储、运输、配送、流通加工、包装、装卸搬运和信息处理等七个子系

统,国际物流系统高效率、高质量、低成本的运作是促进跨境电子商务发展的保证。

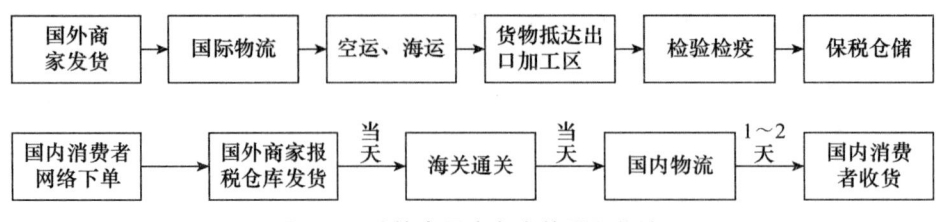

图 9-3 跨境电子商务中的国际物流

(2) 跨境电子商务效率和效益的提升对国际物流服务提出了更高的要求。

跨境电子商务效率和效益的提升,对国际物流服务提出了更高的要求。国际物流企业需要不断更新信息技术和物流技术,增强国际供应链响应能力,降低国际物流成本,提高智能化管理水平,提升客户服务水平,从而促进跨境电子商务效率和效益的提升。

(二) 跨境电子商务的特点与产业发展现状

1. 跨境电子商务的特点

(1) 交易成本低。

传统贸易进出口环节多、时间长、成本高,而跨境电子商务直接面对最终消费者,可以借助互联网减少中间代理环节,从而降低企业和客户的交易成本。

(2) 交易速度快。

市场辐射全球,市场规模大,海外买家在平台上下订单,依靠完善的国际物流系统,就可将客户所需货物(商品)在1~2周内配送到客户手中。

(3) 交易简单。

跨境电子商务平台界面友好,商家和客户通过该平台就可以进行购物交易,操作简单便捷。

(4) 通关效率高。

各地都针对跨境电子商务货物通关出台了专门的政策与管理办法,大大提高了通关效率。在这种情况下,关税就成为跨境电子商务的关键,各主要通关口岸正在进行相关政策的试点方案。

(5) 国际物流是瓶颈。

目前,跨境电子商务的主要物流方式包括 B2B(如传统集装箱海运)、B2C(如国际小额邮包、国际快递等)。其瓶颈问题主要包括运输时间长、物流成本高、物流环节多、逆向物流难、退货成本高、手续烦琐、售后服务维权壁垒多等。

2. 产业发展现状

2012年,国家批准的第一批开展跨境电子商务服务的试点城市为上海、重庆、杭州、宁波、郑州5个城市,这5个城市的共同特点是经济环境和外贸基础良好。2013年9月,广州获批华南地区第一个"国家电子商务示范城市跨境贸易电子商务服务试点城市"。2014年1月,国家批准的第二批开展跨境电子商务服务试点城市为深圳、苏州、青岛、长沙、平潭、银川、牡丹江、哈尔滨、西安9个城市。国家对于这些试点城市在政策上和经济上给予极大的支持。随后,跨境电子商务服务试点城市又加入了烟台、合肥等城市。截至2016年,国家海关总署明确可以做跨境电子商务进口试点的城市共6个,分别为郑州、上海、杭州、宁波、重庆、广州,其他获批的试点城市都只有出口试点的资格,具体情况如表9-3所示。

表9-3 跨境电子商务试点城市试点方案与政策突破点

| 城市 | 主要试点方案 | 政策突破点 |
| --- | --- | --- |
| 上海 | 主要试点进口模式:对接电商、物流、海关、外管等系统,完成跨境电子商务通关整个流程;海关按行邮税率预扣税款并回传二维码防伪标识,该标识需在起运地打印并贴在包裹上,该包裹进入中国时,通过绿色通道快速清关;线上完成外汇结算 | 网购境外货物适用行邮税;允许支付企业付汇;预申报预扣税,入关快速清关 |
| 杭州、宁波 | 主要试点出口模式:建立省级跨境电子商务通关服务平台,依托邮政监管点建立出口监管区,电商产品备案后,允许以电商为抬头申报出口货物报关单;采用分送集报的模式,每15天进行一次核销 | 行邮或快递渠道出口货物,允许退税与结汇 |
| 重庆 | 主要试点电商结汇新方式:电商在重庆设立虚拟机构,不论货物是否经重庆市出口,重庆市指定服务商均可代理结汇 | 电商凭交易记录和出口物流凭证即可结汇 |
| 郑州 | 出口:以河南保税物流中心为依托,允许电商按照出口货物报关单报入,以行邮渠道出口,给予电商退税。<br>进口:进口网购货物按个人物品模式通关,征收行邮税后即可付汇;允许国内产品入区后,按照行邮模式进行出口转内销 | 货物贸易用行邮渠道出口,允许退税和结汇,一日游货物以行邮模式转进口 |

(三)跨境电子商务与电子商务物流的发展趋势

1. 跨境电子商务的发展趋势

(1)由B2C向B2B转变。

由B2C向B2B转变,是跨境电子商务发展的主要方向,有着很好的前景。通过在制造业企业推动B2B跨境电子商务,可从生产和销售端共同发力,更好地促进外贸综合服务企业和现代物流企业转型。

(2)小包B2B被大量运用。

国际小包的特点:一是成本低,与EMS、DHL、UPS、Fedex和TNT相比,国际小包服务具有明显的价格优势;二是便利,国际小包交寄方便,且计费方式全球统一,简化了运费核算与成本控制;三是门到门配送,国际小包可实现全球化的门到门配送,扩大了贸易商的市场。该模式已成为跨境电子商务物流的主流。

(3) 由交易到协同服务的转变。

中国生产的很多产品到国外难以打开市场,其原因很复杂,其中重要的一点是相关配套服务没有一套体系,致使客户不敢购买中国的商品。例如,汽车和装备产业,是否有为消费者售后服务的系统是消费者考虑的重要问题。这决定了从只注重交易环节转变为注重整个系统的协同服务,是未来电子商务发展的重要方向。

(4) B2C 的跨平台整合以及 B2B 基于行业的供应链协同。

B2C 跨平台整合流量资源,是未来发展的趋势。一般 B2C 平台主动寻求与寡头型 B2C 平台开展合作;寡头型 B2C 平台与品牌商、供货商、零售商及物流服务商等各类第三方服务商共建共生体系,也成为未来平台发展的核心战略。B2B 基于行业的供应链协同,将企业内部供应链与外部供应链的资源整合,形成供应链节点企业间的互利共赢。

(5) 跨境电子商务的国际协调。

通过搭建跨境电子商务与品牌商、供货商、零售商及物流服务商等各类第三方服务商的产业合作联盟,以及组建跨境电子商务创新研究机构,注重跨境电子商务的国际合作与协调是未来发展的趋势。

2. 跨境电子商务物流的主要方式

(1) 国际小额邮包和国际快递。

国际小额邮包是指中国大陆邮政小包、中国香港邮政小包和新加坡邮政小包等。国外客户通过跨境电子商务平台向国内商家下订单,国内商家通过选择国际小额邮包方式,将货物投寄给客户,其特点是运输时间长。国际快递有 DHL 和 EMS 等,其特点是成本高。这两种物流方式最为传统和简单,且是中小规模企业选择最多的国际物流方式。

(2) 海外仓。

海外仓是指经营出口贸易的商家在境外目的地(国)租赁仓库,将货物(商品)通过海运、航空运输和陆路运输等方式运达境外目的地(国)租赁仓库,接到境外目的地客户在网上订单后,将客户所需商品直接由境外目的地(国)租赁仓库配送给客户。也可与海外第三方物流公司合作,该第三方物流公司在目的地(国)拥有自营物流中心,能提供海外仓储、专线运输、国际快递、订单管理等物流服务。这种方式虽然运输成本低、效率高,但投资成本和运营成本都较高。

(3) 聚货后规模化运输。

聚货后规模化运输分为外贸企业集货运输和外贸企业联盟集货运输。外贸企业集货运输指商品通过企业自建的跨境电子商务平台出售。海外客户下单后,订单信息被传递给商家;商家接收到客户的订单后,将海外客户订单中的货物(商品)运送至国内的专业性仓储管理公司,专业性仓储管理公司对货物(商品)按照相应规则进行分类整理,货物(商品)交由第三方物流服务商运输配送至客户。外贸企业联盟集货运输,主要是指在搭建 B2C 战略联盟的基础上,成立外贸物流共同运输与配送中心,以实现资源共享与规模效应。

(四) 跨境电子商务物流模式

1. 跨境电子商务出口物流模式

(1) 中国邮政。

中国邮政占据中国跨境电子商务出口业务50%左右的份额。中国邮政虽然拥有较好的覆盖全球的邮政网络,但在物流服务水平上与国际快递四大巨头还存在差距,如存在运输时间长、丢包率高等问题。

(2) 国际快递。

国际快递主要由UPS、FedEx、DHL、TNT四大巨头包揽,虽然具有较好的物流服务,但物流服务成本高。

(3) 海外仓(边境仓)。

卖家先将货物储存到海外仓库(靠近出口国的中国境内),然后根据订单情况进行货物的分拣、包装以及规模化递送。

(4) 跨境专线物流。

跨境专线物流主要是指航空包舱方式,货物通过该方式运送到境外目的地(国)后,再通过专业的第三方物流公司完成至客户的配送。这种方式虽然具有较好的规模效应,降低了国际物流成本,但在国内的揽货市场有限,服务市场有待扩展。

(5) 国内快递的国际化服务。

申通、顺丰等快递公司均在跨境物流方面早有布局,速度较快,费用低于四大国际快递巨头,但并非专注跨境业务,覆盖的海外市场有限。

2. 跨境电子商务进口物流模式

跨境电子商务环境下的进口物流模式主要包括直邮模式和转运模式。其中,直邮模式又分为商业快递直邮和两国快递合作直邮。具体跨境电子商务进口物流模式分析如图9-4和表9-4所示。

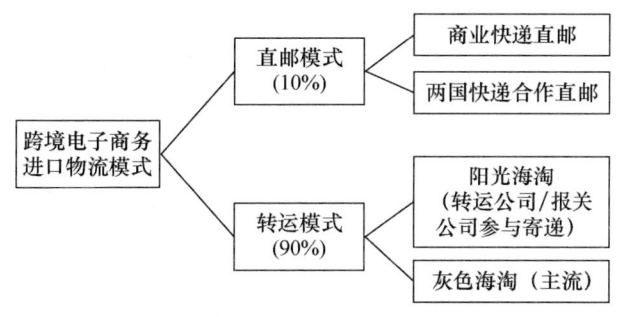

图9-4 跨境电子商务进口物流模式

表 9-4 跨境电子商务进口物流模式

| 模式 | | 模式1 | 模式2 | 模式3 | 模式4 | 模式5 |
|---|---|---|---|---|---|---|
| 内容 | | 商业快递直邮 | 两国合作直邮 | 转运公司参与 | 报关企业参与 | 灰色转运 |
| 流程 | 揽收 | 国外快递 | 国外快递 | 国外快递 | 国外快递 | 国外快递 |
| | 出口国境内物流 | 国外快递 | 国外快递 | 国外快递 | 国外快递 | 国外快递 |
| | 出口国清关 | 国外快递 | 国外快递 | 国外快递 | 国外快递 | 国外快递 |
| | 跨境物流 | 国外快递 | 国外快递 | 转运公司、国际货运代理 | 转运公司、国际货运代理 | 转运公司 |
| | 进口国清关 | 国外快递 | 国外快递 | 国内快递 | 报关企业 | 利用非法途径规避 |
| | 进口国境内物流 | 国外快递 | 国内快递 | 国内快递 | 国内快递 | 国内快递 |

## 本学习情境小结

本学习情境主要介绍了现代物流运作模式的概念、要素、类别,特别说明了在电子商务环境下的现代物流运作模式。

**练习题**

1. 什么是现代物流运作模式?现代物流运作模式主要涉及哪些要素?
2. 举例说明对现代物流运作模式研究有什么现实意义。
3. 电子商务环境下的现代物流运作模式有什么特点?

**案例分析**

### 聚美优品:践行物流智慧升级

当年,聚美优品CEO陈欧的一句"我为自己代言"一下就碰触到了消费者的心尖儿,这令人始料未及。而后,这家时尚B2C化妆品限时特卖网站在众多化妆品电商竞争中,将信誉、质量、服务等都做得很出色,并成功上市,更是令人叹服。在物流方面,聚美优品在合作自建物流模式以及系统升级、智慧物流投入方面颇具特色,再次抓牢了客户的心,显示出"为自己代言"的不凡。

2015年3月,聚美优品订单配送中心经理邱博在接受《现代物流报·智慧物流》专刊记者采访时说,目前电商物流领域改善和升级的需求逐渐增多,但实践却少之又少。不过,这正预示着中国电商主导升级智慧物流的良好契机,聚美优品也在尝试物流体系的智慧升级。

1. 提供差异服务

邱博认为，电商企业进行物流升级，特别是发展智慧物流，必须以客户为中心，从需求出发，注重满足物流服务的差异化需求。电商企业竞争激烈，少数品牌之所以能够成功突围，一是得到了资本支持，二是更贴近客户需求，为客户提供了更多的差异服务。

差异服务在配送环节表现最突出。此环节是电商直面客户的唯一环节，又是履约耗时最长的环节，是整个电商服务的重中之重。客户一般都需要配送员来得越快越好，且没有最好，只有更好。同时速递也意味着机会，尤其对于女性消费者而言，冲动消费占了相当一部分，你晚去一会儿，可能她的新鲜感就没有了。

当然，客户肯定都希望物流越快越好，只不过有些人对物流配送的服务敏感，一些人不太在意。传统的第三方配送的特点就是同质化的服务模式，不能够想客户所想，急客户所急，对于真正有迫切要求的客户是一种辜负，也对电商的发展不利。但无论快与慢，对于电商企业来说，都需要付出一定的成本，配送速度越快，企业所付出的成本就越高，而成本最终还是要转嫁到客户购买的产品身上。为使客户和企业都能双赢，聚美优品不断开展物流服务的研究。据悉，聚美优品2015年第1季度的一项研究内容就是围绕不同客户的需求进行的。研究中，聚美优品先是将积累的关于消费者订单资料、电话与网络在线资料、调用配送信息等内容进行分析；再对这些数据加以利用，把其中的一部分，即公司认为是重点客户的数据挖掘出来，进行跟踪，考察这类客户在不加任何额外服务的前提下，购物后物流查询和进线的次数。之后，抽出一部分重点客户，在发货后发出短信提醒，内容包括物流节点到达的各类提示。聚美优品还要求此类重点客户及时回馈货物库存分发的优先级、转运配送的优先级等，如果预期延迟，终端配送客服会预先进行电话提示。之后，将测试的部分客户和另一部分未测试客户进行对比，并且对测试重点客户的忍耐时间进行计算和预测。结果是，在不做任何处置的情况下，重点客户进线的预测命中率约为40%。重点客户工单占总工单量的16.2%。做预先处置的样本，干预后进线预测命中率降低至2.4%。换句话说，通过对数据的分析，通过资源的预置与有机配合，是可以大大提升客户体验的。这个工作可谓"四两拨千斤"。

聚美优品通过对客户分类调查和有针对性地提供差异服务，提升了物流效率，也促进了企业效益的增长。

2. 优化配送系统

虽然信息化可以成为物流效率提升的直接利器，但电商企业要理性分析其适用性，特别是在引进新系统、配备新设备时。聚美优品在引进先进设备和技术前，通常要自我解答这样一些疑问：

(1) 新设备和技术对客户体验有哪些提升？能帮公司解决哪些问题？

(2) 所投入成本若要转嫁给客户，公司作为客户经纪人，是否认为这笔钱该花？

(3) 服务是要客户来体验的，客户是否需要这个体验？

(4) 客户在应用此体验的时候，有没有额外的开销？（如应用GIS要耗费流量）

（5）这个功能应该如何实现，如何让客户乐于使用？

所有的疑问都能够解答时，才能决定是否引进和实施某项先进设备和技术。邱博介绍，2015年年初聚美优品正在规划GIS系统，该系统将解决干线配送和库存调拨带来的成本问题。一般来说，有保质期的商品，库存越多，公司的资金压力也大，保质期内的销售压力更大，如果各网点库存分配不均，调拨压力还会加大。尽管聚美优品选择"轻装上阵"（即低库存策略），但存量少仍意味着干线配送运输成本高。

GIS系统对配送与调拨班次进行模块化管理后，将电子围栏与GPS及时间系统绑定，做到订单级别的干线运输可视化（针对终端用户）、仓库发运看板化（针对仓库）、到货管理智能化（针对配送管理），可以有效解决上述5点疑问。

此外，聚美优品充分运用数据优化物流系统。在电商大促期间，尽管第三方物流资源紧俏，仍然会出现一些配送资源爆满、一些配送资源闲置的状况。因此，充分利用好这些闲置资源，盘活物流配送网络，智能分单尤其重要。聚美优品正在利用以往数据，模拟地区、仓库直接的配送环节数据，并且以预测数据来指导配送资源分配。

聚美优品力促物流体系升级，从差异需求中挖掘服务方案，并在系统优化过程中应用先进的GIS技术、数据技术，体现出独特的优势和运营特色，既是为企业自身代言，也为电商物流领域提升现代物流水平，实现智慧化发展带来启发和思考。

（资料来源：http://www.xd56b.com/zhuzhan/wlzx/20150316/25465.html，有改动）

**问题：**

1. 聚美优品采取了什么样的物流运作模式？
2. 对比现在国内的其他电子商务企业，聚美优品物流的优势是什么？

## 实训项目

**电子商务环境下的物流管理工作**

【实训目标】

（1）掌握电子商务环境下常用的物流工具表单。

（2）掌握电子商务环境下的物流管理工作流程。

（3）掌握电子商务环境下物流商与供应商、采购商的关系。

【实训内容与要求】

实训内容：

A物流有限公司现开展电子商务环境下的常规物流业务工作，教师请学生以该公司仓储作业人员的身份绘制业务流程图。

实训要求：

基本操作步骤：制作电子商务环境下常用的物流管理工具表单、处理电子订单、电子商务环境下物流工作流程。

步骤1：制作电子商务环境下常用的物流管理工具表单(见表9-5、表9-6和表9-7)。

表9-5　电子商务订货单

| 订货人 | | 联系电话 | |
|---|---|---|---|
| 电子邮件 | | 联系手机 | |
| 收货地址 | | 邮政编码 | |
| 商品编码 | 商品名称 | 商品数量 | 备注 |
| | | | |
| 特殊要求 | | | |
| 备注 | | | |

表9-6　电子商务物流检查表

| 基准值 | 内容 | 企业检查 |
|---|---|---|
| 物流系统运行的目标值 | 评价物流系统对预期目标的实现程度，寻找实际目标的差距所在 | |
| 物流系统运行的历史值 | 评价物流系统的发展趋势，从中发现薄弱环节 | |
| 行业的标准值、平均值或先进水平 | 评价物流系统在同类系统中的地位，寻找出改善物流系统的潜力 | |

表9-7　电子商务综合评价表

| 综合评价内容 | | 企业检查 |
|---|---|---|
| 成本控制 | 平均每单配送成本 | |
| | 物流费用率 | |
| 生产率 | 日均配送订单数 | |
| | 日均配送货物吨数 | |
| | 成品资金周转天数 | |
| 服务质量 | 平均配送反应速度 | |
| | 货损率 | |
| | 订单准确率 | |
| 备注 | | |

步骤2：处理电子订单。

(1) 接收订单。信息管理部服务人员接收到客户的订单，订单信息送至市场部后，由市场部人员确认订单的相关信息，包括确认货物名称、客户信誉等。

(2) 处理订单(详细步骤如图9-5所示)

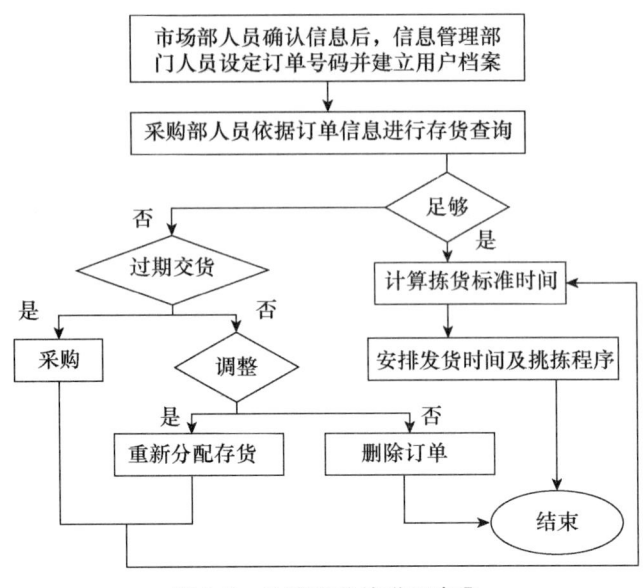

图 9-5 处理订单的详细步骤

（3）根据订单配货。本环节主要是依据输出订单资料进行拣货等工作。

步骤 3：电子商务下物流工作流程。

（1）订单管理。物流信息系统自动接收客户发来的订单,通过程序和软件将订单信息数据化；客服人员利用系统分析订单信息,制订订单处理计划；客服人员进行跟单作业,合理安排物流程序和进度,并向仓储部、配送部发出订单信息。

（2）货物管理。第一,仓储部将所入货物与订单信息对照,并将相关货物信息录入"入货管理系统"。第二,仓储部对货物的数量、位置、盘点等进行管理,确保实际仓储与理论保持一致。第三,利用出货信息系统发出出货信息指示,进行仓储挑选,制作交货单据,按方向进行配送。第四,配送系统根据所运商品的重量和容积制订配车计划、装载计划及设计配送线路,进行货物运输。

（3）财务结算。客户收到货物后,通过网上支付系统支付物流费用,财务部对支出费用进行审核,并予以确认。

【成果与检验】

按照实训指导教师安排将学生分为若干任务执行小组,每个任务执行小组内部先复习并讨论本次任务所涉及的专业理论知识,然后每小组由小组负责人具体按照实训任务要求分派任务与组织操作。

**参考文献**

[1] 崔介何. 物流学概论理[M]. 北京：北京大学出版社,2006.

[2] 大卫·辛奇-利维,菲利普·卡明斯基,伊迪斯·辛奇-利维. 供应链设计与管理

[M].季建华,邵晓峰,译.北京:中国人民大学出版社,2012.

[3] 唐纳德·J.鲍尔索克斯.供应链物流管理[M].马士华,译.北京:机械工业出版社,2013.

[4] 牛鱼龙.中国物流百强案例[M].重庆:重庆大学出版社,2007.

[5] 李卫东.物流管理基础实训[M].北京:北京交通大学出版社,2010.

[6] 庞燕.跨境电商环境下国际物流模式研究[J].中国流通经济,2015(10):15—20.

[7] 马眸眸.微型企业创业机会对现代物流运作模式的影响[J].物流技术,2014(3):1—3.

# 学习情境十　国际物流

【学习目标】通过本情境的学习,首先使学生能够了解国际物流的概况和发展趋势,熟悉国际物流各主要业务的概念、特点,掌握国际物流与国际贸易之间的关系及国际货运代理具体的业务内容,从而在国际贸易中有效地组织国际物流,熟练处理国际物流各个环节的操作程序,提高学生的国际物流理念和国际物流实际操作水平。

【关键概念】国际物流(International Logistics)　　国际贸易(International Trade)
国际货运代理(International Freight Forwarding Agent)　　物流系统(Logistics System)
物流网络(Logistics Network)　　物流节点(Logistics Nodes)

【引导案例】

## 宜家国际物流案例分析

宜家在物流管理方面严格控制每一个物流环节,以确保高效物流作业和最低的成本。宜家公司将全球市场划分为8个区域,在这些区域下设28个配送中心,其中19个设在欧洲,5个分布在美洲,亚洲的2个区域分别设在中国上海和马来西亚。这些配送中心和中央仓库均被设置在海陆空交通枢纽上,以便在第一时间为宜家商场提供货物,并能在很大程度上降低物流费用。

物流中心根据功能的不同分为两个部分,一个是负责对宜家商场进行货物配送的配送中心(DC)部分,另外一个是中央配送中心(CDC)部分,它主要负责将产品直接运送至顾客家中。宜家的运输部门设在瑞典总部,控制着全球范围内的3 000多辆自有运输车辆和7 000多辆租用运输车辆。这个专门的运输部门每天将按照全球各地的需要科学调度车辆。

在物流管理方面,宜家开展了许多创新性研究,例如,平板包装、DIY的自由组配方式以及托盘等。宜家公司投资3 000万美金,历经数年研究,开发出了一种集装单元设备——Optiledge。Optiledge完全有别于普通托盘,目前已经在海运集装箱方面得到广泛的应用。这一技术成果的推广应用,既提高了货物装卸的效率,缩短了装卸时间,降低了海运成本,又使货物在运输过程中得到了有效保护。

宜家严格控制物流环节的每一个方面,例如,别具匠心地推行"平板包装"方式,既节省了大量包装成本,又达到了提高作业效率的目的。宜家对物流配送服务中心提出了三条最基本的要求:一是要确保区域内宜家商场随时保证安全库存;二是要保证充足的货源以满足宜家不断扩张的需求;三是要确保物流管理的高效运行和低成本。

宜家采用集装箱运输的方式来实现全球采购和销售的高效性和低成本性。在集装箱运输过程中,专业托盘成为物流中心高效运作的基础,发挥了不可替代的作用。采用托盘作业来装卸一只集装箱的时间大约需要30分钟,不使用托盘则要花费至少5倍的装卸时间。因此，可以明显地看出，在采用标准托盘作业后，宜家的物流效率高，运行成本低。然而，物流中心使用的托盘规格非常多，这就需要在管理上做到分门别类的细致管理。

商品的周转速度在宜家的物流中心是一个关键的考量指标。仓库管理系统要根据商品的周转速率合理地安排货物的储存位置，并随时进行现场调度。调度过程中的细节问题也要考虑周全，要通过科学的分析和计算来大幅度提高运输效率，降低库存成本。

其中一个配送中心DC008设有19个进货门和22个出货门。为了有效地降低商品的运输距离，减少运输成本，提高仓储中心的工作效率，需要严格区分进货门和出货门及其相应的位置。完善的安全管理系统是宜家在仓储管理中必不可少的。该安全管理系统可以时刻监督工作人员的操作规范性，一旦操作失误，该系统会给出警告提示。安全管理系统的应用保障了仓库工作人员和货物的安全以及操作效率，极大地提高了仓储中心的作业效率。

宜家的物流中心拥有全套的装卸单元，当运输车辆到达并与装卸单元连接后，叉车就会按照相关路线和操作规定将货物从运输车辆中拉出，排放在宜家指定的货物暂存区，再由其他叉车根据分类信息，一一将货物码放至相应库位。还有一部分货物则通过自动运输带运送至自动化仓库进行码放储存。

全球的宜家仓库都配备了宜家的仓库管理系统，该系统的功能相当完善，而且运行稳定。其系统运作的准确率达到了99.9%。宜家的物流运作主要依靠该系统，那么，为了使物流和库存管理运行顺畅，该系统的维护工作也不可忽视。

宜家正常的运转和飞速扩张，是靠着庞大而高效的供应链来维系和支撑的。宜家的供应链是由供应商、制造商、销售商组成的庞大网络结构，这样一条高速有效、复杂烦琐的供应链是保证宜家这个大型跨国零售公司正常运转的生命线。

宜家的员工也积极参与物流中心管理的改善计划，物流中心也会给员工提供很多发展机会，并鼓励员工去学习，同时，员工可以申请较高一级的工作，这也是对员工的一种极大的激励。

（资料来源：http://www.56885.net/news/20071224/48619.html，2013，有改动）

**分析提示：**

试针对宜家的发展进行评述并谈一谈获得的启示。

## 第一节 国际物流概述

近年来，随着全球经济贸易的蓬勃发展以及跨国公司的不断扩张，物流的发展超越了国界，迫切要求国际合作和交流。而且，由于物流的外延扩大和内涵深化，国际物流作为物流的一种表现形式，日益得到各国政府和企业的重视和发展。跨国公司正在由各国子公司独立经营的阶段，向围绕公司总体策略，协同经营一体化发展，这些都对国际物流提出了更高的要求。

### 一、国际物流的概念

国际物流是相对国内物流而言的,它是国内物流的延伸和进一步扩展,是伴随和支撑国际经济交往、贸易活动和其他国际交流所发生的物流活动。国际物流是跨越国境的物流活动方式,当生产和消费行为在两个或两个以上的国家(地区)独立进行时,为克服生产国和消费国之间的空间和时间距离,对物资(货物)所进行的物理性移动,即为国际物流。国际物流作为一项国际经济贸易活动,是国际贸易的一个组成部分,各国之间的相互贸易最终通过国际物流来实现。

#### (一)国际物流认知

国际物流是指跨越不同国家或地区之间的物流活动。国际物流的实质是按国际分工协作的原则,依照国际惯例,利用国际化的物流网络、物流设施和物流技术,实现货物在国际的流动与交换,促进区域经济的发展和世界资源的优化配置,即实现卖方交付单证、货物和收取货款,而买方接受单证、支付货款和收取货物的贸易对流条件。

国际物流有广义和狭义之分。

广义的国际物流研究的范围包括国际贸易物流、非国际贸易物流和国际物流交流等。其中,国际贸易物流主要是指组织贸易货物在国际的合理流动;非贸易国际物流是指国际展览与展品物流、国际邮政物流等;国际物流交流则主要是指物流科学、技术、教育、培训和管理方面的国际交流。

狭义的国际物流主要是指国际贸易物流,即组织贸易货物在国际的合理流动。从现象上看,国际贸易物流直接表现为货物的国际流动,但实质上它是按照国际分工协作的原则,依照国际惯例,利用国际化的物流网络、物流设施和技术,实现货物在国际的流动和交换,以促进区域经济的发展和世界资源的优化配置。本书所研究的就是国际贸易物流,即狭义的国际物流。

国际物流是现代物流系统中的重要领域之一。根据大卫·李嘉图(David Ricardo,1772—1823)比较利益原理及国际分工理论,各国企业利用各自国家在资源、技术、人力和资本等方面的优势,在专业生产某些特定产品并出口销售的同时,交换和进口一些本国短缺的原材料和其他工农业产品。国际物流不仅使这一国际商务活动得以顺利实现,而且为国际企业带来了价值增值,成为全球化背景下的"第三利润源"。20世纪90年代以来,国际物流活动渗透到世界每一个角落,成为连接世界上不同国家消费者和生产者的桥梁,同时也成为世界经济发展不可缺少的环节。

国际物流作为将货物在国际进行物理性移动的国际商务活动,是一种集各种一般物流功能于一体的开放系统,它既包括一般物流的包装、装卸搬运、仓储、运输、流通加工、国际配送、物流信息管理等功能,又涉及与货物跨境移动相关的一些特殊的物流问题,如商品检验、通关、运输保险等。

(二) 国际物流的发展过程

各国之间的相互贸易最终都将通过国际物流来实现,伴随着国际贸易和跨国经营的发展,国际物流的发展经历了以下几个阶段。

第一阶段,20 世纪 50 年代至 20 世纪 80 年代初。这一阶段物流设施和物流技术得到了极大的发展,建立了配送中心,广泛地运用计算机进行管理,出现了立体无人仓库,一些国家建立了本国的物流标准化体系。物流系统的改善促进了国际贸易的发展,国际物流初露头角,但国际化趋势还没有得到人们的重视。

第二阶段,20 世纪 80 年代初至 20 世纪 90 年代初。这一阶段国际物流的突出特点是在物流量不断扩大的情况下出现了"精细物流",物流的机械化、自动化水平有所提高。随着经济技术的发展和国际经济往来的扩大,物流国际化趋势开始成为世界性的共同问题,同时伴随着新时代消费者需求观念的变化,国际物流着力于解决"小批量、高频度、多品种"的物流,基本覆盖了大量货物、集装杂货等所有的物流对象。

第三阶段,20 世纪 90 年代初至今。这一阶段国际物流得到各国政府和外贸部门的普遍接受。贸易伙伴遍布全球,必然要求物流国际化,即物流设施、物流技术、物流服务、货物运输、包装和流通加工等的国际化。世界各国广泛开展国际物流的理论和实践方面的研究与探索,人们已经形成共识:只有广泛开展国际物流合作,才能促进世界经济繁荣,由于物流全球化发展趋势明显,因此物流无国界。

随着国际贸易和跨国经营的迅速发展,国际物流活动日渐频繁,国际物流从单一形式向网络发展。在经济全球化、跨国企业兴起、科学技术迅猛发展的基础上,国际物流趋于网络系统化,它与城市物流、区域物流相互叠加、相互联系、相互作用,形成一个全球一体化的物流网络系统。

## 二、国际物流的特点、分类与基本方式

国际物流虽是国内物流的延伸,理论基础也源于国内物流,但却与国内物流有许多不同之处。美国著名的物流学家亨利格彻恰如其分地指出:"国际物流就像一条章鱼,它涉及很多方面,也受很多方面的影响和制约。"

(一) 国际物流的特点

1. 国际物流的经营环境与国内物流存在差异

国际物流的一个非常重要的特点是各国物流环境的差异,尤其是物流软环境的差异。不同国家的不同法律,使国际物流的复杂性远高于一国的国内物流,甚至会阻断国际物流。不同国家的不同经济和科技发展水平,使国际物流处于不同科技条件的支撑下,甚至有些地区根本无法应用某些技术而使国际物流整个系统水平下降。不同国家使用不同的物流技术标准和不同的物流操作规程,也会造成国际物流"接轨"的困难。不同国家的风俗文化也使国际物流受到很大局限,因而使国际物流系统难以建立。由于物流环境的差异,使得国际物

流需要在多个不同法律、人文、习俗、语言、科技、设施的环境下运行,无疑会大大增加国际物流的难度和系统的复杂性。

2. 国际物流的范围广泛,存在较高的风险性

物流本身的功能要素、系统与外界的沟通已经很复杂,国际物流再在这复杂系统上增加不同国家的要素,这不仅是辐射地域和空间的扩展,而且所涉及的内外因素更多,操作过程中的难度和风险更大,所需的时间更长,带来的直接后果是难度和复杂性的增加、风险的增大。正因为如此,国际物流一旦融入现代化系统技术,其效果会十分显著。例如,开通某个"大陆桥"之后,国际物流速度会成倍提高,效益显著增加。此外,国际物流标准化也可以有效降低物流过程的复杂性,降低风险,而且将大幅提高物流系统的效益,但是,国际物流标准的制定和执行难度也非同一般。

国际物流的风险主要包括政治风险、经济风险和自然风险等。政治风险主要是指所经过国家的政局动荡,如罢工、战争等原因造成货物可能受到损坏或灭失;经济风险是指汇率和利率的波动造成一国进出口规模和国际物流量的可能涨落;自然风险主要指物流过程中可能因自然因素(如台风、暴雨等)而导致的货物损坏或灭失。例如:国际物流的经营者在收费中不仅有本国货币,而且还有各种不同国家的货币,由于汇率的变化,会导致国际物流的金融风险增加;由于运输距离的扩大,延长了运输时间,增加了货物在中途转运的装卸次数,这也增加了货物灭失或短缺的风险。

3. 国际物流运输方式多样,并由多种运输方式组合而成

在国内物流中,运输的路线相对于国际物流短,运输的频率也较高,因此,一般国内物流都采用铁路运输和公路运输。但在国际物流中,货物的运输路线长、环节多,各国的地理环境和气候也不一样,对货物运输过程中的保管和存放要求就更高,因此,国际物流的运输方式有远洋运输、铁路运输、航空运输、公路运输和国际多式联运运输方式等,这就使国际物流的运输可以有多种组合方式,所以其运输方式具有多样性。

运输方式的选择和组合不仅关系国际物流活动周期的长短,而且还关系国际物流成本的大小。海运是国际物流运输中最普遍的方式,特别是远洋运输。远洋运输效率的提高不仅能够降低运输成本,而且也能使该企业在国际物流运输中占有优势地位。在国际物流活动中,"门到门"运输方式越来越受到货主的欢迎,使得能够满足这种需求的国际复合运输方式得到快速发展。

4. 国际物流必须有国际化信息系统的支持

国际化信息系统是国际物流非常重要的支持手段。先进的信息网络系统已经成为发展现代国际物流的关键,国际上的物流中心城市本身就是一个发达的信息枢纽港。在国际物流领域中,信息电子化传输不仅极大地便利了贸易,提高了物流速度,而且在强大的国际货运需求面前,增强了对运输方式、运输线路、运输时间等的优化选择,提高了商流、物流和资金流的速度。

由于物流环境存在差异,没有国际化信息系统的支持,没有统一标准,国际物流难以顺利进行。目前,电子数据交换、集装箱统一规格、条码技术、视频结合数据系统等的应用使物流信息处理加快、费用降低。但是,国际物流信息系统的建立存在一定困难,一是管理困难,二是投资巨大。而且,由于世界上有些地区的物流信息技术水平较高,有些地区较低,所以会出现信息化水平不均衡的情况,这使得信息系统的建立更为困难。当前,建立国际物流信息系统一个较好的办法是和各国海关的公共信息系统联网,以及时掌握有关各港口、机场和联运线路、站场的实际情况,进而为物流决策提供信息支持。

5. 国际物流的标准化要求较高

国际物流标准化不仅可以有效地降低物流过程的复杂性、风险性,而且将对国际物流的畅通、提高物流系统的效益产生直接的影响。要使国际物流畅通起来,统一标准是非常重要的。目前,美国、欧洲基本实现了物流工具和物流设施的统一标准,如托盘采用 1 000mm×1 200mm,集装箱的几种统一规格及条码技术等,这大大降低了物流费用和转运难度。在物流信息传递技术方面,欧洲各国不仅实现了企业内部的标准化,而且实现了企业之间及欧洲统一市场的标准化,这就使欧洲各国之间的交流比其与亚洲、非洲等国家的交流更简单、更有效。

**案例 10-1**

### 中国海运的三大市场制胜法则

中国海运(集团)总公司(以下简称"中国海运")近几年的快速发展得益于抓住了三次机会:一是 1997 年亚洲金融危机;二是 2001 年美国"9·11"事件;三是 2002 年美西(美国西海岸)大罢工。这三次危机都导致全球航运业低迷,航运公司大亏损,但恰恰成就了中国海运的辉煌。中国海运能有今天的业绩,和他们制定的反周期运作决策不无关系。所谓反周期运作,就是别人卖船、拆船,我造船。

1997 年,中国海运公司成立时刚好赶上亚洲金融危机,世界航运业惨淡经营,大批船公司被迫卖船、拆船或低价出租船舶。曾经有一家国外船公司,就以一天 1 美元的象征性价格,要把一条很好的集装箱船出租给中国海运(现今的租价是 4 万美元)。之所以如此,是因为船停在锚地有较大成本,象征性租出去至少有人帮你摊销了这部分成本。

别人都不干的时候,中国海运认为机会来了。他们首先把自己的一些老旧船改造成集装箱船,同时低价租了一些船。有了资金后马上开始大量造船,而且是制造世界上最先进的船。由于当时正处在航运业低谷期,造船厂不景气,因此船价非常低。结果,世界航运业开始复苏,运价、船价马上上扬。这时别的船公司开始纷纷下订单造船,但中国海运的船已经开始纷纷下水,并大把赚钱了。不仅如此,由于船价上涨,中国海运的新船成本与其他公司相比低了上亿美元,大大增强了中国海运的竞争力。

1997 年,中国海运成立时,我国的航运企业在国内集装箱运输市场中的占有率非常低,不到10%,其余市场均被国外船公司占据。集装箱代表了现代海上运输的先进生产力,据悉,1艘8 500箱位的集装箱船,收入能超过75艘万吨货轮,且只需配置23名船员;1艘常规万吨货轮则需要船员30人左右,75艘万吨货轮则需要配备2 250人,可见劳动生产率的差异之大。此外,集装箱运输是网络运输,是社会化大生产在海上运输中的体现,必然会促进企业现代化经营管理水平的提高。基于以上几个方面因素,中国海运在成立时就决定采用集装箱。目前,中国海运集装箱运输已经进入了世界前列,具有很强的竞争力。中国海运的集装箱战略暗合了流传已久的卖鞋故事:因为大家都光脚,所以才有更大的市场机会。这一点对于所有处于挑战地位的企业都有借鉴意义:市场占有率低是劣势,但同时也使企业具备了很大的上升空间。

2002年9月29日,美西大罢工时,中国海运得知罢工消息后,做出了一个惊人之举:在国内放长假时给集装箱制造厂下了定做8万个集装箱的紧急订单。集装箱企业感到不可思议,那边在无限期罢工,明显会大大影响航运业,中国海运怎么还投巨资造箱子?原来,当时的中国海运总裁李克麟判断,港口罢工必然导致过去的货物无法卸船,有去无回的连锁反应是,到罢工结束时大量的货物没有集装箱可装。

当然,很快别的公司也看到了这步棋。但是,到2002年10月9日,许多船公司决定造箱子的时候才发现,集装箱厂的制造箱位没有了。当罢工结束后大批的货物无法承运,这时候,货主纷纷投到中国海运,而且还对中国海运能够保证运输周期而十分感激。美西大罢工这短短几十天,别的公司都被危机牵连,赔了钱,唯独中国海运却净赚6亿多美元,成为全球所有班轮公司中唯一盈利的船公司。

(资料来源:http://www.51test.net/show/1529826.html,有改动)

**分析提示:**

1. 结合本案例,谈谈国际物流具有哪些特点。
2. 国际物流运输企业应该如何应对外部环境变化带来的风险。

### (二)国际物流的分类

信息革命和电子商务的兴起,加快了世界经济一体化进程,促进了世界经济的发展,使国际物流也得到了极大发展。目前,跨国公司及其分支机构遍布世界,跨国公司的产值已占到发达国家总产值的40%,正向围绕总体战略协同经营一体化的方向发展,从而对国际物流提出更高的要求。我国的大型企业要跻身于世界企业强手之林,也必须提高我国国际物流的支持能力。国际物流在其发展的过程中分以下几类。

**1. 进口物流和出口物流**

根据商品在国与国之间的流向分类,国际物流可以分为进口物流和出口物流。当国际物流服务于一国的货物进口时,即可称为进口物流;而当国际物流服务于一国的货物出口时,则可称为出口物流。由于各国在物流进出口政策、海关管理制度、外贸体制上的差异,进口物流和出口物流相比,既有交叉的业务环节,又存在不同的业务环节,需加以区别。

### 2. 国家间物流和经济区域间物流

根据商品流的关税区域分类,国际物流可以分为不同国家之间的物流和不同经济区域之间的物流。这两种类型的物流,在形式和具体环节上存在较大差异。区域经济的发展是当今世界经济发展的一大特征。如欧盟国家属于同一关税区,其成员国之间的物流运作与欧盟国家和其他国家或经济区域间的物流运作在方式上和环节上都有较大的差异。

### 3. 国际商品物流及其他物品的物流

根据跨国运送的商品特性分类,可以将国际物流分为国际军火物流、国际商品物流、国际邮品物流、国际捐助或救助物资物流、国际展品物流和废弃物物流等。

## (三) 国际物流的基本方式

国际物流就是国家与国家、地区与地区之间的货物运输、保管、装卸搬运、包装、流通加工、配送以及伴随其发生的信息传递,主体活动是国际货物运输,其基本方式如下。

### 1. 大陆桥运输

大陆桥运输是连接两段海运的陆地运输,主要指国际铁路运输和海洋运输。经过中国陆地运输的大陆桥目前有两个。一个是新亚欧大陆桥,在中国境内长达 4131 千米,于 1990 年贯通。该大陆桥东起连云港,西至荷兰鹿特丹港,横跨亚洲、欧洲,与太平洋、大西洋相连,全长 1.08 万千米,途经中国中部的几个省份。另一个是西伯利亚大陆桥,也称亚欧大陆桥。该大陆桥全长 9 300 千米,是从远东地区经过西伯利亚大铁路,一直到达欧洲的大陆桥。它的全程共分为三条运输线,第一条以西伯利亚铁路运输为主,伊朗和欧洲的铁路运输为辅;第二条是经西伯利亚铁路和苏联的西部港口,到达西北欧的铁路和海运;第三条是从西伯利亚铁路起,经欧洲公路,到达瑞士、德国、法国和意大利的铁路和卡车运输。该大陆桥在中国的满洲里和二连浩特均有接口。

大陆桥运输的特点主要有:① 可以实现"门到门"的运输方式,由运输业者承担运输全程责任;② 运输速度快,运输里程短;③ 节约运输、保管和装卸费用;④ 保证物流作业质量,满足货主要求。

### 2. 国际多式联运

国际多式联运也称国际一贯化运输,是国际多种运输方式的联合运输。这种运输由一个承运人负责,使用一份国际多式联运合同,组织多种运输手段进行跨国联合运输。1980年公布的《联合国国际货物多式联运公约》对多式联运定义如下:"国际多式联运是按照多式联运合同,以至少两种不同的运输方式,由多式联运经营人将货物从一国境内接受货物地点,运至另一国境内指定交付货物的地点。"

国际多式联运由于是由一个承运人总负责,手续简便,各个运输环节衔接紧密,贯通一气,能做到跨国"门到门"的物流。所以,与大陆桥运输一样,国际多式联运也具有速度快、费用省、质量好的特点。

除了以上介绍的两种国际物流方式外,国际物流还有远洋运输、国际航空运输、国际货运代理、国际铁路联运等方式。

### 三、国际物流系统

(一)国际物流系统的构成要素

国际物流是一个巨大而复杂的系统,其组成要素非常多,按照不同的分类方式可分为以下几种。

(1)国际物流的功能要素,包括采购、包装、仓储、流通加工、出入境检验检疫和通关、装卸搬运、运输、物流信息处理等八类。

(2)国际物流的支撑要素,包括支撑国际物流运行的各种手段,如制度、法律、规章、政策、国际物流信息技术及国际物流的组织和管理等。

(3)国际物流的一般要素是指国际物流的人、财、物等资源,以及国际物流的基础设施设备,如物流站场、仓库、泊位、国际物流通道等,物流装备(如仓库货架、装卸机械、包装设备、运输设备等)。此外,根据物流系统组成要素的性质可以将物流系统的要素分为固定要素和活动要素。在此基础上,得出了如表10-1所示的国际物流系统要素。

表 10-1 国际物流系统要素

| | 项目 | 细分 | 内容 |
|---|---|---|---|
| 国际物流系统要素 | 固定要素 | 基础设施要素 | 节点要素、通道要素 |
| | | 物流设备要素 | 物流站场、仓库、泊位、国际物流通道、仓库货架、装卸机械等 |
| | 活动要素 | 业务功能要素 | 运输、仓储、中转、出入境检验检疫和通关、装卸搬运等 |
| | | 管理要素 | 人、财、物、业务 |
| | | 政策要素 | 支撑政策、壁垒政策 |
| | | 作业要素 | 流量、流向、流体、载体、流程、流速等 |

国际物流的固定要素是国际物流开展的物质基础,包含国际物流的基础设施和物流设备两个方面。其中,基础设施要素又称网络要素,包括国际物流的节点与通道。国际物流的节点是指物流过程中供货物进行停留和暂存的地方,以便进行后续的中转、包装、流通加工等作业。国际物流通道包含国际物流各节点之间的衔接通道和开展国际贸易的外贸物流运输通道。此外,国际物流系统并不是静止的节点和通道,还包括它们之间的有机衔接。将国际物流的固定要素有机衔接起来的就是活动要素,包括业务功能要素、管理要素、政策要素和作业要素四个方面。业务功能要素指的是构成国际物流系统运作的各个业务环节。管理要素包括对国际物流系统的人、财、物、业务单元以及业务衔接的管理。政策要素包括促进国际物流发展的支持政策和使国际物流难度增加的壁垒政策。作业要素指的是国际物流的作业量、作业工具、作业速度等流量、流向、流体、载体、流程、流速方面的要素。

(二)国际物流系统的主要组成部分

国际物流系统是由商品的包装、储存、装卸、运输、报关、流通加工和其前后的整理、再包装以及国际配送等子系统组成。其中,运输子系统和仓储子系统是物流系统的主要组成部分。国际物流通过商品的储存和运输,实现其自身的时间效益和空间效益,满足国际贸易活动和跨国公司经营的要求。

1. 运输子系统

运输的作用是将商品的使用价值进行空间移动,物流系统依靠运输作业克服商品生产地和需要地的空间距离,创造了商品的空间效益。国际货物运输是国际物流系统的核心,商品通过国际货物运输作业由卖方转移给买方。国际货物运输具有路线长、环节多、涉及面广、手续繁杂、风险性大、时间性强等特点。运输费用在国际贸易商品价格中占有很大比重。国际货物运输主要包括运输方式的选择、运输单据的处理以及投保等有关方面。

我国国际货物运输存在的主要问题主要包括以下几个方面。

(1) 海运力量不足、航线不齐、港口较少等,影响了进出口货物及时流进流出,特别是出口货物的运力更加不足。我国出口货物主要靠海运。目前,虽然我国已拥有近 2 000 万吨的运载能力,列为世界第八位,成为我国外运的主力,并能为第三国开展货运经营,但总运力的增长远远跟不上国际贸易发展的速度,运力仍然不足。20 世纪 90 年代初期曾发生过的最严重的月份的缺船量达 30 条。目前,船型结构也不尽合理,中等船舶奇缺。由于船舶较大,运输间隔时间又长,这对要求批量小、需求供货快是很不适应的。我国港口不足和布局不合理也比较突出。例如,我国运往中南美、澳大利亚、新西兰、南太平洋、西非等地的货物几乎全部运到香港地区中转,这样运费高、时间长,严重影响了我国出口商品的竞争力。

(2) 铁路运输全面告急,内陆出口更困难。我国同朝鲜、蒙古、中亚国家、越南等虽然有铁路连接,但运力仍然不足。例如,供香港地区作为港口运输的货物中有 1/3 是靠铁路运输,其运输量是很大的。又如,有些货是国际市场急需的,内陆有的省份即使有货,但由于铁路运力不足,也不能卖出。

(3) 航空运输力也不足,加上运价昂贵,难以适应外贸发展需要。

总之,为解决外贸进出口运输的困难,必须由国家和地方政府联合发展船队,加大对水运、铁路运输、空运的建设投入,加速沿海码头建设,组织国际船运专列,加快航空事业的发展。

2. 仓储子系统

商品的储存、保管使其在流通过程中处于一种或长或短的相对停滞状态,这种停滞是完全必要的。因为,商品流通是一个由分散到集中,再由集中到分散的源源不断的流通过程。国际贸易和跨国经营中的商品从生产企业或供应部门被集中运送到装运港口,有时需临时存放一段时间,再装运出口,是一个集和散的过程。仓储主要是在各国的保税区和保税仓库进行的,主要涉及各国保税制度和保税仓库建设等方面。保税制度是对特定的进口货物,在进境后,尚未确定内销或复运出境的最终去向前,暂缓缴纳进口税,并由海关监管的一种制度。这是各国政府为了促进对外加工贸易和转口贸易而采取的一项关税措施。保税仓库是经海关批准专门用于存放保税货物的仓库。它必须具备专门储存、堆放货物的安全设施、健全的仓库管理制度和详细的仓库账册，配备专门的经海关培训认可的专职管理人员。保税仓库的出现，为国际物流的海关仓储提供了既经济又便利的条件。有时会出现对货物不知最后作何处理的情况，这时买主（或卖主）会将货物在保税仓库暂存一段时间，若货物最终复运出口，则无须缴纳关税或其他税费；若货物将内销，可将纳税时间推迟到实际内销时为止。从物流角度看，应尽量减少储存时间和储存数量，加速货物和资金周转，实现国际物流的高效率运转。

### 案例 10-2

#### 国际仓储管理

Harley-Davidson 公司是 JIT 理论的忠实信徒。在国内，它的部分零件在生产前 4 小时到达工厂。但在对国际物流的管理中，公司却并没有采用 JIT 模式。来自亚洲、欧洲和澳大利亚的原材料、零部件在工厂形成 2~3 周的库存。对此，公司领导层认为为了营造真正准时的生产环境，公司已经做了很多努力。但正如专家指出的，"一旦你开始增加运输距离，复杂性会使之很难做到准时供货"，面对每小时 5.6 万美元的停产成本，公司不能冒险相信数万千米之外的供应商和脆弱的国际运输网络。就像 1997 年，美国统一铁路公司和南太平洋铁路公司合并后，洛杉矶港口集装箱数量激增，导致大量货物压港，公司的供应系统瘫痪。

（资料来源：https://wenku.baidu.com/view/63908489f8c75fbfc77db2f1.html，有改动）

**分析提示：**

请根据此案例讨论仓储系统在国际物流中所具有的重要意义。

**3. 商品检验子系统**

由于国际贸易和跨国经营具有投资大、风险高、周期长等特点，使得商品检验成为国际物流系统中重要的子系统。通过商品检验，确定交货品质、数量和包装条件是否符合合同规定。如发现问题，可分清责任，向有关方面索赔。在买卖合同中，一般都订有商品检验条款，其主要内容有检验时间与地点、检验机构与检验证明、检验标准与检验方法等。

根据国际贸易惯例，商品检验时间与地点的规定可概括为三种。

（1）在出口国检验。

在出口国检验可分为两种情况：① 在工厂检验，卖方只承担货物离厂前的责任，运输中品质、数量变化的风险概不负责；② 装船前或装船时检验，其品质和数量以当时的检验结果为准。买方对到货的品质与数量原则上一般不得提出异议。

（2）在进口国检验。

在进口国检验包括卸货后在约定时间内检验和在买方营业处所或最后用户所在地查验

两种情况。其检验结果可作为货物品质和数量的最后依据。在此条件下,卖方应承担运输过程中品质、数量变化的风险。

(3) 在出口国检验、进口国复验。

这种情况下,货物在装船前进行检验,以装运港双方约定的商检机构出具的证明作为议付货款的凭证,但货到目的港后,买方有复验权。如复验结果与合同规定不符,买方有权向卖方提出索赔,但必须出具卖方同意的公证机构所出具的检验证明。

在国际贸易中,从事商品检验的机构很多,包括卖方或制造厂商和买方或使用方的检验单位,有国家设立的商品检验机构以及民间设立的公证机构和行业协会附设的检验机构。在我国,统一管理和监督商品检验工作的是国家质量监督检验检疫总局及其分支机构。究竟选定由哪个机构实施和提出检验证明,在买卖合同条款中,必须明确加以规定。商品检验证明即进出口商品经检验、鉴定后,应由检验机构出具具有法律效力的证明文件。如经买卖双方同意,也可采用由出口商品的生产单位和进口商品的使用部门出具证明的办法。商品检验证书是证明卖方所交货物在品质、数量、包装、卫生条件等方面是否与合同规定相符的依据。如与合同规定不符,可据此作为拒收、索赔和理赔的依据。

此外,商品检验证书也是议付货款的单据之一。商品检验可按生产国的标准进行检验,或按买卖双方协商同意的标准进行检验,也可按国际标准或国际习惯进行检验。商品检验方法概括起来可分为感官鉴定法和理化鉴定法两种。理化鉴定法对进出口商品检验更具有重要作用,一般采用各种化学试剂、仪器器械鉴定商品品质的方法,如化学鉴定法、光学仪器鉴定法、热学分析鉴定法、机械性能鉴定法等。

4. 商品包装子系统

杜邦定律(美国杜邦化学公司提出)认为:63%的消费者是根据商品的包装装潢进行购买的。国际市场和消费者是通过商品来认识企业的,而商品的商标和包装就是企业的面孔,它反映了一个国家的综合科技文化水平。现在,我国出口商品存在的主要问题是:出口商品的包装材料主要靠进口;包装产品加工技术水平低,质量上不去;外贸企业经营者对出口商品包装缺乏现代意识,具体表现在缺乏现代包装观念、市场观念、竞争观念和包装的信息观念上。外贸企业经营者仍存在"重商品、轻包装"和"重商品出口、轻包装改进"等思想。为提高商品包装系统的功能和效率,应提高广大外贸职工对出口商品包装工作重要性的认识,树立现代包装意识和包装观念;尽快建立起一批出口商品包装工业基地,以适应外贸发展的需要,满足国际市场、国际物流系统对出口商品包装的各种特殊要求;认真组织好各种包装物料和包装容器的供应工作。这些包装物料、容器应具有品种多、规格全、批量小、变化快、交货及时、质量要求高等特点,以便扩大外贸出口和创汇能力。

5. 国际物流信息子系统

该子系统的主要功能是采集、处理和传递国际物流和商流的信息情报。没有功能完善的信息系统,国际贸易和跨国经营将寸步难行。国际物流信息的主要内容包括进出口单证

的作业过程、支付方式信息、客户资料信息、市场行情信息和供求信息等。国际物流信息子系统的特点是信息量大、交换频繁;传递量大、时间性强;环节多、点多、线长。所以,要建立技术先进的国际物流信息子系统,国际贸易中 EDI 的发展是一个重要趋势。我国应该在国际物流中加强推广 EDI 的应用,建设国际贸易和跨国经营的"高速公路"。

上述主要系统应该和配送系统、装卸搬运系统以及流通加工系统等有机联系起来,统筹考虑、全面规划,建立起适应国际竞争要求的国际物流系统。

(三) 国际物流系统网络,促进国际物流合理化

国际贸易和跨国经营的竞争要求国际物流系统的物流费用要低,客户服务水平要高。为实现这一目标,建立完善的国际物流系统网络十分重要。

1. 国际物流系统网络的概念

国际物流系统网络是指由多个收发货的"节点"和它们之间的"连线"所构成的物流抽象网络以及与之相伴随的信息流网络的有机整体。

所谓收发货节点,是指进出口过程中所涉及的国内外的各层仓库、站场,如制造厂仓库、中间商仓库、口岸仓库、国内外中转点仓库以及流通加工配送中心和保税区仓库等。国际贸易商品就是通过这些仓库的收入和发出,并在中间存放保管,实现国际物流系统的时间效益,克服生产时间和消费时间上的分离,推动国际贸易系统的顺利运行。在节点内,除可以实现收发和储存保管功能外,还可以实现包装、流通加工、装卸等功能。

连线是指连接上述国内外众多收发货节点间的运输连线,如各种海运航线、铁路线、飞机航线以及海、陆、空联合运输线路。这些网络连线是库存货物的移动(运输)轨迹的物化形式,即运输的路线与过程;每一对节点有许多连线以表示不同的运输路线、不同产品的各种运输服务;各节点表示存货流动的暂时停滞,其目的是为了更有效地移动(收或发)。

信息网的连线通常包括国内外的邮件或某些电子媒介(如电话、电传、电报以及目前的 EDI 等),信息网络的节点则是各种物流信息汇集及处理之点,如员工处理国际订货单据、编制大量出口单证、准备提单或电脑对最新库存量的记录。物流网与信息网并非独立,它们之间的关系是密切相连的。

国际物流系统网络研究的中心问题是确定进出口货源点(或货源基地)和消费者的位置,各层级仓库及中间商批发点(零售点)的位置、规模和数量。因此,国际物流系统网络研究决定了国际物流系统的合理布局和合理化问题。在合理布局国际物流系统网络的前提下,国际商品由卖方向买方实体流动的方向、规模、数量就确定下来了,即国际贸易的贸易量、贸易过程(流程)的重大战略问题,进出口货物的卖出和买进的流程、流向,物流费用,国际贸易经营效益等,都一一确定下来了。完善和优化国际物流网络,有利于扩大我国国际贸易,提高我国跨国公司的竞争能力和成本优势。

2. 建立和完善国际物流系统网络应注意的问题

(1) 紧密围绕商品交易计划,以一个国家宏观国际贸易总体规划为前提,以区域内海运

港口和航空港为核心节点,充分考虑与国际枢纽港口和国际海运(航空)等干线衔接,紧密围绕商品交易计划来规划和确定网络内建库数目、地点及规模。

(2) 明确各级仓库的供应范围、分层关系及供应或收购数量,注意各层仓库间的有机衔接,以保证国内外物流畅通,少出现或不出现在某一层仓库储存过多、过长的不均衡状态,同时避免仓库的重复建设。例如:生产厂家的仓库与各中间商的仓库、港(站、机场)区的仓库以及出口装运能力的配合和协同。

(3) 国际物流系统网络的规划要考虑现代物流技术的发展,留有余地,以备将来的扩建。为发展外向型经济,扩大国际贸易,增强商品在国际市场上的竞争力,建立健全高效、畅通的国际物流体系,实现国际物流合理化和国际贸易扩大化做好准备。

3. 国际物流合理化措施

为了促进我国国际物流系统网络更加合理,应该采取以下措施。

(1) 合理选择和布局国内外物流网点,扩大国际贸易的范围、规模,以达到费用省、服务好、信誉佳、效益高、创汇多的物流总体目标。

(2) 采用先进的运输方式、运输工具和运输设施,加速进出口货物的流转,充分利用海运、多式联运方式,不断扩大集装箱运输和大陆桥运输的规模,增加物流量。

(3) 缩短进出口商品的在途积压,包括进货在途(如进货、到货的待验和待进等)、销售在途(如销售待运、进出口口岸待运)、结算在途(如托收承付中的拖延等),以便节省时间,加速商品和资金的周转。

(4) 改进运输路线,减少相向、迂回运输。

(5) 改进包装,增大装载量,减少损耗。

(6) 改进港口装卸作业,有条件时要扩建港口设施,合理利用泊位与船舶的停靠时间,尽力减少港口杂费,吸引更多的买卖双方入港。

(7) 改进海运配载,避免出现空仓或船货不相适应的状况。

(8) 综合考虑国内物流运输,有条件要尽量采用就地就近收购、就地加工、就地包装、就地检验、直接出口的物流策略。

## 第二节 国际贸易与国际物流

我国"一带一路"倡议的实施,使国际贸易和国际物流迎来了发展的新机遇。"一带一路"倡议的实施和自贸区的运行,最终都要由国际贸易与国际物流的协同发展来落地。要增强国际贸易的核心竞争力,实现国际贸易的长足发展,必须要有创新的思维和理念,大力推进经济转型升级及国际贸易与国际物流的协同发展。

### 一、国际贸易概述

改革开放后,尤其是我国加入世界贸易组织以来,国际贸易的发展总体一直呈现稳定增长的态势。近年来,由于受全球经济危机的影响和人民币升值的压力,我国国际贸易进出口的增长速度较慢,人民币升值对进出口贸易也有巨大的影响。由于我国国际贸易企业主要以中小企业为主,国际贸易企业主要存在的问题是企业规模普遍偏小,市场占有率较低,从而导致中小型国际贸易企业的国际核心竞争力较低,无法与大型贸易企业相抗衡。总而言之,我国国际贸易企业仍呈现小、多、散、乱、低等特点,这些问题都影响国际贸易的发展。信息化科学技术的推进要求我国国际贸易运用高效的管理方法来经营贸易业务,科学合理地配置人力物力资源,实现信息化管理技术,而贸易企业的规模与资金的不足,也限制了国际贸易从传统管理方式向信息化管理方式推进的进程。总而言之,虽然我国国际贸易的发展呈现持续稳定增长的态势,但其管理方法和资源配置的不完善也导致了经营效益较低,难以较好满足国际贸易的需求。

(一)国际贸易的定义和分类

1. 国际贸易的定义

国际贸易亦称"世界贸易",是指世界各个国家(或地区)在商品和劳务(或货物、知识和服务)等方面进行的交换活动,它由各国各地区对外贸易构成,是世界各国对外贸易的总和。国际贸易反映了世界各国各地区在经济上的相互依存,是各国各地区之间分工的表现。

2. 国际贸易的主要分类

(1) 按商品流向进行划分。

① 出口贸易(Export Trade)。出口贸易是指将本国生产或加工的商品运往他国市场销售。一国出口收入的全部金额为出口总额。

② 进口贸易(Import Trade)。进口贸易是指将外国商品输入本国市场销售。一国进口所支出的全部金额为进口总额。

③ 过境贸易(Transit Trade)。凡 A 国经过 C 国向 B 国运送商品,对 C 国来说就是过境贸易,包括直接过境贸易和间接过境贸易。直接过境贸易是指外国货物到达本国口岸后,在海关直接监管下,通过国内运输线从其他口岸离境,有时直接过境甚至不需卸货和转换运输工具。承办过境的国家一般要收取一定的费用。间接过境贸易是指外国货物到达本国口岸后先存入海关保税仓库,没有经过任何加工改造,再从海关保税仓库运出国境的活动。过境地的特点通常是地理位置重要、资本市场发达、商业氛围浓,如中国香港、新加坡等。

(2) 按商品的形态进行划分。

① 有形贸易。有形贸易是指有实物形态的商品的进出口。例如,机器、设备、家具等都是有实物形态的商品,这些商品的进出口称为有形贸易。

② 无形贸易。无形贸易是指没有实物形态的技术和服务的进出口。例如,专利使用权的转让、旅游、金融保险企业跨国提供服务等都是没有实物形态的商品,其进出口称为无形贸易。

（二）我国国际贸易现状分析

1. 我国国际贸易发展机遇与挑战并存

改革开放以来，我国紧紧抓住国际制造业快速发展势头，加速发展我国国际贸易，使我国成为世界范围内重要的产品加工基地。现代服务贸易、物流贸易的快速发展，为我国国际贸易发展提供了新的发展空间和机会。以发达国家良好的经济氛围为背景，我国参与国际分工，吸收国外先进管理经验和管理方式，对改善我国经济企业发展，推动整体质量和水平的提高，产生了十分积极的影响。

未来经济是技术型经济为主，鼓励创新经济的发展。金融的对外开放有利于向别国借鉴经验，加强国际金融合作，进一步完善我国的金融体系，利用国际金融市场促进国内经济贸易发展。机遇与挑战往往并存，特别是在世界经济体系中。随着能源安全问题日渐突出，国际政治局面动荡不安，我国国际贸易发展也面临诸多挑战。

2. 对外贸易增长速度强劲反弹

加入世界贸易组织对我国国际贸易的发展产生了强劲的推动作用。中国的进出口贸易进入快速发展阶段。除去2008年世界经济危机的影响，国际贸易增速有所下降，2010年至今，我国国际贸易呈现稳步增长趋势。

3. 对外贸易差额有所下降

中国加入世界贸易组织以来，进出口贸易整体态势发展良好。中国对外贸易进出口总额呈增长趋势，贸易规模扩大。其中，出口额与进口额稳步增长，出口规模持续扩大。

（三）我国国际贸易面临的主要内部问题

1. 从出口产品的结构来看

我国出口产品主要为劳动力高、污染高、耗能高、技术含量低的产品，从侧面反映出我国从贸易总额上体现出的贸易利润，其实并没有数据上反映的占有优势。也就是说，我国虽然出口额大，但是我国通过贸易获得的利润较低，并没有数据反映的多，因为我国目前的比较优势在劳动密集型产品上。这也就是说我国出口商品结构层次偏低，营利能力不高，主要表现在：

（1）加工贸易在我国出口总值中占据了相当大的比重，进入新世纪以来，加工贸易占出口的比例一直在一半以上。尽管近几年有所下降，但也处于接近一半的水平。

（2）我国虽为制造大国，但是外企在国内制造业的作用也很大，近一半以上的产品均是由外资企业完成的。

（3）较其他国家而言，我国高新技术产品出口比重急需增加。虽然近年来我国的高新技术产品出口比重有逐渐增长的趋势，但与发达国家相比仍然有差距。有很多是国外的核心部件运到国内进行组装来完成制造的。其核心部件的关键技术并不是我国的知识产权，我国自主知识产权和核心技术出口比例仍然较低。

**2. 从我国产业结构理论和贸易机制来看**

随着近年来国际贸易的发展,结合有关数据我们可以发现,发达国家(如美国等)的产业结构偏向第三产业,第三产业在其国内生产总值中的比重明显高于第一产业和第二产业。而在我国产业结构中,第三产业在国内生产总值中的比重较低,虽然近年来有适当调整,但较第一产业与第二产业比重仍然较低,发展速度缓慢。

**3. 我国国际贸易人才短缺**

我国高校虽然设置了国际贸易专业,但是我国仍然缺少高素质国际贸易人才。高校毕业生能留下从事本专业的人较少,坚持5年以上没有转行的人就更少,造成了我国国际贸易优秀人才严重短缺。

### (四)解决当前我国国际贸易现状的对策

我国国际贸易的发展现状虽然呈现稳步增长态势,但是应继续由制造业经济向技术型经济转变。要提高我国国际贸易业务量,增加利润,进而达到我国国际贸易的稳步增长,这就要加大对我国国际贸易人才的培养力度,完善我国产业结构调整,加大对国际贸易发展的政策扶持力度等,这也是未来我国国际贸易的发展趋势。相信随着对国际贸易研究的深入,我国国际贸易将迎来更有质量、发展更加平稳的新时代。

首先,要增强自主研发能力建设。我国的制造业要想在世界经济中占有一席之地,需要增强自主研发能力,革新研发理念,加大自主研发扶持力度,将创新设计作为当前主要发展目标,提高我国核心技术出口比例,改变我国代工厂的现状,使我国在国际贸易中变被动为主动。其次,要完善我国第三产业结构,优化我国国际贸易机制,进一步提升第三产业在我国整体产业结构中的比重。最后,要加大我国国际贸易专业人才培养力度。

### (五)我国国际贸易发展的趋势

**1. 国际贸易保持稳定协调增长**

随着我国现代国际贸易领域的快速发展,一旦出现世界经济环境大起大落,必定会对我国经济稳定造成严重影响。为促使国际贸易稳步增长,需要结合我国现有的国际竞争力,加强国家外贸体系建设,完善外贸相关制度,如完善出口退税等财税政策、加大政策性金融扶持力度;建立符合国际环境的公共信息服务体系,加快与世界信息的互动交流;培养优秀的本土跨国公司,给予一定的政策扶持和税收优惠政策;鼓励科技型小微企业的快速发展,建立创新性自主研发产品企业,增强国际核心竞争力。

**2. 国际金融市场竞争激烈,中国出口面临挑战**

金融危机后,美国、日本等发达国家出台了一系列的救市计划,旨在鼓励本国经济的稳步发展。在这种情况下,以制造大国著称、缺少核心知识产权的中国经济也面临新的考验,我国在高端产品的出口中将面临激烈的竞争。

### 3. 国际贸易增长方式转变加快

要建设有中国特色的可持续外贸增长方式,需要正确处理规模、效益、质量之间的关系,要引导地方政府和企业将外贸增长重点转移到质量和自主研发上来,为转变增长方式创立优惠政策。要结合国内外优秀品牌经验,坚定信心,发展本土特色品牌,让我国品牌走出国门、走向世界,提高出口产品附加值,从而带动相关区域经济发展和产业效应。要转变外贸增长方式,规范外贸经营秩序。要充分发挥行业组织的协调能力,对企业合理安排进出口做好引导。

### 4. 优秀国际贸易人才的新要求

优秀的国际贸易人才对发展本国国际贸易具有不可替代的作用。对优秀国际贸易人才也有更加严格的职业素养要求,具体包含:具有良好的职业道德;具有较强的实践操作技能;具有较强的沟通交流能力;具有较强的创新能力;具有扎实的理论知识;具有较强的信息处理能力;熟悉国际规则和国际惯例等。相信随着对国际贸易人才培养力度的加大,我国国际贸易的发展也将进入新的发展领域和新的高度。

## 二、国际贸易与国际物流的关系

### (一) 国际贸易对国际物流的促进作用

#### 1. 国际贸易促进国际物流的产生与发展

随着国际贸易的不断发展,世界经济全球化得到了快速发展,全球贸易一体化促使国际物流不断向现代化的国际物流转变。随着越来越多的跨国公司在全球实行集中研发、采购、生产的策略,国际物流已经由原来简单地将货物在不同国家间的运输的单一物流功能转变为集仓储、包装、运输、信息处理等功能于一身的综合国际物流。专业的第三方物流和第四方物流公司也应运而生。由此可以说,国际贸易的不断发展促进了国际物流朝着现代化物流的方向不断发展。

**案例 10-3**

### 埃森哲公司的第四方物流公司

在美国,Ryder 公司、信息技术巨头 IBM 和第四方物流的始作俑者埃森哲公司结为战略联盟,使得 Ryder 公司拥有了技术和供应链管理方面的特长,而如果没有第四方物流的加盟,这些特长要花掉 Ryder 公司自身几十年的工夫才能够积聚起来。

在欧洲,埃森哲公司和菲亚特公司的子公司 New Holland 成立了一个合资企业 New Holland Logistics S. P. A. ,专门经营服务零配件物流。该公司由 New Holland 拥有 80% 的股份,埃森哲公司占有 20% 的股份。New Holland 为合资企业投入了 6 个国家的仓库、775 个雇员。埃森哲公司方面投入了管理人员、信息技术、运作管理和流程再造的专长。零配件管理运作业务涵盖了计划、采购、库存、分销、运输和客户支持。在过去7年的总投资回报有6 700万美元。大约67%的节省来自运作成本降低,20%的节省来自库存管理,其他的节省15%来自运费节省。同时,New Holland Logistics S. P. A.实现了大于90%的订单完成准确率。

在英国,埃森哲公司和泰晤士水务有限公司的一个子公司Connect 2020也进行了第四方物流的合作。泰晤士水务有限公司是英国最大的供水公司,营业额超过20亿美元。Connect 2020成立的目的旨在为供水行业提供物流和采购服务。Connect 2020把它所有的服务外包给ACTV——一家由埃森哲公司管理和运作的公司。ACTV年营业额在1 500万美元,主要业务包括采购、订单管理、库存管理和分销管理。截至2012年,运作成果包括供应链总成本降低10%,库存水平降低40%,未完成订单减少70%。

(资料来源:http://info.jctrans.com/xueyuan/czal/2012281184137.shtml,2012,有改动)

**分析提示:**
试分析第四方物流对企业发展的重要意义。

2. 国际贸易促进国际物流系统的不断完善

国际贸易的不断发展,对于国际物流的需求日益增多,国际物流也就逐渐成为一个多行业集成的有机系统。随着国际分工日益细化,很多的生产和销售型企业将物流的相关服务不断外包,也使国际物流的服务不断向上和向下延伸,物流咨询、订单处理、库存控制与分析、代收账款和物流培训教育等服务不断被扩充到现代化国际物流的范畴中。

随着国际贸易竞争的日趋激烈,各企业能否很好地控制物流成本已经对国际贸易的成败起到了越来越关键的作用。对物流成本的关注促使生产企业本身不断地注重部门整合,越来越多地企业选择了物流外包,也促使物流企业不断优化,降低成本提高效率,竞争使国际物流系统不断地得到完善。

3. 国际贸易的发展对国际物流不断提出新的需求

世界经济一体化对国际物流提出了物流无国界的需求。近年来,国际物流在运输上实现了集装箱化的革命性变革,同时也大力推进了集装箱多式联运。物流全球一体化的无国界需求必将促使相对落后的发展中国家在物流硬件设施的建设上做出更大的努力。随着国际贸易的发展,物流信息网络化,物流全程可视化等需求已经日益体现出来,这些新需求将推动国际物流不断向前发展。

总之,国际贸易的发展必将推动国际物流在各个方面取得新的进展和突破。当今世界,各国间的联系越来越紧密,全球的贸易量也在不断上升,这必将给国际物流提供更大的发展空间,也会给国际物流的发展带来更大的推动力。

(二)国际物流对国际贸易的发展具有反向带动作用

1. 国际物流成本的改变对国际贸易产生影响

国际物流成本是指为了实现国际贸易,货物自生产完毕到投入销售,为国际贸易需要的物流过程所支付的成本总和。国际物流成本包括出口国、国际运输以及进口国三个环节为了实现进出口贸易所涉及的所有物流成本,与产品的生产研发成本等一样,是实现国际贸易的重要成本之一。

国际贸易因地区间不同的比较优势而产生。当国际物流成本发生变化时,在需求差异不大的消费市场间,贸易方向会因为物流成本的变动而发生变动,产品销售会更倾向于物流成本较低的市场。当跨国公司在为工厂以及采购中心选址时,物流成本已经被认为是比较重要的考虑因素。因此,如果要吸引外资、扩大出口,有效降低国际物流成本已经成为一个关键点。

2. 现代国际物流促进国际贸易的发展

国际物流是伴随国际贸易的产生而产生的,但从诞生之日起,国际物流就没有停止过自身的独立发展,并且不断地发展壮大。国际物流的现代化发展对国际贸易的发展起到了重要的促进作用。随着现代国际物流一体化的不断推进,国际化的专业物流公司不断涌现,为其他跨国公司的物流外包和降低物流成本提供了很多选择。高效专业的全球供应链体系,使这些跨国公司可以更加自如地整合全球资源。特别是对于我国来说,现代物流对于我国扩大出口规模和提升物流产业结构起到了非常积极的推动作用。

3. 高效的国际物流是国际贸易发展的保证

为了实现贸易成本的最低,很多跨国公司都会在全球范围内原材料成本最低的国家进行集中采购,然后选择生产成本最低的国家开设工厂集中生产,最后销往世界各地。在贸易环境日益激烈,产品生命周期日益缩短的情况下,企业不可能孤军奋战,总是通过与供应商、生产商、贸易商、代理商的紧密合作,才能不断跟上瞬息万变的市场需求,在竞争中立于不败之地。而这些,都需要有一个高效全面的物流和供应链系统作为支撑。

在全球供应链的管理中,利用电子商务技术优化供应链管理,首先完成企业内部业务流程一体化,然后再向企业外的合作伙伴延伸,达到生产、采购、库存、销售以及财务和人力资源管理的全面整合,使物流、信息流、资金流发挥最大效能,把理想的供应链运作变为现实。供应链中的全部物流管理可通过供应链所有成员之间的信息沟通、责任分配和相互合作来协调,这样就可以减少链上每个成员的不确定性,减少每个成员的运营成本。企业可以用较少的设备完成库存的周转,减少资金占用量、削减管理费用,从而降低成本,并提高运输、包装、标识和文书处理等活动的效率。

由此可见,国际物流已成为影响和制约国际贸易进一步发展的重要因素。国际物流的发展极大地改善了国际贸易的环境,为国际贸易提供了各种便利条件,世界贸易的飞速增长与国际物流的发展是分不开的。

**三、国际贸易结算**

(一)国际贸易结算的概念

国际贸易经常发生货款结算,以结清买卖双方之间的债权债务关系,这种结算称为国际贸易结算（International Trade Settlement）。国际贸易结算是以物品交易、货钱两清为基础的有形贸易结算。

（二）国际贸易结算票据的种类

国际贸易中使用的票据包括汇票、本票、支票，其中以汇票为主。

1. 汇票

汇票是指由一人向另一人签发的书面无条件支付命令，要求对方（接受命令的人）即期或定期或在可以确定的将来时间，向某人或指定人或持票人支付一定金额。汇票有以下几种分类方法。

（1）按出票人的不同，汇票可以分为银行汇票和商业汇票。

① 银行汇票（Banker's Bill），是指出票人和付款人均为银行的汇票。

② 商业汇票（Commercial Bill），是指出票人为企业法人、公司、商号或者个人，付款人为其他商号、个人或者银行的汇票。

（2）按有无附属单据，汇票可以分为光票和跟单汇票。

① 光票（Clean Bill），光票本身不附带货运单据，银行汇票多为光票。

② 跟单汇票（Documentary Bill）。跟单汇票又称信用汇票、押汇汇票，是需要附带提单、仓单、保险单、装箱单、商业发票等单据，才能进行付款的一种汇票。商业汇票多为跟单汇票，在国际贸易中经常使用。

（3）按付款时间不同，汇票可以分为即期汇票和远期汇票。

① 即期汇票（Sight Bill，Demand Bill），是指持票人向付款人提示后对方立即付款，又称见票即付汇票。

② 远期汇票（Time Bill，Usance Bill），是指在出票一定期限后或特定日期付款。在远期汇票中，记载一定的日期为到期日，于到期日付款的，为定期汇票；记载于出票日后一定期间付款的，为计期汇票；记载于见票后一定期间付款的，为注期汇票；将票面金额划为几份，并分别指定付款到期日的，为分期付款汇票。

（4）按承兑人不同，汇票可以分为商号承兑汇票和银行承兑汇票。

① 商号承兑汇票（Commercial Acceptance Bill），是指以银行以外的任何商号或个人为承兑人的远期汇票。

② 银行承兑汇票（Banker's Acceptance Bill），是指承兑人为银行的远期汇票。

（5）按流通地域不同，汇票可以分为国内汇票和国际汇票。

2. 本票

本票是指一人向另一人签发的，保证即期或在可以预料的将来时间，由自己无条件支付给持票人一定金额的票据。

本票可以分为商业本票和银行本票。商业本票是指由工商企业或个人签发的本票，也称一般本票。商业本票可分为即期商业本票和远期商业本票，商业本票一般不具备再贴现条件,特别是中小企业或个人开出的远期商业本票。因信用保证不高,因此,商业本票很难流通。银行本票都是即期的,在国际贸易结算中使用的本票大多是银行本票。

3. 支票

支票是指以银行作为付款人的即期汇票。具体来说,就是出票人(银行存款人)对银行(受票人)签发的,要求银行见票时立即付款的票据。出票人签发支票时,应在付款行存有不低于票面金额的存款。如存款不足,持票人会遭拒付,这种支票称为空头支票。

支票可以分为以下几种。

(1) 记名支票。

记名支票是指出票人在收款人栏中注明"付给某人""付给某人或其指定人"的支票。这种支票转让流通时,须由持票人背书,取款时须由收款人在背面签字。

(2) 不记名支票。

不记名支票又称空白支票,抬头一栏要注明"付给来人"。这种支票无须背书即可转让,取款时也无须在背面签字。

(3) 画线支票。

在支票的票面上画两条平行的横向线条,此种支票的持票人不能提取现金,只能委托银行收款入账。

(4) 保付支票。

为了避免出票人开空头支票,收款人或持票人可以要求付款行在支票上加盖"保付"印记,以保证到时一定能得到银行付款。

(5) 转账支票。

转账支票是指出票人签发的,委托办理支票存款业务的银行在见票时无条件支付确定的金额给收款人或持票人的票据。转账支票只能用于转账。

(三) 国际贸易结算的方式

国际贸易结算的方式主要包括信用证结算、汇付和托收结算、银行保证函和各种结算方式的结合使用。

1. 信用证结算

信用证(Letter of Credit, L/C)结算是银行信用介入国际货物买卖价款结算的产物。它的出现不仅在一定程度上解决了买卖双方之间互不信任的矛盾,而且还能使双方在使用信用证结算货款的过程中获得银行资金融通的便利,从而促进了国际贸易的发展。信用证结算被广泛应用于国际贸易中,已成为当今国际贸易中的一种主要的结算方式。

信用证是银行做出的有条件的付款承诺,即银行根据开证申请人的请求和指示,向受益人开具的有一定金额,并在一定期限内凭规定的单据承诺付款的书面文件;或者是银行在规定金额、日期和单据的条件下,愿代开证申请人承购受益人汇票的保证书。信用证属于银行信用,采用的是逆汇法。

### 2. 汇付与银行保证函或信用证结合

汇付与银行保证函或信用证结合使用的形式常用于成套设备、大型机械和大型交通运输工具（如飞机、船舶等）等货款的结算。这类产品交易金额大、生产周期长，往往要求买方以汇付方式预付部分货款或定金，其余大部分货款则由买方按信用证规定或开加保函分期付款或迟期付款。

此外，还有汇付与托收结合、托收与备用信用证或银行保证函结合等形式。我们在开展对外经济贸易业务时，究竟选择哪一种结算方式，可酌情而定。

### （四）国际贸易结算票据风险与防范

票据作为国际贸易结算中一种重要的支付凭证，在国际贸易中使用十分广泛。由于票据种类繁多、性质各异，再加上大多数国内居民极少接触到国外票据，缺乏鉴别能力，因此，在票据的使用过程中也存在许多风险。

#### 1. 在票据的风险防范方面需注意的事项

（1）贸易成交以前，一定要了解客户的资信，特别是对那些资信不明的新客户以及那些外汇紧张、地区落后、国家局势动荡的客户。要做到心中有数，防患于未然。

（2）对客户提交的票据一定要事先委托银行对外查实，以确保能安全收汇。

（3）贸易成交前，买卖双方一定要签署稳妥、平等互利的销售合同。

（4）在银行未收妥票款之前，不能过早发货，以免货款两空。

（5）即使收到世界上资信最好的银行为付款行的支票也并不等于将来一定会收到货款。近年来，国外不法商人利用伪造票据及汇款凭证在国内行骗的案件屡屡发生，且案件数量呈上升趋势，对此不能掉以轻心。

#### 2. 汇票的风险与防范

在汇票的使用过程中，除了要注意以上几点之外，还要注意遵循签发、承兑、使用汇票所必须遵守的原则，主要有以下几点：

（1）使用汇票的单位必须是在银行开立账户的法人；

（2）签发汇票必须以合法的商品交易为基础，禁止签发无商品交易的汇票；

（3）汇票经承兑后，承兑人即付款人负有无条件支付票款的责任；

（4）汇票除向银行贴现外，不准流通转让。

#### 3. 如何识别真假本票

（1）真本票采用专用纸张印刷，纸质好，有一定的防伪措施；而假本票只能采用市面上的普通纸张印刷，纸质差，一般比真本票所用纸张薄且软。

（2）印刷真本票的油墨配方是保密的，诈骗分子很难得到，他们只能以相似颜色的油墨印制。因此，假本票的票面颜色较真本票有一定的差异。

（3）真本票号码、字体规范整齐，而假本票一般号码、字体排列不齐，间隔不匀。

（4）假本票上签字必然是假冒签字，与银行掌握的预留签字不符。

### 案例 10-4

**国际贸易货款结算案例**

我国 A 公司向泰国 B 公司出口一批货物，付款方式为 D/P 90 天。货物出运后，汇票及货运单据通过出口地的托收银行寄抵国外代收行，B 公司进行了汇票承兑。货抵目的港后，由于用货心切，B 公司于是出具了信托收据向本地代收行借得货运单据，先行提货转售。当汇票到期时，B 公司因经营不善，失去偿付能力。代收行以汇票付款人拒付为由通知托收行，并建议由 A 公司直接向 B 公司索取货款。此时距离汇票到期日还有 30 天。

（资料来源：王晓东. 国际运输与物流[M]. 北京：高等教育出版社，2011，有改动）

**分析提示：**

试分析 A 公司于汇票到期时收回货款的可能性，并提出处理此案例的建议。

## 四、国际物流流程

国际物流具有克服时间、空间阻隔以及克服国界阻隔的功能，是国际贸易顺利进行的保障。除了与国内物流相同的运输、仓储、装卸、包装、流通加工等作业外，由于跨越国界的需要，国际物流业务还包括进出口报关、商品检验等特殊作业，以及与运输、保险、报关、结算等相关的合同和单据制作，这些都是国际物流所特有的，国际物流运作流程如图 10-1 所示。

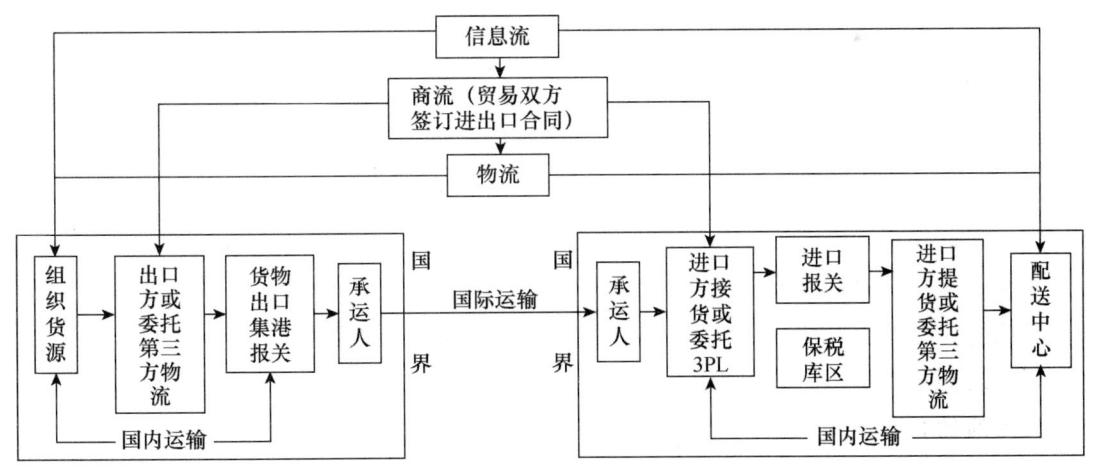

图 10-1 国际物流运作流程

国际贸易作为各国经济往来的总和，包括国际商流、国际物流和国际信息流等。国际物流是在国际商流这一商品交易磋商活动过程实现后进行的，信息流则贯穿于商流与物流的全过程中。进出口双方为了提高交易的成功率和获得较大的经济效益，在交易磋商前均做好准备工作，包括市场的调查研究、交易对象的选择、生产可行性研究、进（出）口方案的制订等,然后再进行交易磋商,经过询盘、发盘、还盘、接受几个过程,就双方的各项交易条件达成一致意见,签订进出口合同。按着合同约定,卖方组织货源,办理出口报关、商品检验等手续,通过国际物流系统网络的节点与连线组织出口;买方做好进口准备,接收货物进行货款结算,完成国际物流的全过程。

国际物流业务活动作为货物在国际进行物理性移动的国际商务活动,是一个复杂的过程,它能否实现物流功能要素之间、物流系统与外界之间快速的沟通,对于国际贸易的影响是巨大的。因此,必须建立完善的国际物流业务系统网络,才能促进国际贸易的发展。

## 第三节 国际货运代理

案例 10-5

### 海上货物运输纠纷案

上海甲进出口公司要求货运代理企业 A 公司托运货物,A 公司在接受托运后,向 B 公司租船订舱。随后,A 公司签发了自己格式的、以上海甲进出口公司为托运人的货运代理提单,B 公司签发了以 A 公司为托运人的海运提单。由于货物在海上航行时遭受海损,上海甲进出口公司向 A 公司索赔,A 公司以自己只是代理人为由,拒绝赔偿。至此,双方发生纠纷。

(资料来源:仲岩.国际物流与货运代理[M].郑州:河南科学技术出版社,2015.有改动)

**分析提示:**

A 公司在本案中究竟是代理人还是实际经营人?A 公司是否有责任赔偿上海甲进出口公司的损失?

### 一、国际货运代理的内涵

国际货运代理属于国际服务贸易范畴,伴随国与国之间的商品交换和社会分工而产生。在国际商品交换活动的发展初期,贸易和运输大多是结合在一起进行,随着国际贸易的发展和大型船公司的产生,运输从国际贸易中分离出来成为一个独立的行业,于是在贸易行业与运输行业之间承揽货物的经纪人——货运代理人应运而生。国际货运代理业的形成,是国际商品流通的必然产物,是国际贸易不可缺少的组成部分。

(一)国际货运代理的定义

国际货运代理是指国际货运代理组织接受进出口货物收货人、发货人的委托,以委托人或自己的名义,为委托人办理国际货物运输及相关业务,并收取劳务报酬的经济活动。随着世界经济贸易往来的频繁、涉及地域的扩大和贸易环节的增加,国际货运代理行业逐渐发展壮大起来。从 10 世纪在欧洲出现的以报关行名义从事运输代理服务的货运代理人,到 13 世纪出现的根据货主需要探听运输信息,选择承运人,组织、安排货物运输,代为办理相关业务手续的货运代理人,国际货运代理的业务范围不断扩大。现代国际货运代理以收取佣金的方式承办货物的仓储、交运、装卸、运输、接收、通关、检验、保险等手续,以及将托运人发往同一目的地的货物集中向承运人托运。并且,已有相当数量的货运代理公司开始向客户签发自己的提单、运单,出具自己的仓储收据。总之,货运代理行业已经逐步发展成为一个为运输关系当事人提供中间性服务的独立行业。

"货运代理"一词具有两种含义:其一是指国际货运代理人;其二是指国际货运代理行业。

(1) 国际货运代理人的英文是"Freight Forwarder"或"International Freight Forwarder",而在国内则称为"货运代理"或"国际货运代理"。国际货运代理协会对其所下的定义是:货运代理人是根据客户的指示,为实现客户的利益而揽取货物的人,其本身并不是承运人。

由于货运代理人和无船承运人在主体上的混同和业务上的相似,加上部分货运代理企业为逃避大于代理人的责任而在实际操作中故意混淆这两个概念,导致了贸易纠纷中法律识别的困难。表 10-2 具体列明了国际货运代理人和无船承运人之间的区别。

表 10-2 国际货运代理人和无船承运人的区别

| 主要条目 | 国际货运代理人 | 无船承运人 |
| --- | --- | --- |
| 与托运人的关系 | 委托方与被委托方 | 托运人与承运人 |
| 与收货人的关系 | 不存在任何关系 | 提单签发人和提单持有人 |
| 法律地位的确定 | 委托方代理 | 承运人 |
| 相关费用的计收 | 佣金 | 收取运费或赚取差价 |
| 提单的签发 | 不签发提单 | 签发自己格式的提单 |
| 信息系统 | 比较独立 | 比较独立 |
| 业务范围 | 进出口货运相关业务 | 进出口货运相关业务并承担运输责任 |
| 买卖合同 | 不订立合同,本人不拥有货物 | 不订立合同,本人不拥有货物 |
| 运输合同 | 代表委托人订立 | 以自己的名义与承运人订立 |
| 法律适用 | 货运法规 | 货运和运输法规 |

(2) 国际货运代理企业是指接受进出口货物发货人或承运人的委托,以委托人或自己的名义,为委托人办理国际货物运输及相关业务并收取服务报酬的法人企业。国际货运代理企业可以作为进出口货物收(发)货人的代理人、进出口货物承运人的代理人、仓储保管人的代理人以及提供信息专业咨询服务的中间人,也可以作为独立经营人,提供货物运输服务。

(二) 国际货运代理的分类及业务范围

国际货运代理按照运输方式可分为海运代理、空运代理、铁路运输代理、联运代理。国际货运代理的业务范围包括以下几个方面:

(1) 以代理人、中介人或经营人身份从事海、陆、空货物的租船、订舱及运输组织等业务;

(2) 以代理人身份从事海、陆、空进出口货物的报关、报验代理及货物保险等业务；

(3) 以多式联运经营人的身份从事多式联运业务；

(4) 以第三方物流经营人的身份从事物流服务业务。

## 二、国际货运代理的作用

国际货运代理企业通晓国际贸易环节，精通各种运输业务，熟悉有关法律、法规，业务关系广泛，信息来源准确、及时，与各种承运人、仓储经营人、保险人、港口、机场、车站、堆场、银行等相关企业，海关、商检、卫检、动植检、进出口管制等有关政府部门存在密切的业务关系，不论是对于进出口货物的收（发）货人，还是对于承运人和港口、机场、车站、仓库经营人，都有重要的桥梁和纽带作用。国际货运代理不仅可以促进国际贸易和国际运输事业发展，而且可以为国家创造外汇来源，对于本国国民经济发展和世界经济全球化都有重要的推动作用。仅对委托人而言，国际货运代理至少可以发挥以下作用。

1. 组织协调作用

国际货运代理人历来被称为"运输的设计师"、"门到门"运输的组织者和协调者。凭借其拥有的运输知识及其他相关知识，组织运输活动，设计运输路线，选择运输方式和承运人（或货主），协调货主、承运人及其与仓储保管人、保险人、银行、港口、机场、车站、堆场经营人和海关、商检、卫检、动植检、进出口管制等有关各方的关系，可以节省委托人的时间，减少许多不必要的麻烦。

2. 专业服务作用

国际货运代理人的本职工作是利用自身专业知识和经验，为委托人提供货物的承揽、交运、拼装、集运、接卸、交付服务，接受委托人的委托，办理货物的保险、海关、商检、卫检、动植检、进出口管制等手续，甚至有时要代理委托人支付、收取运费，垫付税金。国际货运代理人通过向委托人提供各种专业服务，可以使委托人不必在自己不够熟悉的业务领域花费更多的心思和精力，使不便或难以依靠自己力量办理的事宜得到恰当、有效的处理，有助于提高委托人的工作效率。

3. 沟通控制作用

国际货运代理人拥有广泛的业务关系、发达的服务网络、先进的信息技术手段，可以随时保持货物运输关系人之间，货物运输关系人与其他有关企业、部门之间的有效沟通，对货物进行运输的全过程进行准确跟踪和控制，保证货物安全、及时运抵目的地，顺利办理相关手续，准确送达收货人，并应委托人的要求提供全过程的信息服务及其他相关服务。

4. 咨询顾问作用

国际货运代理人通晓国际贸易环节，精通各种运输业务，熟悉有关法律、法规，了解世界各地有关情况,信息来源准确、及时,可以就货物的包装、储存、装卸和照管,货物的运输方式、运输路线和运输费用,货物的保险、进出口单证和价款的结算,领事、海关、商检、卫检、动植检、进出口管制等有关各方的要求等向委托人提出明确、具体的咨询意见,协助委托人设计、选择适当的处理方案,避免或减少不必要的风险、周折和浪费。

5. 降低成本作用

国际货运代理人掌握货物的运输、仓储、装卸、保险市场行情,与货物的运输关系人、仓储保管人、港口、机场、车站、堆场经营人和保险人有着长期、密切的友好合作关系,拥有丰富的专业知识、业务经验、有利的谈判地位、娴熟的谈判技巧。通过国际货运代理人的努力,可以选择货物的最佳运输路线、运输方式,最佳仓储保管人、装卸作业人和保险人,争取公平、合理的费率,甚至通过集运效应可以使所有相关各方受益,从而降低货物运输关系人的业务成本,提高其主营业务效益。

6. 资金融通作用

国际货运代理人与货物的运输关系人、仓储保管人、装卸作业人及银行、海关当局等相互了解,关系密切,长期合作,彼此信任,国际货运代理人可以代替收(发)货人支付有关费用、税金,提前与承运人、仓储保管人、装卸作业人结算有关费用,凭借自己的实力和信誉向承运人、仓储保管人、装卸作业人及银行、海关当局提供费用、税金担保或风险担保,可以帮助委托人融通资金,减少资金占压,提高资金利用效率。

### 三、国际货运代理的业务范围

从国际货运代理人的基本性质来看,货运代理主要是接受委托方的委托,就有关货物进行运输、转运、仓储、装卸等事宜:一方面它与货物托运人订立运输合同,对货物托运人来说,它又是货物的承运人。另一方面它又与运输部门签订合同。目前,相当部分的货运代理人掌握着各种运输工具和储存货物的库场,在经营其业务时办理包括海陆空在内的货物运输。国际货运代理人所从事的业务主要有以下几个方面。

1. 为发货人服务

国际货运代理人代替发货人承担在不同货物运输中的任何一项手续。

(1) 以最快最省的运输方式,安排合适的货物包装,选择货物的运输路线。

(2) 向客户建议仓储与分拨。

(3) 选择可靠、效率高的承运人,并负责缔结运输合同。

(4) 安排货物的计重和计量。

(5) 办理货物保险。

(6) 负责货物的拼装。

(7) 装运前或在目的地分拨货物之前把货物存仓。

(8) 安排货物到港口的运输,办理海关和有关单证的手续,并把货物交给承运人。

(9) 代表发货人或进口商承付运费、关税税收。

(10) 办理有关货物运输的任何外汇交易。

(11) 从承运人处取得各种签署的提单,并把他们交给发货人。

(12) 通过与承运人的货运代理在国外的代理联系,监督货物运输进程,并使发货人知道货物去向。

### 2. 为海关服务

当国际货运代理作为海关代理人办理有关进出口商品的海关手续时,其不仅代表客户,而且代表海关当局。事实上,在许多国家,国际货运代理人得到了这些当局的许可,办理海关手续,并对海关负责。在负责核定的单证中,申报货物确切的金额、数量、品名,以使政府在这些方面不受损失。

### 3. 为承运人服务

国际货运代理人向承运人及时定舱,议定对发货人、承运人都公平合理的费用,安排适当的时间交货,并以发货人的名义解决和承运人的运费账目等问题。

### 4. 为航空公司服务

在空运业上,国际货运代理人充当航空公司的代理人。在国际航空运输协会以空运货物为目的而制定的规则上,它被指定为国际航空协会的代理人。在这种关系上,国际货运代理人利用航空公司的货运手段为货主服务,并由航空公司付给佣金。同时,作为一个货运代理,它通过提供适于空运程度的服务方式,继续为发货人或收货人服务。

### 5. 为班轮公司服务

国际货运代理人与班轮公司的关系随业务的不同而不同,近年来由货运代理人提供的拼箱服务,即拼箱货的集运服务已建立了其与班轮公司及其他承运人(如铁路)之间的较为密切的联系。

### 6. 提供拼箱服务

随着国际贸易中集装运输的增长,国际货运代理人引进集运和拼箱的服务。在提供这种服务中,国际货运代理人担负起委托人的作用。集运和拼箱的基本含义是:把一个出运地若干发货人发往另一个目的地的若干收货人的小件货物集中起来,作为一个整件运输的货物发往目的地,并通过货运代理把单票货物交给各个收货人。国际货运代理人签发提单,即分提单或其他类似收据交给每票货的发货人;货运代理目的港的代理,凭初始的提单交给收货人。拼箱的收(发)货人不直接与承运人联系,对承运人来说,国际货运代理人是发货人,而国际货运代理人在目的港的代理身份是收货人。因此,承运人给国际货运代理人签发的是全程提单或货运单。如果发货人或收货人有特殊要求的话,国际货运代理人也可以在出运地和目的地从事提货和交付的服务,提供门到门的服务。

### 7. 提供多式联运服务

在国际货运代理人的作用上，集装箱化的一个更深远的影响是其介入了多式联运。这时，国际货运代理人充当了主要承运人，并承担了在一个单一合同下，通过多种运输方式进行门到门的货物运输任务。国际货运代理人可以以当事人的身份，与其他承运人或其他服务提供者分别谈判并签约。但是，这些分拨合同不会影响多式联运合同的执行，也就是说，不会影响发货人的义务和在多式联运过程中，国际货运代理人对货损及灭失所承担的责任。在国际货运代理人作为多式联运经营人时，通常需要提供包括所有运输和分拨过程的一个全面的"一揽子"服务，并对国际货运代理人的客户承担一个更高水平的责任。

## 本学习情境小结

国际物流是国与国之间的物流活动，它是一个复杂的物流运作系统，是国际贸易的具体实现途径和方式，国际贸易促进物流国际化。本情境首先对国际物流系统及其业务范围做了概述；其次重点阐述了国际贸易的基本程序，通过国际贸易的程序和实施过程可了解国际物流的主要流程及其业务内容，并阐述了国际物流与国际贸易的紧密联系；最后主要阐述了国际货运代理的相关概念和主要业务范围。

### 练习题

1. 如何实现国际货物运输的"门到门"服务？
2. 国际物流的技术发展对国际贸易的交易模式有什么样的影响？
3. 信息化的发展如何促进国际物流的发展？
4. 国际贸易合同实施的过程与国际物流的运作过程有什么样的关系？
5. 在国际物流中，国际货运代理起到哪些作用？

### 案例分析

**可口可乐公司的新配方——物流**

在竞争激烈的饮料市场，可口可乐公司勇立潮头，依靠的不仅仅是独特的口味和神秘的配方，其独特的商业运作正在不断勾兑出取胜市场的新配方。这也被一些人称为可口可乐公司为长期把控市场而隐藏的一记重拳。

可口可乐公司战胜对手的法宝究竟在哪里？地处北京东郊定福庄的"家人乐"小店是北京郊区典型的夫妻店，店内只有可口可乐和雪碧，没有百事和七喜，对于这一点，老店主觉得很正常。"都是一样的东西，可乐（可口可乐）和雪碧拿货容易。"虽然这只是可口可乐公司战胜老对手的微微一小角，却反映了中国可口可乐公司国内市场操作成功的精髓——利用强大的物流销售网络直接触及市场终端。

"哪怕是最小的夫妻零售店都要覆盖到。"虽然可口可乐公司内部并没有这样的说法,但是可口可乐公司正在通过国内三大合作伙伴尽力完成这样的任务。

可口可乐公司在中国拥有三大合作伙伴——嘉里、太古和中粮,在全国不同区域分布着36家灌装厂,而相应灌装的产品也在各自划分区域内销售,严格禁止串货(跨区销售)。同时三大合作伙伴除了负责各厂的生产经营,还要负责每个分厂所处地区的销售工作。

饮料业的天然特性制约自办物流,物流甚至成为一些饮料厂急于甩掉的包袱。这是为什么呢?可乐等饮料属于典型的快速消费品。快速消费品的特点是生产集中、销售分散。生产集中考虑到规模效应,制造成本减低,但消费人群覆盖面积最为广泛,导致物流成本加大。此外,在产品特点上,饮料物流成本非常大,体积庞大,单位货值较小。以一辆8吨的运输卡车为例,拉一车可乐可能只有8 000多元的货值,与彩电、冰箱或者手机相比存在天壤之别。和很多公司一样,可口可乐公司的销售环节曾经也是通过一级批发商到二级批发商,再到终端客户。在这种传统销售模式下,基本上是批发商自己寻找下线客户,拿到订单后再向厂家订货,可口可乐公司主要负责生产。这样做,可口可乐公司的物流成本很低,但是公司无法掌控终端市场,生产和销售都不能及时对市场做出反应。为了全面控制市场,可口可乐公司建立了自己的销售物流渠道。

随着市场规模的不断扩大,可口可乐公司调整了营销策略,在全国推出了"101"销售模式,将一部分批发商定义为"101"客户,省略了二级批发商,直接面对终端销售。

可口可乐公司的每个瓶装厂下都设置20~30个分公司。所谓分公司,也叫营业所或办事处,每个分公司掌握几十家"101"客户,将他们按路线或区域划分,每家"101"客户又面对几十个零售终端,由"101"客户直接向其下属的零售终端配送,中间再无批发商。可口可乐公司为每个"101"客户配备一个或几个业务代表,他们每天去拜访自己负责区域的零售店,将需求信息直接反馈到分公司,每个分公司的系统都与瓶装厂联网。这样一来,瓶装厂可以统一协调各分公司的库存,按照平均每天销售量的5~6倍,做出6天的安全库存。产品出厂之后,由厂方用大货车直接将货物运往分公司的仓库,每个分公司再根据订单,借助当地第三方物流将货物运往"101"客户的小仓库。在每个"101"客户所管辖的范围内,配送方式是灵活多样的,货车、三轮车、自行车,任何方式都可以,配送简单、及时。

借助"101"客户和业务代表,可口可乐公司将触角伸到了全国每个角落,既牢牢把握住了终端客户,又将批发商和零售商组成联盟,整个销售网络越来越紧密。

(资料来源:钱智.物流管理经典案例剖析——物流师培训辅导教材[M].北京:中国经济出版社,2007,有改动)

问题:

1. 结合案例内容,分析可口可乐公司采用的物流模式。

2. 结合案例内容,分析可口可乐公司的销售物流环节是怎样的。

**实训项目**

**针对国际货运代理企业开展调查分析**

【实训目标】

(1) 加强学生对国际货运代理企业的了解。

(2) 熟悉国际货运代理企业的业务范围和具体服务项目。

(3) 引发学生的学习兴趣,提高学生对所学知识的实际运用能力。

(4) 培养学生独立思考问题、分析问题和解决问题的能力。

【实训内容与要求】

实训内容:

国际货运代理企业作为独立经营人从事国际货运代理业务,是指国际货运代理企业接受进出口货物收货人、发货人或其代理人的委托,签发运输单证,履行运输合同并收取运费和服务费的行为。国际货运代理行业的形成是国际商品流通过程的必然产物,是国际贸易不可缺少的组成部分,通过本实训项目,使学生熟悉国内知名国际货运代理企业,特别是河北省内的国际货运代理企业。了解国际货运代理的基础知识,并了解其业务范围和具体服务项目,使学生在从事具体货运代理业务前,对货运代理行业有整体的了解和认知。

实训要求:

1. 通过实地考察或利用互联网查找以下资料:

(1) 国内知名的国际货运代理企业;

(2) 河北省知名的国际货运代理企业。

2. 以小组为单位,通过分工协作,共同完成实训项目;对所收集资料进行分析整理,形成有关国际货运代理企业的研究报告。

3. 针对研究报告内容进行成果展示。

【成果与检验】

该实训项目可分小组进行,并就每个小组成员前期资料的收集、小组内部各成员之间的分工协作、小组的讨论结果和小组汇报答辩情况等综合评定小组成绩。

**参考文献**

[1] 王春芝.国际物流通道优选理论方法与实证研究[D].长春:吉林大学,2004.

[2] 杨长春.论国际贸易与国际物流的关系[J].国际贸易,2007(10).

[3] 王立微.我国国际物流业发展现状、存在问题及解决方案[D].长春:吉林大学,2005.

[4] 张良卫."一带一路"战略下的国际贸易与国际物流协同分析——以广东省为例[J].

财经科学,2015(7).

[5] 陈世军.国际物流对国际贸易促进机制研究——基于物流成本的视角[J].物流商论,2012(5).

[6] 高炯.国际贸易与国际航运关系研究[D].大连:大连海事大学,2002.

[7] 王兴媛,孟宪军.论我国国际贸易的现状和发展[J].商业评论,2016(8).

[8] 过娴.国际物流与国际贸易[J].湘潮(下半月),2009(9).

[9] 胡圣.我国国际物流发展对国际贸易的影响及对策研究[D].成都:西南财经大学,2007.

[10] 刘伟.国际物流学[M].北京:人民交通出版社,2003.

[11] 丁立言,张铎.国际物流学[M].北京:清华大学出版社,2000.

[12] 王任祥,罗兴武.国际物流[M].杭州:浙江大学出版社,2013.

[13] 仲岩.国际物流与货运代理[M].郑州:河南科学技术出版社,2015.